Malin Burlatis | Nora Faust

Karriere 4.0 als Perspektive für die Generation Y?

Agile Karrierekonzepte zur Stärkung der Employability in sich verändernden Arbeitswelten

Bibliografische Information der Deutschen Nationalbibliothek:

Die Deutsche Nationalbibliothek verzeichnet diese Publikation in der Deutschen Nationalbibliografie; detaillierte bibliografische Daten sind im Internet über http://dnb.d-nb.de abrufbar.

Impressum:

Copyright © Science Factory 2020

Ein Imprint der GRIN Publishing GmbH, München

Druck und Bindung: Books on Demand GmbH, Norderstedt, Germany

Covergestaltung: GRIN Publishing GmbH

Inhaltsverzeichnis

Abbildungsverzeichnis

1 Einleitung und Aufbau der Arbeit

Das Zukunftsprojekt Industrie 4.0 befindet sich schon längst in der Umsetzung.

> "Industrie 4.0 bezeichnet die intelligente Vernetzung von Maschinen und Abläufen in der Industrie mit Hilfe von Informations- und Kommunikationstechnologie".[1]

Dennoch bleibt der Mensch weiterhin Treiber für Innovationen und die Weiterentwicklung von Produkten und Dienstleistungen. Humankapital wird somit zur kritischen Ressource für den Unternehmenserfolg. Dadurch verändert sich nicht nur die Industrie, sondern die gesamte Arbeitswelt. Dabei betrachtet man sie als mehrdimensionales Gebilde und spricht von mehreren Arbeitswelten, die sich von Produktions- zu Wissensgesellschaft, von Dienstleistungs- zu Industriesektor, von der traditionellen zur Start-Up Arbeitswelt oder von der nationalen Arbeitswelt zur internationalen unterscheiden.[2]

Die verschiedenen sich verändernden Arbeitswelten lassen sich unter dem Trend von Arbeit 4.0 zusammenfassen. Arbeit 4.0 meint die Veränderung von Arbeitsformen und Arbeitsverhältnissen. Ursache für die Entwicklungen sind Megatrends wie Globalisierung und Vernetzung, digitale Transformation und Automatisierung sowie der demografische Wandel und der daraus resultierende Fachkräftemangel – Megatrends, die allgegenwärtig sind und deren Konsequenzen dennoch nicht vollständig absehbar sind. Diese Megatrends und ihre Charakteristika kennzeichnen die VUCA-Welt, in der sich die Veränderungsgeschwindigkeit immer weiter erhöht und Entwicklungen sich dynamisieren.

> "The future of work is strongly related to the issue on how high developed economic systems generate positive impulses for a competitive society and economy through product and process innovation as well as through human resource development. A modern work organization requires sustainable work solutions for individuals, organizations and networks in order to ensure the future of work."[3]

---

[1]   Bundesministerium für Wirtschaft und Energie (o.J.): Was ist Industrie 4.0? Online verfügbar unter https://www.plattform-i40.de/PI40/Navigation/DE/Industrie40/WasIndustrie40/was-ist-industrie-40.html. Letzter Zugriff am 26.07.2019.

[2]   vgl. Rump, Jutta; Eilers, Silke (2017a): Arbeit 4.0 - Leben und Arbeiten unter neuen Vorzeichen. In: Rump, Jutta; Eilers, Silke (Hrsg.): Auf dem Weg zur Arbeit 4.0. Innovationen in HR. Berlin: Springer-Verlag. S. 3–77, S. 16f.

[3]   Bauer, Wilhelm (2005): Zukunft der Arbeit - Moderne Arbeitswelt. Hrsg. von Fraunhofer-Institut für Arbeitswirtschaft und Organisation IAO. Stuttgart, S. 1.

Arbeit 4.0 betrifft die gesamte Gesellschaft. In der Regel ist jeder Mensch einen Großteil seines Lebens berufstätig und damit unmittelbar von Veränderungen in den Arbeitswelten betroffen. Diese Entwicklungen wirken auf Mitarbeiter und Management, Unternehmen und ihre Strukturen sowie Netzwerke. Arbeit 4.0 wird vor allem die Basis für zukünftige Erwerbstätige der Generation Y, die in sich verändernde Arbeitswelten eintreten. Welche Erwartungen hat die Generation Y an die Arbeit? Inwieweit passen diese Erwartungen zu den externen Rahmenbedingungen? Und wie gut sind Unternehmen auf die zukünftigen Erwerbstätigen vorbereitet? Zu dieser Vorbereitung zählen nicht nur eine entsprechende Unternehmenskultur und ein daran angepasstes Führungsverständnis, sondern auch organisationale Systeme wie beispielsweise Karrieremodelle. Karrieremodelle dienen als Struktur, in der sich Menschen während ihrer Berufstätigkeit bewegen können. Sie sind einerseits Kontroll- und Anreizinstanz für Unternehmen, andererseits unterstützen sie Mitarbeiter bei der Verwirklichung von beruflichen Zielen und sind für diese richtungsweisend. Entsprechend der Veränderungen der Arbeitswelten müssen auch Karrieremodelle angepasst werden. Es gilt Karriere so zu gestalten, dass diese für die zukünftigen Erwerbstätigen attraktiv erscheint.

Die Zielsetzung dieser Arbeit ist es, eine Möglichkeit aufzuzeigen, wie ein Karrierekonzept zukünftig gestaltet werden kann. Zu diesem Zweck wurde folgende Forschungsfrage entwickelt: ***Wie kann Karriere gestaltet werden, um die Employability der Generation Y in sich verändernden Arbeitswelten zu stärken?*** Für die Beantwortung der Forschungsfrage werden zunächst die Veränderungen in den Arbeitswelten aus interner und externer Perspektive untersucht. Dabei meint die interne Perspektive die Sicht der Menschen, die zukünftig darin tätig sein werden – die Generation Y. Die externe Perspektive umfasst die Entwicklungen der Arbeitswelten. Beide Perspektiven werden abgeglichen, um Handlungsfelder zu identifizieren, die als Rahmen für die Gestaltung des Karrierekonzeptes dienen.

Die Arbeit ist in vier Teile gegliedert. Der erste Teil gibt eine Übersicht über die Erkenntnisse zu den Themen Employability, Personalentwicklung, Karriere und Agilität aus der Literatur. Hier werden die theoretischen Grundlagen der Arbeit vermittelt. Der zweite Teil enthält die oben beschriebene Untersuchung der zwei Perspektiven. Er ist in eine PESTEL-Analyse zur Darstellung der externen Perspektive und die Auswertung der Shell Jugendstudie von 2015 zur Darstellung der internen Perspektive unterteilt. Ziel des dritten Teiles ist das Aufzeigen der Relevanz für die Entwicklung eines neuen Karrierekonzeptes. Indem die Erkenntnisse der Analyse sowie die Merkmale der organisational gesteuerten Laufbahnmodelle zusammengeführt und interpretiert werden, werden Handlungsfelder identifiziert. Im vierten Teil erfolgt die Entwicklung eines agilen Karrierekonzeptes sowie dessen kritische Würdigung. Eine tiefergehende Erläuterung der einzelnen Teile erfolgt nicht, da jeder Teil eine eigene Subeinleitung, eine Methodik sowie eine spezifische Erläuterung des Aufbaus enthält. Zum Abschluss der Arbeit erfolgt ein Fazit und es wird ein Ausblick gegeben.

Teil I: Theoretische Grundlagen

Ziel des ersten Teils dieser Arbeit ist die Vermittlung von theoretischen Grundlagen, die für die Arbeit von Relevanz sind. *Was ist das Konzept der Employability und was bedeutet es für Individuen, Unternehmen und die Gesellschaft? Welchen Zusammenhang hat Employability mit der Personalentwicklung und wie definiert sich Personalentwicklung? Was ist Karriere? Welche Formen von Karrieren existieren und wie lassen sich diese in den Unternehmenskontext einordnen? Was hat es mit dem agilen Trend auf sich und welche Methoden ermöglichen agiles Arbeiten?*

Diese Fragen sollen in den folgenden Abschnitten beantwortet werden. Zunächst wird eine Definition des Konzeptes Employability und dessen Bedeutung für die Zielgruppen Individuum, Unternehmen und Gesellschaft gegeben (Kapitel 0). Daraufhin erfolgt ein Rückbezug zur Personalentwicklung. Hierfür wird Personalentwicklung mit seinen Zielen und Aufgabenbereichen erläutert, um daraufhin die Herausforderungen für Personalentwicklung durch das Konzept der Employability herauszustellen (Kapitel 2). Im darauffolgenden Kapitel wird der Begriff Karriere definiert und organisational gesteuerte Laufbahnmodelle sowie individuelle Karrierewege aufgezeigt. Zudem wird das Konzept der Karriereanker von Edgar Schein vorgestellt (Kapitel 3). Nach diesem Kapitel folgen die Grundlagen zu Agilität. Es werden der Ursprung des Begriffs und das agile Mindset mit seinen Prinzipien und Leitsätzen erläutert. Des Weiteren werden die agilen Methoden Scrum und Kanban vorgestellt, um ein Verständnis für das agile Arbeiten zu vermitteln (Kapitel 4). In Teil I wird oftmals Bezug zu veränderten Arbeitswelten genommen. Die Darstellung dieser Entwicklungen erfolgt in Teil II.

2 Bedeutung von Employability aus verschiedenen Perspektiven

In diesem Kapitel wird zunächst eine kurze Definition des Begriffs Employability vorgestellt und die Relevanz des Terms erläutert (Kapitel 1.1). Zudem wird Employability aus der Sicht des Individuums (Kapitel 1.2), des Unternehmens (Kapitel 1.3) sowie der Gesellschaft (Kapitel 1.4) sowohl im Hinblick auf Interessensfelder als auch auf Chancen und Risiken untersucht.

2.1 Begriffsdefinition und Relevanz von Employability

Employability lässt sich wörtlich mit Beschäftigungsfähigkeit übersetzen. Beide Begriffe werden in der Literatur und auch in der Arbeit synonym verwendet. Andere Synonyme sind Arbeitsmarktfähigkeit oder Arbeitsmarktfitness.[4] Es existieren keine eindeutigen Definitionen für die Begriffe. Nach Blancke, Roth und Schmid wird Employability bzw. Beschäftigungsfähigkeit wie folgt definiert:

> „Beschäftigungsfähigkeit beschreibt die Fähigkeit einer Person, auf der Grundlage ihrer fachlichen und Handlungskompetenzen, Wertschöpfungs- und Leistungsfähigkeit ihre Arbeitskraft anbieten zu können und damit in das Erwerbsleben einzutreten, ihre Arbeitsstelle zu halten, oder wenn nötig, sich eine neue Erwerbsbeschäftigung zu suchen."[5]

Die Definition zeigt, dass Employability zwei Ansätze verfolgt: einerseits die unternehmensinternen Prozesse zur Nutzung von Human Resources während der aktiven Erwerbstätigkeit und andererseits den Auswahlprozess auf dem Arbeitsmarkt, wenn sich das Individuum eine neue Beschäftigung sucht. Folglich kann die Beschäftigungsfähigkeit proaktiv und reaktiv[6] gefördert werden. Die Verfolgung eines proaktiven Ansatzes ist erforderlich, um auch während der Erwerbstätigkeit ein Bewusstsein für die Notwendigkeit einer stetigen Weiterentwicklung zu schaffen. Hierdurch wird es dem Individuum ermöglicht, in herausfordernden Situationen, wie beispielsweise der Erwerbslosigkeit, adäquat zu handeln.[7]

---

4   vgl. Rump, Jutta; Eilers, Silke (2006): Managing Employability. In: Rump, Jutta (Hrsg.): Employability Management. Grundlagen, Konzepte, Perspektiven. 1. Auflage. Wiesbaden: Betriebswirtschaftlicher Verlag Dr. Th. Gabler. S. 13–75, S. 19.

5   Blancke et al. (2000), S. 9 in Kraus, Katrin (2007): Vom Beruf zur Employability? Zur Theorie einer Pädagogik des Erwerbs. 1. Auflage, unveränderter Nachdruck. Wiesbaden: VS Verlag für Sozialwissenschaften, S. 57.

6   Reaktive Förderung meint, dass erst bei Bedarf, also bei Erwerbslosigkeit, gefördert wird.

7   vgl. Rump, Eilers (2006), S. 19f.

Eine weitere Definition von Lehmann und Wendt ergänzt den Term Employability um den zeitlichen Aspekt und das neue Arbeitsumfeld:

> „Beschäftigungsfähigkeit heißt, sich selbst in der Gegenwart zu verbessern und zum richtigen Zeitpunkt – also jetzt – geeignete Fähigkeiten zu entwickeln, die auf Handlungskompetenzen in einer fluiden, komplexen und vernetzten Welt zielen – mit sehr unterschiedlichen Implikationen für das eigene Leben."[8]

Die ausgewählten Definitionen verdeutlichen, dass das Individuum im Fokus von Employability steht. Der Einzelne soll auf unterschiedliche Arbeitsumfelder, Tätigkeitsbereiche und Organisationsformen vorbereitet werden. Die Beschäftigungsfähigkeit ist durch verschiedene Bausteine gekennzeichnet. Diese Bausteine sind Faktoren, die den Menschen befähigen, eine bestehende Beschäftigung zu sichern oder eine neue Beschäftigung zu erhalten. Zu den Bausteinen der Beschäftigungsfähigkeit gehören die im beruflichen Kontext erworbenen Erfahrungen und Fähigkeiten, die Bereitschaft zur Teilnahme an entsprechenden Maßnahmen zur Förderung dieser sowie Kenntnisse außerhalb der Berufstätigkeit wie beispielsweise aus sozialem Engagement.[9] Employability lässt sich folglich als die Fähigkeit eines Individuums, den Anforderungen eines dynamischen und komplexen Arbeitsumfeldes durch entsprechende fachliche, soziale und methodische Kompetenzen[10] gerecht zu werden, beschreiben.

Das komplexe Arbeitsumfeld ist vor allem durch technische Entwicklungen, die uneingeschränkte Mobilität der Märkte und Konsumenten sowie den gesellschaftlichen und ökonomischen Wandel zu einer Wissensgesellschaft, in der Wissen an Bedeutung zunimmt, geprägt. Diese Entwicklungen konfrontieren den Einzelnen sowie die Unternehmen mit einer steigenden Veränderungsgeschwindigkeit und

---

[8] Lehmann, Wendt (2001), S. 218f. in Kraus (2007), S. 58.

[9] vgl. Rump, Eilers (2006), S. 19f.

[10] Unter Kompetenzen versteht man *„die bei Individuen verfügbaren oder durch sie erlernbaren kognitiven Fähigkeiten und Fertigkeiten, um bestimmte Probleme zu lösen [...]"* (Weinert, Franz E. (2014): Vergleichende Leistungsmessung in Schulen - Eine umstrittene Selbstverständlichkeit. In: Weinert, Franz E. (Hrsg.): Leistungsmessungen in Schulen. 3. Auflage. Weinheim, Basel: Beltz Verlag. S. 17–31, S. 27f.) Folglich werden die Begriffe Kompetenzen, Fähigkeiten und Fertigkeiten in dieser Arbeit synonym verwendet.

Unsicherheiten im Arbeitsumfeld,[11] wodurch Employability die Arbeitsplatzsicherheit ersetzt und zunehmend an Relevanz gewinnt.[12]

Employability hat neben der individuellen Sicht, noch zwei weitere Anknüpfungspunkte: Employability aus Unternehmenssicht und aus gesellschaftlicher Sicht. Die drei Sichten werden im Folgenden vorgestellt.

2.2 Employability aus Sicht des Individuums

Employability bedeutet für das Individuum vor allem eine Grundlage für ein Beschäftigungsverhältnis zu schaffen und dabei die Verantwortung für die eigene Wettbewerbsfähigkeit zu übernehmen. Wettbewerbsfähigkeit bezieht sich in dem Kontext nicht nur auf die eigene Marktfähigkeit, sondern auch auf die Wettbewerbsfähigkeit im Betriebskontext.[13] Insbesondere durch die Unsicherheiten im Arbeitsumfeld werden mehr Menschen verschiedene Tätigkeiten im Laufe ihres Berufslebens ausüben. Folglich kommt dem Erhalt und der Anpassung der eigenen Qualifikationen an neue Anforderungen eine höhere Bedeutung zu als dem Streben nach Arbeitsplatzsicherheit.[14] Die Beschäftigungsfähigkeit eines Individuums besteht aus den folgenden Elementen, die in dem Modell der Beschäftigungsfähigkeit (siehe Abbildung 1) aufgezeigt werden.

---

[11] vgl. Rump, Eilers (2006), S. 14–17.

[12] vgl. Fischer, Heinz (2006): Wenn nicht ich, wer dann? Employability ist unerlässlich in veränderten Arbeitswelten. In: Rump, Jutta (Hrsg.): Employability Management. Grundlagen, Konzepte, Perspektiven. 1. Auflage. Wiesbaden: Betriebswirtschaftlicher Verlag Dr. Th. Gabler. S. 85–92, S. 87.

[13] vgl. Kraus (2007), S. 71f.

[14] vgl. Rump, Eilers (2006), S. 17.

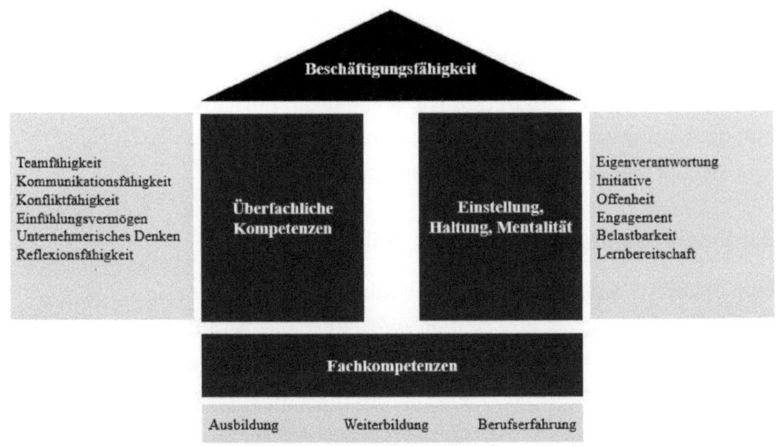

Abbildung 1: Das Modell der Beschäftigungsfähigkeit
(eigene Darstellung in Anlehnung an. Rump et al. (2014), S. 16)

Das Fundament der Beschäftigungsfähigkeit sind die Fachkompetenzen, die durch Ausbildung, Weiterbildung und Berufserfahrung aufgebaut werden. Hinzu kommen überfachliche Kompetenzen wie beispielsweise Teamfähigkeit, Kommunikationsfähigkeit, Empathie und Reflexionsfähigkeit. Daneben ist vor allem die Einstellung und Mentalität des Individuums notwendig, um beschäftigungsfähig zu sein. Hierbei stehen Eigenverantwortung, Initiative und Lernbereitschaft im Fokus.[15] Aus den Bausteinen des Modells ergibt sich ein Anforderungsprofil für beschäftigungsfähige Individuen. Eine beschäftigungsfähige Person hat die nötige Fachkompetenz, ergreift Initiative und nutzt Chancen, übernimmt Verantwortung für sich selbst, ihre Entwicklung und Ziele und verfügt über unternehmerisches Denken und Handeln. Zudem engagiert sie sich und weist eine hohe Lernbereitschaft auf. Daneben sind vor allem wichtige Kompetenzen, wie beispielsweise die Team-, Kommunikations- und Konfliktfähigkeit sowie das notwendige Einfühlungsvermögen, kennzeichnend. Des Weiteren werden von einer beschäftigungsfähigen Person ein hoher Grad an Belastbarkeit, Veränderungsbereitschaft und Selbstreflexion erwartet. Das Anforderungsprofil gilt als idealistisches Bild einer beschäftigungs-

---

[15] vgl. Rump, Jutta; Wilms, Gaby; Eilers, Silke (2014): Die Lebensphasenorientierte Personalpolitik. Grundlagen und Gestaltungstipps aus der Praxis für die Praxis. In: Rump, Jutta; Eilers, Silke (Hrsg.): Lebensphasenorientierte Personalpolitik. Strategien, Konzepte und Praxisbeispiele Zur Fachkräftesicherung. Berlin, Heidelberg: Springer-Verlag. S. 3–70, S. 16.

fähigen Person. Da Individuen nicht alle dieser Anforderungen erfüllen können, weicht die Realität von diesem Profil ab.[16]

Employability bietet dem Einzelnen die Möglichkeit, die Karrierechancen auf dem internen und externen Arbeitsmarkt zu steigern. Das Individuum wird „Unternehmer in eigener Sache", sodass die Beschäftigungsfähigkeit als eigener Wettbewerbsfaktor gilt. Hierfür ist ein hohes Maß an Anpassungsfähigkeit, Flexibilität und Mobilität zur Reaktion auf neue Anforderungen des Arbeitsmarktes notwendig. Zudem ermöglicht Employability die kontinuierliche Auseinandersetzung mit den eigenen Kompetenzen und Qualifikationen und deren Adaption. Dadurch kann der Einzelne die persönlichen Kompetenzen sowie zukünftige Anforderungen realistisch einschätzen und Entwicklungsbedarf identifizieren. Das Vertrauen in die eigenen Kompetenzen und Fähigkeiten gilt als Sicherungsanker im Arbeitsleben und stärkt das Selbstbewusstsein und die Eigenverantwortung. Individuen sind so in der Lage, die eigene Entwicklung in die gewünschte Richtung zu lenken. Dies verbessert unter anderem auch die Mitgestaltungsmöglichkeiten der eigenen beruflichen Zukunft und hat Auswirkungen auf den psychologischen Vertrag zwischen Arbeitgeber und -nehmer.[17]

Der psychologische Vertrag, im Englischen **psychological contract**, ist ein Bestandteil des Arbeitsverhältnisses zwischen Arbeitnehmer und Arbeitgeber, der über einen (juristischen) Arbeitsvertrag hinaus geht.[18] Dieser traditionelle Kontrakt basiert auf der Annahme, dass die Beschäftigten ihr Engagement und ihre Loyalität gegen Arbeitsplatzsicherheit und stetige Karriereentwicklung eintauschen.[19] Durch das Konzept Employability entsteht jedoch ein neuer psychologischer Vertrag, der auch als New Moral contract[20] oder transaktionaler Vertrag[21] bezeichnet wird. Employability löst, wie oben bereits beschrieben, die Beschäftigungssicherheit als Sicherungsanker ab, sodass kein Abhängigkeitsverhältnis mehr

---

[16] vgl. Rump, Eilers (2006), S. 21ff.

[17] vgl. ebd., S. 27ff.

[18] vgl. Bratscher, Thomas; Nissen, Regina (2018): Psychologischer Vertrag. Hrsg. von Gabler Wirtschaftslexikon. Online verfügbar unter https://wirtschaftslexikon.gabler.de/definition/psychologischer-vertrag-43642/version-266970. Letzter Zugriff am 15.05.2019.

[19] vgl. Sullivan (1999), S. 458; Faust (2002), S. 78; Bühlmann (2008), S. 3 in Hyll, Melanie (2014): Karriereformen im Wandel. Herausforderungen für Individuen und Organisationen. München, Mering: Rainer Hampp Verlag, S. 10.

[20] vgl. Sattelberger (1999), S. 95 in Kraus (2007), S. 81.

[21] vgl. Minssen, Wehling (2011) in Hyll (2014), S. 33f.

zum Arbeitgeber besteht. Vielmehr bindet der Arbeitgeber die passenden Mitarbeiter für einen definierten Zeitraum an das Unternehmen, wohingegen der Arbeitnehmer das Unternehmen auswählt, das die entsprechenden Kompetenzen nachfragt, und vor allem wertschätzt.[22] Dies soll insbesondere Hochqualifizierte durch Qualifizierungsangebote zum Erhalt der Beschäftigungsfähigkeit an das Unternehmen binden.[23]

Trotz der genannten Chancen für den Einzelnen existieren einige Befürchtungen und Ängste im Zusammenhang mit Employability. Mitarbeiter haben vor allem Angst vor der Unsicherheit und einem drohenden Arbeitsplatzverlust. In dynamischen Arbeitsumfeldern fallen traditionelle Sicherungsanker, wie beispielsweise die Arbeitsplatzsicherheit, weg. Employability bietet zwar einen neuen Sicherungsanker, der aber bisher noch nicht als solcher wahrgenommen wird. Zudem haben viele Mitarbeiter Angst vor Überforderung und dem Burnout Syndrom. Ein kontinuierlicher Lernprozess erfordert Flexibilität und mentale Mobilität vom Arbeitnehmer. Dies steigert den Druck für einige Mitarbeiter. Eine weitere Befürchtung ist, dass Employability einen versteckten Arbeitsplatzabbau verursacht. Der Einzelne hat Angst, dass „beschäftigungsfähig" und „nicht beschäftigungsfähig" zur Einteilung in erwünschte und unerwünschte Arbeitnehmer führt und dadurch Arbeitsplätze zugewiesen oder relevante Qualifizierungsmaßnahmen verwehrt werden.[24]

2.3 Employability aus Sicht des Unternehmens

Beschäftigungsfähigkeit dient nicht nur der individuellen Wettbewerbsfähigkeit, sondern auch der Wettbewerbsfähigkeit eines Unternehmens.[25] Der kontinuierliche Wandlungsprozess sowie ein steigender Wettbewerb um Wissens- und Kompetenzträger bedarf individueller Lösungen. Zudem ist das Ausschöpfen von Potenzialen mit hohem Aufwand verbunden.[26] Infolgedessen müssen auch Unternehmen ihre Personalpolitik verändern und eine neue Form der Mitarbeiterorientierung anbieten. Ziel ist es, durch Förderung der Employability des Einzelnen einen Beitrag zur Wettbewerbsfähigkeit des Unternehmens zu leisten und die soziale

---

[22] vgl. Rump, Eilers (2006), S. 28f.
[23] vgl. Hyll (2014), S. 33f.
[24] vgl. Rump, Eilers (2006), S. 32.
[25] vgl. Kraus (2007), S. 79.
[26] vgl. Rump, Eilers (2006), S. 17.

Verantwortung gegenüber den Mitarbeitern wahrzunehmen. Dies ermöglicht die Vermarktung als attraktiver Arbeitgeber und steigert die Chance, den *War for Talents* zu gewinnen. Basis für die Veränderungen ist ein neues Mindset, in dem Employability und Beschäftigungsfähigkeitsstrategien von allen Akteuren als neue Aufgaben des Unternehmens anerkannt werden.[27]

Generell stehen Organisationen Employability skeptisch gegenüber, denn häufig werden nur die positiven Konsequenzen für das Individuum gesehen, nicht aber die positiven Auswirkungen für das Unternehmen. Jedoch bietet die Förderung der Employability der Mitarbeiter den Unternehmen auch einige Vorteile. Zu diesen Vorteilen gehört zunächst eine steigende Innovations- und Reaktionsfähigkeit. Die Innovationskraft eines Unternehmens hängt vom Wissens- und Kompetenzstand der Mitarbeiter ab. Die Anforderungen an diese Kompetenzen variieren, sodass es notwendig wird, dass Mitarbeiter proaktiv ihr Wissen hinsichtlich Aktualität und Relevanz überprüfen und ändern. Dies ist durch die Charakteristika von Employability wie beispielsweise Lernbereitschaft, kontinuierliche Weiterentwicklung und Flexibilität gegeben. Zudem ermöglichen die kontinuierlichen Kompetenzanpassungen ein professionelleres und kompetenteres Auftreten gegenüber Kunden. Dabei repräsentieren Mitarbeiter ihr Unternehmen positiv und leisten einen Beitrag zur Verbesserung der Kundenorientierung. Ein weiterer Vorteil ist, dass der Personaleinsatz zunehmend flexibler gestaltet werden kann. Beschäftigungsfähige Mitarbeiter fordern arbeitsbezogene Veränderungen, um beschäftigungsfähig zu bleiben. Folglich sind geringe Widerstände gegen Veränderungen der Arbeitsinhalte oder -bedingungen und niedrige Einarbeitungszeiten zu erwarten. Durch den flexiblen Personaleinsatz können auch Vakanzen im Unternehmen schneller besetzt werden, da eine interne Personalanpassung durch die gesteuerte Beschäftigungsfähigkeit der Mitarbeiter einfacher ist. Des Weiteren steigert die Förderung von Employability die Attraktivität des Unternehmens als Arbeitgeber und Mitarbeiter werden langfristig an das Unternehmen gebunden. Dennoch gilt, dass Unternehmen dann einen Nutzen aus Employability ziehen können, wenn sie es fordern und fördern und die entsprechenden Bedingungen für die Entfaltung der Potenziale ihrer Mitarbeiter ermöglichen.[28]

---

27 vgl. Kraus (2007), S. 81ff.
28 vgl. Rump, Eilers (2006), S. 23–26.

Die Etablierung von Employability wird insbesondere aus Unternehmenssicht mit negativen Konsequenzen verbunden. Zunächst besteht die Angst, dass Investitionen in Mitarbeiter darin resultieren, dass diese sich dem externen Arbeitsmarkt zuwenden und dass das fördernde Unternehmen nicht davon profitiert. Daneben werden hohe Kosten für die Investitionen in Employability erwartet. Allerdings ist eher eine Bereitschaft zu kulturellen und organisatorischen Veränderungen erforderlich als hohe finanzielle Aufwendungen. Solche Kulturveränderungen sind häufig mit Widerständen verbunden, da bisher verinnerlichte Verhaltensweisen und Einstellungen abgelegt und gegen neue zunächst ungewohnte Werte und Handlungen ersetzt werden müssen. Eine weitere Angst besteht darin, dass die Komplexität von Führung, Karrieremustern, Organisations- und Vergütungsstrukturen zunimmt. Unternehmen geraten in die Situation, kontinuierlich Entwicklungsperspektiven aufzuzeigen. Jedoch zeigt hier eine Abwägung der entstehenden Kosten und dem daraus resultierenden Nutzen, dass der Nutzen deutlich überwiegt, da die eigenen Prozesse überdacht und der Arbeitgeber sich positiv präsentieren kann. Dadurch kann der Wettbewerbs- und Marktdruck abgeschwächt werden. Weiterhin befürchten vor allem Führungskräfte einen Machtverlust, da die Eigenverantwortung und das Selbstbewusstsein der Mitarbeiter gefördert werden. Die Förderung der Employability aus Unternehmenssicht verändert aber vielmehr die Rolle der Führungskräfte von einer delegierenden Person zu einem Coach und Unterstützer. Die Führungskräfte müssen an die Grundsätze und Philosophie von Employability und den Nutzen für das Unternehmen herangeführt werden.[29]

Bei der Vorstellung der Chancen und Ängste wird bereits deutlich, dass die Integration von Employability im Unternehmen erfolgskritische Handlungsfelder hat. Zu diesen Feldern zählen die Unternehmenskultur, Führung, Organisation, Vergütung, Controlling, Gesundheitsförderung und die Personalentwicklung.[30] Auf das Handlungsfeld Personalentwicklung wird in Kapitel 2 näher eingegangen, da Karriere und Karrieremanagement hier einzuordnen sind.

---

[29] vgl. ebd., S. 30f.
[30] vgl. ebd., S. 40.

2.4 Employability aus Sicht der Gesellschaft

Die gesellschaftliche Sicht auf Employability beruht vor allem auf der bildungs- und arbeitsmarktpolitischen Perspektive. Wie die Analyse in Teil II zeigt, verändern sich die Arbeitswelten unter dynamischen Rahmenbedingungen. Dies hat auch Konsequenzen für die Erwerbsarbeit und den Arbeitsmarkt, die im Folgenden kurz umschrieben werden.

Der Arbeitsmarkt befindet sich in einem Strukturwandel. Hierbei spielt der demografische Wandel eine große Rolle. Die alternde Gesellschaft, die schrumpfende Bevölkerung und ein späterer Berufseinstieg führen zu einer Reduzierung des Arbeitskräftepotenzials. Ein verringertes Arbeitskräftepotenzial hat Einfluss auf die Wirtschaftskraft des Landes sowie auf soziale Sicherungssysteme wie beispielsweise das Rentensystem.[31] Zudem entstehen neue Formen der Arbeit und auch deren Inhalt ändert sich. Hierzu zählt auch die Zunahme von atypischen Beschäftigungsverhältnissen, die vom Normalarbeitsverhältnis abweichen. Unter atypischen Beschäftigungsverhältnissen versteht man Arbeitsverträge, die von den üblichen Standards abweichen. Dazu zählen u.a. befristete Beschäftigungsverhältnisse, Erwerbstätigkeiten im Rahmen der Arbeitnehmerüberlassung oder geringfügige Beschäftigungen.[32]

Zudem verändert sich die Einstellung zum Beruf. Durch die Auflösung von vorgegebenen Lebens- und Karrierewegen verliert auch das Berufsbild an Bedeutung. Bisher gilt es als Bezugspunkt von Bildungs- und Beschäftigungssystem, der im Verlauf des Erwerbslebens eine richtungsweisende Funktion einnimmt. Berufsbilder bieten dabei die Möglichkeit Erwerbsverläufe zu normieren. Gleichzeitig gelten sie auch für die Tarifpolitik als Grundlage. Employability als neues Konzept basiert auf der Passung von individuellen Fähigkeiten und Kompetenzen, aber nicht mehr auf konkreten Anforderungen in Form eines Berufsbildes. Die damit einhergehende Flexibilität kann nur gewährleistet werden, wenn bestehende Strukturen aufgelöst werden.[33]

---

[31] vgl. Schmid, Josef (2010): Wer soll in Zukunft arbeiten? Zum Strukturwandel der Arbeitswelt. Hrsg. von Bundeszentrale für politische Bildung (bpb). Online verfügbar unter http://www.bpb.de/apuz/32343/wer-soll-in-zukunft-arbeiten-zum-strukturwandel-der-arbeitswelt?p=all. Letzter Zugriff am 02.05.2019.

[32] vgl. ebd.

[33] vgl. Kraus (2007), S. 69f.

Employability hat auch Konsequenzen für die Tariflandschaft sowie Vergütungssysteme. Beide Konzepte beruhen auf dem Normalarbeitsverhältnis. Die Dynamik des Arbeitsumfeldes bedingt jedoch den Wechsel zwischen unterschiedlichen Erwerbsphasen, sodass eine Anpassung notwendig ist. Zudem sind Gruppierungssysteme für die Gestaltung von Vergütungsmodellen nicht mehr sinnvoll, da neue Arbeitsmodelle dort derzeit kaum berücksichtigt werden können.[34]

Nichtsdestotrotz wird das Konzept der Beschäftigungsfähigkeit politisch, insbesondere im Rahmen der Europäischen Union, gefördert. Das Konzept betrifft sowohl die Arbeitsmarkt- und Beschäftigungspolitik als auch die Bildungspolitik. Im Vertrag von Amsterdam haben sich 1997 alle EU-Mitgliedsstaaten verpflichtet, eine gemeinsame Beschäftigungsstrategie zu entwickeln. 1998 wurden Leitlinien für diese Strategie verabschiedet, die u.a. die Verbesserung der Beschäftigungsfähigkeit, die Förderung der Anpassungsfähigkeit von Unternehmen und Arbeitnehmern sowie die Stärkung der Maßnahmen für Chancengleichheit als Schwerpunkte aufweisen. Die Beschäftigungsfähigkeit soll vor allem durch die Qualität der Bildungs- und Ausbildungssysteme und die Förderung des lebenslangen Lernens gestärkt werden. Hierdurch soll ein Beitrag zur Wettbewerbsfähigkeit von Europa geleistet werden.[35]

2.5 Employability als neuer Sicherungsanker?

Durch das dynamische Arbeitsumfeld und die damit verbundenen Unsicherheiten fallen Beschäftigungs- und Arbeitsplatzsicherheit für das Individuum als Sicherungsanker weg. Employability kann als neuer Ansatz fungieren, da der Fokus des Konzeptes auf dem Individuum liegt und dieses, unabhängig von der Entwicklung eines Unternehmens, Kompetenzen erwerben und an zukünftige Anforderungen anpassen kann. Jedoch sind zukünftige Anforderungen oft nicht vorhersehbar, sondern entwickeln sich vielmehr in einem fließenden Übergang. Dadurch ist es fraglich, inwieweit das Individuum selbst neue Anforderungen identifizieren und auf den eigenen Kompetenzerwerb übertragen kann. Zudem basiert das Konzept auf der Selbstverantwortung des Individuums. Hinter diesem Grundsatz steht der

---

[34] vgl. Rump, Eilers (2006), S. 17f.

[35] vgl. Schemmann, Michael (2004): Bedeutung und Funktion des Konzepts „Beschäftigungsfähigkeit" in bildungspolitischen Dokumenten der Europäischen Union. Online verfügbar unter https://www.die-bonn.de/doks/schemmann0401.pdf. Letzter Zugriff am 26.04.2019, S. 111ff.

Wille des Einzelnen sich zu verändern und anzupassen. Allerdings gilt es zu beachten, dass nicht jeder Mensch in der Lage ist oder den Willen aufweist, sich selbstverantwortlich zu entwickeln. Dies kann zu einer Überforderung des Einzelnen führen. Die Gruppe von überforderten Individuen wird in dem Konzept Employability nicht berücksichtigt. Weiterhin ist es fraglich, inwieweit die geforderten Kompetenzen herausgebildet werden können. Insbesondere die Bildungspolitik ist nicht darauf ausgerichtet, Menschen mit zukünftig erwarteten Kompetenzen auszustatten. Bildungseinrichtungen agieren in der Regel reaktiv, sodass ausschließlich bereits identifizierte Bedarfe bedient werden. Eine Betrachtung der zukünftigen Anforderungen erfolgt nicht oder unzureichend. Folglich ist es für die Etablierung von Employability zur Sicherung der Wettbewerbsfähigkeit der Individuen unabdingbar, auch die entsprechenden Rahmenbedingungen anzupassen. Ob ein Individuum gegenwärtig so beschäftigungsfähig sein kann, wie es gefordert wird, ist fraglich.

3 Das Handlungsfeld Personalentwicklung zur Stärkung der Employability

Personalmanagement sowie eine effektive Führung sind das Bindeglied zwischen operativen Tätigkeiten und der strategischen Ausrichtung eines Unternehmens. Personalmanagement lässt sich in vier große Bereiche aufteilen: die Einstellung und Bindung von Personal, der Einsatz von Personal, die Entlohnung und der Erfolg von Personal sowie die **Entwicklung des Personals.**[36] Wie in Kapitel 1.3 erwähnt, ist Personalentwicklung aus Unternehmenssicht eines der Instrumente zur Stärkung von Employability. In diesem Kapitel erfolgt zunächst eine Begriffsdefinition von Personalentwicklung und der damit einhergehenden Ziele (Kapitel 2.1). In Kapitel 2.2 wird Personalentwicklung in den Unternehmenskontext eingeordnet und daraufhin in Kapitel 2.3 die drei Bereiche der Personalentwicklung und ihre Aufgaben erläutert. Im letzten Unterkapitel wird die Bedeutung für Employability herausgestellt (Kapitel 2.4).

3.1 Begriffsdefinition und Ziele der Personalentwicklung

(Strategische) Personalentwicklung ist ein erfolgskritischer Faktor innerhalb des Personalmanagements. Ziel ist es, den Bedarf an Fach- und Führungskräften sowohl in quantitativer als auch in qualitativer Hinsicht zu decken. Dadurch unterstützt die Personalentwicklung die Umsetzung der Unternehmensziele und leistet einen Beitrag zum Unternehmenserfolg.[37] Eine häufig verwendete Definition von Personalentwicklung ist die nach Manfred Becker:

> „Personalentwicklung umfasst alle Maßnahmen der Bildung, der Förderung und der Organisationsentwicklung, die von einer Person oder Organisation zur Erreichung spezieller Ziele zielgerichtet, systematisch und methodisch geplant, realisiert und evaluiert werden."[38]

---

[36] vgl. Stock-Homburg, Ruth (2013a): Strategisches Personalmanagement. In: Stock-Homburg, Ruth (Hrsg.): Handbuch Strategisches Personalmanagement. 2. überarbeitete und erweiterte Auflage. Wiesbaden: Springer Fachmedien. S. 3–8, S. 4.

[37] vgl. Lindner-Lohmann, Doris; Lohmann, Florian; Schirmer, Uwe (2016): Personalmanagement. 3. akualisierte Auflage. Berlin, Heidelberg: Springer-Verlag, S. 161f.

[38] Becker, Manfred (2013): Personalentwicklung. Bildung, Förderung und Organisationsentwicklung in Theorie und Praxis. 6. überarbeitete und aktualisierte Auflage. Stuttgart: Schäffer-Poeschel Verlag, S. 5.

Die Personalentwicklung erfolgt dabei auf drei Ebenen.[39]

1. Vermittlung von Fachwissen (knowledge): Hierbei geht es um Wissen über das Unternehmen oder betriebswirtschaftliche Funktionen und Prozesse. Dazu zählen beispielsweise EDV-Kenntnisse. Fachwissen kann kurzfristig erworben werden.

2. Erweiterung von Fähigkeiten (skills): Fähigkeiten umfassen praktische Anwendungen wie z.B. Präsentationstechniken.

3. Bildung neuer persönlicher Einstellungen (attitudes): Das Annehmen von neuen Einstellungen, wie z.B. die Entwicklung von Toleranz, erfordert eine Verankerung dieser in der Persönlichkeit. Folglich ist diese Ebene die komplexeste und langfristigste Ebene der Personalentwicklung.

Übergeordnetes Ziel der Personalentwicklung ist die Befähigung der Mitarbeiter aller Hierarchiestufen für aktuelle und zukünftige Anforderungen.[40] Weitere Ziele aus Unternehmenssicht sind die Steigerung der Effizienz der Führungskräfte und Mitarbeiter, die Sicherung des Mitarbeiterbestandes, die Erhöhung der Anpassungsfähigkeit der Mitarbeiter an neue Anforderungen sowie die Flexibilisierung des Personaleinsatzes. Zudem können durch ein entsprechendes Personalentwicklungskonzept die Attraktivität des Unternehmens als Arbeitgeber und das Commitment der Mitarbeiter gesteigert werden. Die Ziele aus Sicht der Mitarbeiter sind die Steigerung der Arbeitszufriedenheit, die Möglichkeit sich fachlich und persönlich weiterzuentwickeln sowie die Steigerung der individuellen Mobilität und der Karrierechancen auf dem Arbeitsmarkt.[41]

---

[39] vgl. Holtbrügge, Dirk (2018): Personalmanagement. 7. überarbeitete und erweiterte Auflage. Berlin: Springer-Verlag, S. 137f.

[40] vgl. Wien, Andreas; Franzke, Normen (2013): Systematische Personalentwicklung. 18 Strategien zur Implementierung eines erfolgreichen Personalentwicklungskonzepts. Wiesbaden: Springer Fachmedien, S. 18.

[41] vgl. Stock-Homburg, Ruth (2013b): Personalmanagement. Theorien - Konzepte - Instrumente. 3. überarbeitete und erweiterte Auflage. Wiesbaden: Springer Fachmedien, S. 209f.

3.2 Einordnung der Personalentwicklung in den Unternehmenskontext

Durch den Wandel zur Wissensgesellschaft gewinnt Wissen als Ressource des Unternehmens an Bedeutung. Jedoch erfordern Erhalt und Erweiterung durch die sinkende Halbwertszeit des Wissens kontinuierliches Lernen, was durch das Konzept des lebenslangen Lernens realisiert werden kann. Dies ist unabhängig vom Alter der Beschäftigten auf allen Hierarchieebenen notwendig. Der Wertzuwachs durch ein erhöhtes Know-How der Mitarbeiter ermöglicht eine stärkere Positionierung im Wettbewerb, sodass Wissen ein erfolgskritischer (Produktions-)Faktor im Unternehmen ist. Hierbei nimmt die Personalentwicklung die Funktion des Wissensvermittlers ein und ist somit ebenfalls an dem erfolgskritischen Faktor Wissen beteiligt.[42]

Die Arbeit der Personalentwicklung ist abhängig von inner- und außerbetrieblichen Einflussfaktoren. Zu den **internen Einflussfaktoren** gehören die vier Schwerpunkte Struktur, technische Einflussfaktoren, kulturelle Aspekte und die Strategie des Unternehmens. Die Struktur eines Unternehmens ist durch die Unternehmensgröße, den Grad der Internationalisierung und die Mitarbeiterstruktur wie beispielsweise die Alters- und Qualifikationsstruktur gekennzeichnet. Gleichzeitig haben auch kulturelle Aspekte wie beispielsweise die Unternehmenskultur, die Tradition des Unternehmens sowie das Lernklima einen Einfluss auf die Personalentwicklung. Zu den technischen Einflussfaktoren gehören die Arbeitsorganisation, die Branche und technisch-organisatorische Veränderungen, die von der Personalentwicklung mitbegleitet werden oder sie wesentlich betreffen. Der letzte interne Einflussfaktor ist die Strategie des Unternehmens, die durch die Unternehmensstrategie, die Personalstrategie und Veränderungen innerhalb der Branche oder den Rahmenbedingungen abgebildet wird.

Der technologische Fortschritt, durch den Mitarbeiter in neue Funktionen eingesetzt und dafür entsprechend qualifiziert werden müssen, gehört zu den **externen Einflussfaktoren**. Des Weiteren hat der demografische Wandel Einfluss auf die Gestaltung der Personalentwicklung, denn dem Mangel an Nachwuchskräften muss unter anderem durch die Qualifikation Geringqualifizierter begegnet werden. Ein weiterer Einflussfaktor ist die internationale Ausrichtung des Unternehmens, die eine sprachliche Vorbereitung oder die Förderung des Verständnisses für kulturelle Besonderheiten erforderlich macht. Zuletzt unterliegt die Personal-

---

[42] vgl. Wien, Franzke (2013), S. 6f.

entwicklung dem Konzept des lebenslangen Lernens. Das Konzept sieht vor, dass die Personalentwicklung Mitarbeiter in allen Lebensphasen begleitet und dadurch ihre Employability sichert.[43]

Um den beschriebenen Einflussfaktoren begegnen zu können, ist es notwendig, die Personalentwicklung strategisch auszurichten. Eine solche Ausrichtung lässt sich in vier Bereiche unterteilen. Im ersten Strategiebereich, der **Strategie der Berufsausbildung**, gilt es zu erfassen, welche Berufe in welcher Anzahl und mit welchen Tätigkeiten im Unternehmen vertreten sind und welche zukünftig benötigt werden. Auf dieser Basis können die entsprechenden Ausbildungsplätze sowie das benötigte Budget geplant werden. Zudem ermöglicht die Erfassung Trendanalysen zur Entwicklung der Berufe und eine Ableitung von Tätigkeitsszenarien. Die **Strategie der Weiterbildung** umfasst die aktive Bildungsplanung, also die Maßnahmen zur Weiterentwicklung und die damit einhergehenden Investitionen. Hierfür werden Bedarfsanalysen und Arbeitsmarktstudien durchgeführt, um ein entsprechendes Konzept zu entwerfen. Des Weiteren gehören hier auch konkrete Maßnahmen wie das Konzept *Train the trainer*[44] dazu. In der **Strategie der Führungskräfteentwicklung** steht die langfristige Nachfolge- und Karriereplanung im Fokus, auf deren Basis Entwicklungspläne für Führungskräfte entworfen werden. Zuletzt folgt die **Strategie der Organisationsentwicklung**. Diese beruht auf der Organisationsgestaltung, der Einführung von neuen Entlohnungs- und Beteiligungsformen sowie neuer Arbeits- und Sozialstrukturen.[45]

Der Erfolg der (strategieorientierten) Personalentwicklung ist insbesondere abhängig von der Zusammenarbeit aller Beteiligten. Die Unternehmensleitung hat die Aufgabe die Maßnahmen zu bestätigen, die notwendigen Ressourcen bereitzustellen und die kontinuierliche Entwicklung der Mitarbeiter anzuerkennen. Die direkten Vorgesetzten der verschiedenen Hierarchieebenen sind verantwortlich für die Personalentwicklung der ihnen unterstellten Mitarbeiter. Sie beraten und unterstützen die Mitarbeiter und ermitteln Entwicklungsbedarfe und -potenziale. Die Mitarbeiter selbst tragen eine Mitverantwortung für die eigene Entwicklung und sind dazu verpflichtet, ihre eigene Beschäftigungsfähigkeit aufrechtzuerhalten.

---

[43] vgl. Wegerich, Christine (2015): Strategische Personalentwicklung in der Praxis. Instrumente, Erfolgsmodelle, Checklisten, Praxisbeispiele. 3. aktualisierte und erweiterte Auflage. Berlin, Heidelberg: Springer-Verlag, S. 20f.

[44] Bei dem Konzept *Train the trainer* werden ausgewählte Mitarbeiter geschult, um andere Mitarbeiter zu schulen.

[45] vgl. Becker (2013), S. 186.

Zuletzt unterstützen unter anderem die Personal- und Schwerbehindertenvertre-
tung sowie Gleichstellungsbeauftragte die Weiterentwicklung der Mitarbeiter und
gelten als Förderer der Personalentwicklung.[46] Weitere Erfolgsfaktoren sind klar
formulierte abteilungsübergreifende Entwicklungsziele, ein anforderungsgerech-
tes Qualifizierungsprogramm und das Einbeziehen des Managements. Besonders
wichtig ist dabei ein Vertrauensverhältnis zwischen Management und Personalentwicklung, um die entsprechenden Maßnahmen erfolgreich zu etablieren.[47]

3.3 Bildung, Förderung und Organisationsentwicklung als Aufgabenbereiche der Personalentwicklung

Personalentwicklung lässt sich nach Manfred Becker in drei übergeordnete Bereiche kategorisieren. Die drei Bereiche sind Bildung, Förderung und Organisationsentwicklung. Abbildung 2 zeigt eine Auswahl der wesentlichen Aufgaben der verschiedenen Bereiche.

Bildung	Förderung	Organisations-entwicklung
• Berufsausbildung • Fachhochschul- und Hochschulbildung • Berufliche Weiterbildung • Führungskräftebildung • Umschulung	• Stellenbündel • Auswahl und Einarbeitung • Auslandseinsatz • Nachfolge- und Karriereplanung • Strukturiertes Mitarbeitergespräch • Systematische Entwicklungsberatung • Coaching, Mentoring • Supervision	• Teamentwichlung • Projektarbeit • Gruppenarbeit • Change Management • Fachliche Netzwerke und soziale Netzwerke • Events und Kulturveranstaltungen • Betriebsfeiern, Betriebszeitungen
PE im engeren Sinn = Bildung	PE im erweiterten Sinn = Bildung + Förderung	PE im weiten Sinn = Bildung + Förderung + Organisationsentwicklung

Abbildung 2: Aufgaben der Personalentwicklung nach Bereichen
(eigene Darstellung in Anlehnung an Becker (2013), S. 4)

---

[46] vgl. Wien, Franzke (2013), S. 31f.
[47] vgl. Wegerich (2015), S. 8.

Bildung umfasst vor allem die Berufs- und Hochschulausbildung, die berufliche Weiterbildung sowie Umschulungen. Die Berufsausbildung beschreibt alle Maßnahmen der Ausbildung in anerkannten Ausbildungsberufen und folgt in der Regel einem dualen Ausbildungssystem.[48] Neben einem klassischen Studium an einer Hochschule oder Universität besteht zudem die Möglichkeit eines dualen Studiums, das die Vermittlung praktischer Inhalte mit einem Studium verbindet.[49] Die berufliche Weiterbildung wird als Sammelbegriff für alle Aktivitäten verwendet, die der Erhaltung und Erweiterung der beruflichen Kenntnisse dienen. Gesetzliche Grundlage hierfür ist das Berufsbildungsgesetz §1.[50]

Der zweite Bereich ist die **Förderung**. Förderung ist notwendig, um die Mitarbeiter bei der Bewältigung der komplexer werdenden Berufs- und Arbeitswelten zu unterstützen und eine individualisierte Personalentwicklung zu ermöglichen.[51]

> „Förderung umfasst alle Maßnahmen, die von einer Person oder Organisation zur Stabilisierung der Arbeits- und Beschäftigungsfähigkeit und zur beruflichen Entwicklung zielgerichtet, systematisch und methodisch geplant, realisiert und evaluiert werden."[52]

Ziel der Förderung ist die Ermittlung von Potenzialen, die Bestimmung der Anforderungen, die Durchführung von Auswahl- und Einführungsmaßnahmen sowie die Erhebung und Beurteilung von Leistung und Verhalten.[53] Neben betrieblichen Zielen, wie der Sicherung des Fach- und Führungskräftenachwuchses und der anforderungsgerechten Weiterentwicklung der Beschäftigten, berücksichtigt die Förderung auch individuelle Ziele der Mitarbeiter. Hierzu zählen der eignungs- und neigungsgerechte Einsatz im Unternehmen, die Entwicklung von Potenzialen sowie die Unterstützung bei der persönlichen Berufs- und Lebensplanung. Der Anspruch an Förderung ist,: *„Staff should be able to leave, but happy to stay."*[54] Folglich sind Maßnahmen der Mitarbeiterbindung von hoher Relevanz, um die geförderten Mitarbeiter an das Unternehmen zu binden. Zu den Inhalten des Bereichs Förderung

---

[48] vgl. Becker (2013), S. 265f.

[49] vgl. ebd., S. 290.

[50] vgl. ebd., S. 306.

[51] vgl. ebd., S. 448.

[52] Becker (2013), S. 447.

[53] vgl. ebd.

[54] ebd., S. 448f.

gehören die Einarbeitung, das Laufbahn- und Nachfolgemanagement und Instrumente wie Coaching, Mentoring und Supervision.

Der letzte Bereich ist die **Organisationsentwicklung**,

> „Organisationsentwicklung soll verstanden werden als dauerhafter, managementgeleiteter zielbezogener Prozess der Veränderung von Strukturen, Prozessen, Personen und Beziehungen, die eine Organisation systematisch plant, realisiert und evaluiert [...]"[55]

Die Organisationsentwicklung beschäftigt sich konkret mit Teamentwicklung, Projektarbeit und Change Management, aber auch mit Events und Kulturveranstaltungen wie beispielsweise Betriebsfeiern. Die Struktur der Personalentwicklungsinstrumente lässt sich auch nach Lernmethoden differenzieren, die in Abbildung 3 im Überblick dargestellt werden.

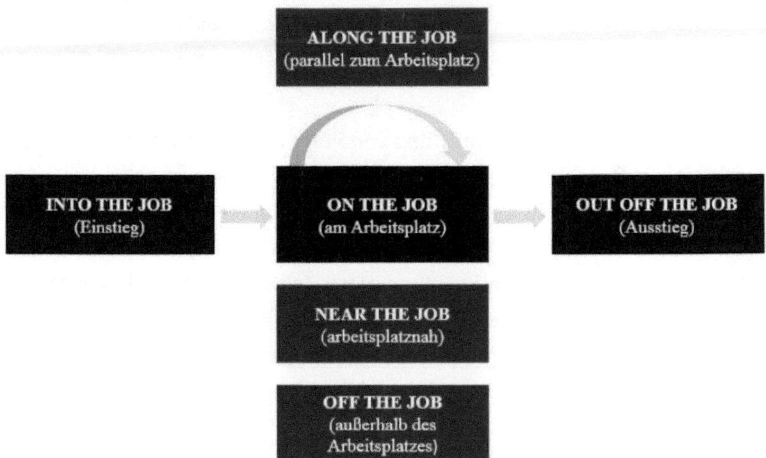

Abbildung 3: Struktur der Personalentwicklungsinstrumente nach Lernmethoden (eigene Darstellung in Anlehnung an Holtbrügge (2017), S. 145)

---

[55] ebd., S. 722.

Die verschiedenen Lernmethoden lassen sich in vier Faktoren kategorisieren. Dazu gehören der Adressatenkreis, der Zeitpunkt im Beschäftigungszyklus, die Nähe zum jeweiligen Arbeitsplatz sowie der Zweck der Maßnahme. Je nach Zweck lassen sich berufsvorbereitende, berufsbegleitende oder berufsverändernde Maßnahmen unterscheiden.[56]

On-the-job Instrumente gehören zu den klassischen Methoden der Personalentwicklung. Diese Maßnahmen sind direkt in die Tätigkeit am Arbeitsplatz integriert. Vorteile vom Lernen am Arbeitsplatz sind die Beteiligungsmöglichkeiten des Mitarbeiters am Arbeitsablauf sowie die Unterstützung durch das Arbeitsumfeld. So kann vorhandenes Wissen im Arbeitsalltag eingesetzt und durch eigene Erfahrungen weiterentwickelt werden.[57] Zu den Maßnahmen on-the-job gehören beispielsweise die Aufgabenerweiterung durch Job Enrichment[58] und Job Enlargement[59] sowie Beratungsmethoden wie Supervision.[60]

Im Gegensatz zu on-the-job Instrumenten findet die **off-the-job** Methode außerhalb des Arbeitsplatzes statt. Diese Lernmethode ist sinnvoll bei der Vermittlung von komplexen fachlichen Themen, die nicht in den Arbeitsalltag integriert werden können. Diese Förderung erfolgt mithilfe von kognitiven Methoden z.B. Vorträgen, aber auch verhaltensorientierten Ansätzen wie z.B. Rollenspielen.[61]

Ziel von **into-the-job** Maßnahmen ist die Eingliederung und Einführung in das Unternehmen. Hierbei werden Qualifikationen erworben, die notwendig sind, um den Anforderungen im Beruf gerecht zu werden. Dazu zählen sowohl die Berufsausbildung als auch Onboarding-Prozesse. Im Gegensatz dazu helfen **out-off-the-job** Maßnahmen den Mitarbeitern durch strukturierte Outplacement-Prozesse beim Ausstieg aus dem Unternehmen und dem Erlangen einer neuen Berufstätigkeit.[62]

---

[56] vgl. Wien, Franzke (2013), S. 20.

[57] vgl. Wegerich (2015), S. 43f.

[58] Unter Job Enrichment wird die Arbeitserweiterung um qualitativ gleichwertige Aufgaben (horizontale Erweiterung) verstanden (vgl. Hirschi, Andreas (2019): Karriere- und Talentmanagement in Unternehmen. In: Kauffeld, Simone; Spurk, Daniel (Hrsg.): Handbuch Karriere und Laufbahnmanagement. Berlin, Heidelberg: Springer-Verlag. S. 543–560, S. 547).

[59] Bei Job Enlargment wird die Arbeit um Planungs- und Entscheidungskompetenzen erweitert (vertikale Erweiterung) (vgl. ebd.).

[60] vgl. Holtbrügge (2018), S. 146.

[61] vgl. Holtbrügge (2018), S. 149f.

[62] vgl. Wien, Franzke (2013), S. 22f.

Near-the-job Maßnahmen, wie beispielsweise Planspiele, finden außerhalb des Arbeitsplatzes statt, haben allerdings einen unmittelbaren Bezug zum Arbeitsplatz. Die **along-the-job** Lernmethode wird parallel zum Arbeitsalltag durchgeführt. Hierzu gehören auch Laufbahn- und Nachfolgemanagement.[63]

3.4 Employability stellt die Personalentwicklung vor neue Herausforderungen

Personalentwicklung ist eines der kritischen Handlungsfelder bei der Integration von Employability im Unternehmen. Die bisherige Ausrichtung der Personalentwicklung orientiert sich überwiegend am Bedarf der Mitarbeiter: es werden diejenigen Mitarbeiter gefördert, bei denen Entwicklungsbedarf identifiziert wird. Das Employability Konzept erfordert einen neuen Ansatz der Personalentwicklung. Dieser beruht auf einer kontinuierlichen Überprüfung und Anpassung der Qualifikationen eines Mitarbeiters. Die Anpassung erfolgt dabei unter Berücksichtigung des aktuellen und zukünftigen Kompetenz- und Fähigkeitsbedarfes auf dem Arbeitsmarkt und innerhalb des Unternehmens. Zudem sieht der Ansatz vor, dass Mitarbeiter aktiv an der Gestaltung ihrer Qualifikation mitwirken. Für die Umsetzung des Ansatzes sind das Verinnerlichen von fünf Prinzipien essenziell. Das erste Prinzip sieht die Förderung des lebenslangen Lernens im Mittelpunkt. Die Personalentwicklung hat die Aufgabe eine entsprechende Lernkultur zu schaffen und die Lernmotivation und -kompetenz zu erhöhen, um einen kontinuierlichen Lernprozess zu gewährleisten. Hierbei sollen auch die räumlichen und zeitlichen Bedürfnisse der Mitarbeiter Berücksichtigung finden. Zudem sollen informell erworbene Kompetenzen, wie beispielsweise durch ehrenamtliches Engagement, als Teil der lebenslangen Lern- und Erfahrungsentwicklung anerkannt werden. Das zweite Prinzip besagt, dass die Personalentwicklungsverantwortung auf die Mitarbeiter und deren direkte Vorgesetzte delegiert wird, sodass die Mitarbeiter sich selbst entwickeln. Damit der Ansatz funktionieren kann, ist laut dem dritten Prinzip eine Zielgruppendifferenzierung notwendig. Als Grundlage dienen die bisherigen Qualifikationen, Stärken, Präferenzen und Interessen, der Lebenslauf oder die Aufgabengebiete. Dadurch kann das Angebot der Personalentwicklung ausdifferenziert und individuell gestaltet werden. Hierbei gilt es, besonders die Personalentwicklung von gering qualifizierten Mitarbeitern auszubauen. Des Weiteren sollen auch überfachliche Kompetenzen gefördert werden (viertes Prinzip). Hierzu zählen die

---

[63] vgl. Holtbrügge (2018), S. 147.

in dem Anforderungsprofil an beschäftigungsfähige Personen in Kapitel 1.2 vorgestellten Kompetenzen. Das letzte Prinzip besagt, dass unternehmens- und arbeits-
bereichsbezogene Lernfelder integriert werden sollen. Dies soll vor allem in der
täglichen Arbeit beispielsweise durch Coaching, Mentoring, Nachwuchsförderpro-
gramme sowie Laufbahnmanagement gewährleistet werden.[64]

---

[64] vgl. Rump, Eilers (2006), S. 48f.

4 Modelle traditioneller Laufbahnen und individueller Karrieren

In diesem Kapitel werden die Themenfelder Laufbahn und Karriere vorgestellt. Hierzu erfolgt zunächst eine Bestimmung des Begriffs Karriere (Kapitel 3.1). Anschließend werden Charakteristika und Ziele des organisationalen Karriere- und Laufbahnmanagements erläutert (Kapitel 3.2). In Kapitel 3.3 werden mit der Führungs-, Fach- und Projektlaufbahn die klassischen organisational gesteuerten Laufbahnmodelle vorgestellt. Die Darstellung individueller Karrierekonzepte erfolgt in Kapitel 3.4. Dabei wird auf ausgewählte repräsentative Konzepte eingegangen, die zur Erarbeitung eines neuen Karrierekonzeptes Rückschlüsse zulassen. In der Praxis existieren darüber hinaus weitere Karrierewege, die aber aufgrund ihrer großen Individualität an dieser Stelle keinen Mehrwert für die Arbeit darstellen und daher nicht weiter behandelt werden. Die verschiedenen Modelle werden abschließend zusammenfassend gegenübergestellt (Kapitel 3.5). Zum Abschluss dieses Kapitels wird das Konzept der Karriereanker von Edgar Schein erläutert, um neben den verschiedenen Laufbahn- und Karrierekonzepten auch die Werthaltungen verschiedener Karrieretypen aufzuzeigen (Kapitel 4.6).

4.1 Begriffsdefinition und Charakteristika von Karriere

Der Begriff **Karriere** leitet sich ursprünglich von dem lateinischen Wort *carrus* (für Wagen oder Karre) ab, mit dem ein vorgezeichneter Weg befahren werden konnte.[65] Über die im 18. Jahrhundert verwendete französische Bezeichnung *carrière* (für Lebensweg) hat der Term dann Einzug in den deutschen Sprachgebrauch gefunden.[66] Heute wird der Begriff Karriere mit beruflichem Erfolg verbunden: Individuen folgen einem (vorgezeichneten) Weg und erreichen durch Veränderungen im beruflichen Umfeld sowie durch entsprechende Leistungen und Qualifikationen eine ranghöhere Stelle.[67] Im angloamerikanischen Raum beschreibt der Begriff *career* dagegen nicht nur den hierarchischen Aufstieg einer Person, sondern

---

[65] vgl. Funken, Christiane; Stoll, Alexander; Hörlin, Sinje (2011): Die Projektdarsteller. Karriere als Inszenierung: Paradoxien und Geschlechterfallen in der Wissensökonomie. 1. Auflage. Wiesbaden: VS Verlag für Sozialwissenschaften, S. 87.

[66] vgl. Kels, Peter; Clerc, Isabelle; Artho, Simone (2015): Karrieremanagement in wissensbasierten Unternehmen: Innovative Ansätze zur Karriereentwicklung und Personalbindung. Wiesbaden: Springer Fachmedien, S. 32.

[67] vgl. Funken et al. (2011), S. 87.

umfasst vielmehr die gesamte Berufsentwicklung.[68] Hier geht es im Sinne eines individuellen Lebenslaufes um die Abfolge von Positionen, die eine Person im Verlauf ihres Berufslebens einnimmt.[69]

Neben den berufsbezogenen Rollen, die ein Individuum im Zeitverlauf durchlebt, werden dem Karrierebegriff im wissenschaftlichen Gebrauch auch andere Bedeutungen zugeschrieben. Karriere inkludiert demnach auch die subjektiven Erfahrungen, die eine Person im Verlauf des beruflichen Werdegangs macht und wird insgesamt als Ergebnis des Arbeitslebens gesehen. In diesem Ergebnis schlagen sich Fähigkeiten, Fachwissen und Beziehungsnetzwerke nieder, die im Laufe der beruflichen Stationen entwickelt werden.[70] Somit ist nach wissenschaftlichem Verständnis Karriere auch ohne beruflichen Erfolg möglich.[71] In seiner Definition von Karriere benennt Hall das weiter gefasste wissenschaftliche Verständnis des Begriffs als *„[...] the individually perceived sequence of attitudes and behaviors associated with work-related experiences and activities over the span of the person's life."*[72] Während Hall den Karrierebegriff auf den beruflichen Kontext fokussiert, bezieht Super in seiner Definition von Karriere als *„sequence of positions occupied by a person during the course of a lifetime"*[73] sämtliche Rollen eines Individuums mit ein, das dieses im Lebensverlauf einnimmt. Dabei werden einige der von ihm

---

68 vgl. Mayrhofer, Wolfgang; Meyer, Michael; Steyrer, Johannes; Iellatchitch, Alexander; Schiffinger, Michael; Strunk, Guido et al. (2002): Einmal gut, immer gut? Einflussfaktoren auf Karrieren in ‚neuen' Karrierefeldern. In: *German Journal of Human Resource Management* 16 (3). S. 392–414. Online verfügbar unter https://journals.sagepub.com/doi/abs/10.1177/239700220201600306. Letzter Zugriff am 30.04.2019, S. 394.

69 vgl. Kels et al. (2015), S. 32; Mense-Petermann, Ursula (2014): Von der Kaminkarriere zur boundaryless und protean career? Zum Verhältnis von organisationaler und individueller Karrieresteuerung am Beispiel von Auslandseinsätzen. In: *Arbeit - Zeitschrift für Arbeitsforschung* (1). S. 5–21, S. 6.

70 vgl. Gunz, Hugh; Mayrhofer, Wolfgang (2011): Re-conceptualizing career success: a contextual approach. In: *Zeitschrift für ArbeitsmarktForschung* 43 (3). S. 251–260. Online verfügbar unter https://doi.org/10.1007/s12651-010-0049-z. Letzter Zugriff am 25.04.2019, S. 253.

71 vgl. Latzke, Markus; Schneidhofer, Thomas M.; Mayrhofer, Wolfgang; Pernkopf, Katharina (2019): Karriereforschung: Konzeptioneller Rahmen, zentrale Diskurse und neue Forschungsfelder. In: Kauffeld, Simone; Spurk, Daniel (Hrsg.): Handbuch Karriere und Laufbahnmanagement. Berlin, Heidelberg: Springer-Verlag. S. 3–36, S. 5f.

72 Hall, Douglas T. (2002): Careers in and out of organizations. Thousand Oaks: Sage Publications, S. 16.

73 Super, Donald E. (1980): A life-span, life-space approach to career development. In: *Journal of Vocational Behavior* 16 (3). S. 282–298, S. 283.

beschriebenen Rollen (z.B. Kind und Schüler/Student) simultan, andere wiederum sequenziell (z.B. Arbeiter und Rentner) durchlebt.[74]

Karrieren können in individuelle und kollektive, in objektive und subjektive sowie in innere und äußere Karriere unterschieden werden. Während eine **kollektive Karriere** den Aufstieg einer (Experten-)Gruppe innerhalb einer Organisation als Folge aus der zunehmenden Bedeutung ihrer Aufgaben oder Funktionen beschreibt, umfasst **individuelle Karriere** die Bedeutungszunahme eines Individuums bzw. die Steigerung seines Einflusses auf einen Verantwortungsbereich oder darüber hinaus.[75] Unter **objektiven Karrieren** wird nach Mayrhofer et al. *„der zeitliche Prozess der Bewegungen durch die Sozialstruktur"*[76] verstanden, womit sowohl horizontale als auch vertikale hierarchische Veränderungen oder monetäre Entwicklungen gemeint sind. Dahingegen beziehen sich **subjektive Karrieren** auf den individuell bewerteten Karriereerfolg sowie die dadurch empfundene Zufriedenheit.[77] Schein beschreibt in seiner Arbeit einerseits die **innere Karriere**, womit die individuelle Haltung zum Berufsleben, der eigenen Rolle darin und den entsprechenden Wertvorstellungen gemeint sind.[78] Im Gegensatz dazu versteht er andererseits unter der **äußeren Karriere** die formalen Richtlinien einer Organisation, die den Rahmen für beruflichen Fortschritt bilden.[79] Sie geben beispielsweise vor, welche Voraussetzungen zur Ausübung bestimmter Berufe erfüllt werden müssen.[80]

---

[74] Während eine Person gleichzeitig Kind und Schüler sein kann (simultan), können die Rollen als Arbeiter und Rentner nicht gleichzeitig wahrgenommen werden (sequenziell) (vgl. ebd., S. 283f.).

[75] vgl. Becker (2013), S. 611.

[76] Mayrhofer et al. (2002), S. 394.

[77] vgl. ebd., S. 394f.

[78] vgl. Kahlert, Heike (2013): Der Karriereanker als Diagnoseinstrument im Coaching: Konzeptionen, Modifikationen und Anwendung. In: Möller, Heidi; Kotte, Silja (Hrsg.): Diagnostik im Coaching. Grundlagen, Analyseebenen, Praxisbeispiele. Berlin, Heidelberg: Springer-Verlag. S. 101–114, S. 103f.; Schein, Edgar H. (1990): Career anchors and job/role planning: the links between career pathing and career development. Hrsg. von Massachusetts Institute of Technology (MIT), Sloan School of Management. Online verfügbar unter https://core.ac.uk/download/pdf/4379974.pdf. Letzter Zugriff am 22.05.2019, S. 1.

[79] vgl. Schein, Edgar H. (1971): The Individual, the Organization, and the Career: A Conceptual Scheme. In: *The Journal of Applied Behavioral Science* 7 (4). S. 401–426, S. 401f.

[80] vgl. Schein, Edgar H. (1998): Karriereanker. Die verborgenen Muster Ihrer beruflichen Entwicklung. 5. Auflage. Darmstadt, München: Beratungssozietät Lanzenberger Dr. Looss Stadelmann, S. 13.

In den nachfolgenden Kapiteln wird der Karrierebegriff auf den beruflichen Kontext bezogen, andere wissenschaftliche Bedeutungen werden nicht weiter aufgegriffen. Dabei umfasst die weitere Erarbeitung der Thematik nicht nur den beruflichen Erfolg im Sinne von hierarchischem Aufstieg, sondern vielmehr die Erfahrungen, die eine Person in verschiedenen Arbeitsstationen sammelt. Nach Kels et al. und in Anlehnung an Halls Auslegung von Karriere wird die nachfolgende Definition als Grundlage für den Karrierebegriff in dieser Arbeit verwendet:

> „Mit dem Begriff Karriere bezeichnen wir vor diesem Hintergrund das individuell einzigartige Muster arbeitsbezogener Erfahrungen und Stationen in der Lebensspanne einer Person. Es schließt alle Formen arbeitsbezogener Ereignisse wie etwa den Wechsel von Aufgaben und Positionen, Organisationszugehörigkeiten, Berufen oder auch Phasen der Erwerbsunterbrechung mit ein."[81]

4.2 Elemente von Karrieremanagement im Unternehmenskontext

Karrieremanagement ist Bestandteil des Handlungsfeldes Förderung und fällt damit in den Verantwortungsbereich der Personalentwicklung (siehe Kapitel 2.3). Ziel des Karrieremanagements ist es, den notwendigen Bestand an Fach- und Führungskräften zu sichern und gleichzeitig Fachwissen, Fähigkeiten und Einstellungen von Mitarbeitern zur Verwirklichung von Unternehmens- und Mitarbeiterzielen zu nutzen.[82] Des Weiteren zielt systematisches Karrieremanagement darauf ab, dass Mitarbeiterfluktuation aufgrund von fehlenden Perspektiven reduziert wird und dass freie Stellen durch interne Fach- bzw. Führungskräfte besetzt werden.[83] Je nach Gestaltung und Ausrichtung des Karrieremanagements kann es dabei in Laufbahn- und Nachfolgeplanung unterschieden werden.

Die **Laufbahnplanung** umfasst den organisational konzipierten Entwicklungsrahmen, der Karrierewege innerhalb von Organisationen vorgibt. Je nach Zielgruppe verlaufen Laufbahnen in Unternehmen horizontal oder vertikal[84] und können in Führungs- (siehe Kapitel 3.3.1), Fach- (siehe Kapitel 3.3.2) oder Projektlaufbahn (siehe Kapitel 3.3.3) unterteilt werden. Die Planung der Laufbahnen erfolgt unter Berücksichtigung von Anforderungen, Eignungen und Neigungen und wird

---

[81] Kels et al. (2015), S. 34.

[82] vgl. Holtbrügge (2018), S. 152.

[83] vgl. Becker (2013), S. 611.

[84] vgl. Lang, Karl; Rattay, Günter (2005): Leben in Projekten. Projektorientierte Karriere- und Laufbahnmodelle. Wien: Linde Verlag, S. 15.

vorrangig an betrieblichen aber auch an persönlichen Interessen ausgerichtet.[85] Individuelle Karrieren können, müssen aber nicht entlang definierter Laufbahnen verlaufen.[86]

Die Beschreibung von Karrierewegen erfolgt in traditionellen und hierarchisch geprägten Organisationen in stabilen Umfeldern in der Regel **normativ**. Dabei werden die Abfolge von Positionen und Funktionen, der vorgesehene zeitliche Rahmen und die Kompetenzen und Verantwortlichkeiten detailliert vorgeschrieben. Karrierewege, die außerhalb des vorgegebenen Rahmens verlaufen, sind äußerst selten. Die vermeintliche Vorhersagbarkeit bietet Sicherheit für alle Akteure, schränkt dabei aber gleichzeitig Individualität und Eigenverantwortung der Mitarbeiter ein.[87]

Im Gegensatz zu normativen Karrierepfaden existieren in agilen Organisationen bzw. in instabilen Umfeldern häufig **deskriptive Karrierepfade**. Mittels Befragungen werden die individuellen Karrierewege von Mitarbeitern erhoben und ausgewertet, wodurch sich ein Netz von unterschiedlichen Karrierepfaden ergibt. Innerhalb dieses Netzes existieren zahlreiche Querverstrebungen, die deskriptiv vorgeben, welche Positionsabfolge zu einer erfolgreichen Karriere führen kann. Mitarbeitern wird somit Transparenz über Erfahrungen von Stelleninhabern verschafft, die als Anregung für die Ausgestaltung der eigenen Karriere genutzt werden kann.[88]

Die **Nachfolgeplanung** hat zur Aufgabe, die Nachfolge von internen (Schlüssel-) Positionen zu sichern. Zunächst werden dabei die zu besetzenden Stellen analysiert, um interne oder externe Nachfolgekandidaten identifizieren zu können, die anschließend auf die Übernahme der potenziell freiwerdenden Stellen vorbereitet werden. Die Vorbereitung erfolgt durch entsprechende Qualifizierungsmaßnahmen und wird im Idealfall mit einer Einarbeitungsphase durch den zu ersetzenden Mitarbeiter abgeschlossen.[89]

Die Ausrichtung des Karrieremanagements kann individuums- oder unternehmensorientiert erfolgen. Das **individuumsorientierte Karrieremanagement** deckt auf der Basis von Stellenanforderungen und dem Abgleich mit den

---

[85] vgl. Becker (2013), S. 610.

[86] vgl. Latzke et al. (2019), S. 6.

[87] vgl. Trost, Armin (2018): Neue Personalstrategien zwischen Stabilität und Agilität. Berlin: Springer-Verlag, S. 244.

[88] vgl. Trost (2018), S. 245f.

[89] vgl. Becker (2013), S. 610.

Qualifikationen des Stelleninhabers individuelle Entwicklungspotenziale auf, die den aktuellen und künftigen Anforderungen der Stelle entsprechen und leitet passende Maßnahmen ab.[90] Dahingegen orientiert sich das **unternehmensorientierte Karrieremanagement** an der Gesamtbelegschaft eines Unternehmens bzw. eines Unternehmensbereiches. Zur Sicherstellung einer Personalstruktur, die der Erfüllung der Unternehmensstrategie entspricht, werden hierbei mittels Humanressourcen-Portfolio die individuellen Eignungsprofile der Mitarbeiter in Abteilungs- oder Unternehmensportfolios aggregiert, aus welchen sich Mitarbeitertypen ableiten lassen.[91] Ausgehend von der Positionierung der Mitarbeitertypen werden daraufhin geeignete Personalentwicklungsmaßnahmen abgeleitet.[92] Die den Ausrichtungen des Karrieremanagements zugrunde liegenden Analysen werden in der Praxis eher unvollständig angewendet. Die Aufstellung von Humanressourcen-Portfolios oder die dezidierte Aufdeckung von Entwicklungspotenzialen ist zum einen aufwendig und zeitintensiv, zum anderen ist die Vorhersage von künftigen Anforderungen oder Qualifikationen kaum möglich, wodurch die Aussagekraft der Eignungsprofile eingeschränkt wird.[93]

4.3 Modelle organisational gesteuerter Laufbahnen

In den folgenden Kapiteln werden die Laufbahnmodelle vorgestellt, die im Rahmen des Karrieremanagements als Instrument der Personalentwicklung Anwendung finden. Zunächst wird die Führungslaufbahn (Kapitel 3.3.1) erläutert, deren Verlauf einem klassischen Karriereverlauf entspricht. Anschließend werden mit der Fach- (Kapitel 3.3.2) und der Projektlaufbahn (Kapitel 3.3.3) Modelle aufgeführt, die als Resultat auf veränderte Rahmenbedingungen zunehmend Anwendung in der Praxis finden. Alle in diesem Kapitel vorgestellten Modelle werden organisational gesteuert und stehen damit im Gegensatz zu den im darauffolgenden Kapitel 3.4 dargelegten individuellen Karrierewegen, die unabhängig von organisationalen Richtlinien existieren.

---

[90] vgl. Holtbrügge (2018), S. 153ff.

[91] Das Humanressourcen-Portfolio zur Darstellung von Mitarbeitertypen ist vergleichbar mit der BCG-Matrix, die zur Ableitung von Normstrategien dient. Mitarbeitertypen werden anhand der Faktoren *aktuelle Leistung* und *Leistungspotenzial* in Arbeitstiere, Stars, Problemmitarbeiter und Leistungsschwache unterschieden, was den Feldern Question Marks, Stars, Cash Cows und Poor Dogs der BCG-Matrix entspricht (vgl. ebd., S. 153f.).

[92] vgl. ebd., S. 161ff.

[93] vgl. ebd., S. 155.

4.3.1 Führungslaufbahn

Die klassische Laufbahn ist insbesondere in hierarchisch geprägten Organisationen die Führungslaufbahn. Karrierewege, die entlang dieser Laufbahn verlaufen, sind mit einem vertikalen Aufstieg verbunden. Individuen erlangen eine höhere hierarchische Funktion, welche mit der Übertragung von Entscheidungsbefugnissen und der Übernahme von Personalverantwortung einher geht. Je höher die Funktion innerhalb der Organisation angesiedelt ist, desto größer ist der Zugewinn an Macht, Status und Vergütung und desto höher ist meist auch die Leitungsspanne.[94] Im Verlauf dieser Karriere findet ein Wandel vom Experten mit spezifischen Fachkenntnissen und Methodenkompetenzen zum Generalisten statt, der mit zunehmendem hierarchischem Aufstieg Führungskompetenzen entwickeln muss und mit entsprechenden Vollmachten ausgestattet wird.[95] Ein Wechsel zwischen Unternehmensbereichen ist aufgrund der Rollenverschiebung vom Spezialisten zum Generalisten möglich.[96]

Führungslaufbahnen richten sich an Mitarbeiter, die aufgrund ihrer Kompetenzen die Übernahme einer generalistischen und verantwortungsvollen Position anstreben. Neben einer entsprechenden Ausbildung und berufsrelevanten Kenntnissen spielen dabei insbesondere Persönlichkeitsmerkmale wie emotionale Stabilität, Extraversion sowie Entscheidungs- und Delegationsfähigkeit eine wichtige Rolle. Darüber hinaus sind Verhaltensweisen, wie unternehmerisches Handeln, politisches Feingefühl oder der Umgang mit den unterstellten Mitarbeitern entscheidend für den Erfolg einer Führungskraft.[97] Die vertiefte fachliche Auseinandersetzung mit spezifischen Themengebieten ist für Führungskräfte von untergeordneter Relevanz.[98]

---

[94] vgl. Becker (2013), S. 613; Latzke et al. (2019), S. 17.

[95] vgl. Blessin, Bernd (2017): Alternative Karrierewege - die Laufbahnprogramme der VPV Versicherungen. In: Rump, Jutta; Eilers, Silke (Hrsg.): Auf dem Weg zur Arbeit 4.0. Innovationen in HR. Berlin: Springer-Verlag. S. 145–158, S. 149ff.

[96] vgl. Wegerich (2015), S. 194.

[97] In diesem Kontext werden nur ausgewählte Führungskompetenzen genannt. Die Aufzählung ist nicht vollständig, sondern soll beispielhaft darstellen, welche Zielgruppe mit der Führungslaufbahn erreicht werden soll.

[98] vgl. Elprana, Gwen; Felfe, Jörg (2019): Die Rolle der Führungsmotivation für erfolgreiche Führungskarrieren. In: Kauffeld, Simone; Spurk, Daniel (Hrsg.): Handbuch Karriere und Laufbahnmanagement. Berlin, Heidelberg: Springer-Verlag. S. 407–423, S. 409f.

Eine Form der Führungslaufbahn ist die **Kaminkarriere**. Diese Karriereform findet als Hauskarriere vollständig innerhalb eines Unternehmens und in der Regel auch innerhalb eines Funktionsbereiches statt. Mitarbeiter, die ihre Loyalität und ihr Engagement unter Beweis gestellt haben, können als Gegenleistung vom Arbeitgeber Beschäftigungssicherheit, Aufstiegsperspektiven und die Zunahme finanzieller Entlohnung erwarten. Kaminkarrieren verlaufen innerhalb festgelegter Strukturen und sind relativ vorhersagbar, wodurch allen Beteiligten Sicherheit und Orientierung geboten wird.[99]

Reine Kaminkarrieren gelten heute als überholt, da ein automatischer Aufstieg durch langjährige Betriebszugehörigkeit aufgrund von flacheren Hierarchien und der damit einhergehenden Reduzierung von Führungsfunktionen nicht mehr möglich ist. Zudem besteht das Risiko der Betriebsblindheit und der mangelnden Flexibilität bei vorgesehenen beruflichen Veränderungen.[100]

4.3.2 Fachlaufbahn

Als Folge aus neuen Anforderungen der sich verändernden Arbeitswelten wird das Vorhandensein von Fachwissen zum Wettbewerbsvorteil für Unternehmen, wodurch die Etablierung von auf Fachkräfte ausgerichteter Laufbahnkonzepte an Bedeutung gewinnt. Ein entsprechendes Laufbahnkonzept bildet dabei die Fachlaufbahn, die vorrangig die Förderung (hoch) qualifizierter Fachspezialisten vorsieht. Im Gegensatz zur vertikal verlaufenden Führungslaufbahn bewegen sich Karrieren in der Fachlaufbahn auf horizontalem Niveau.[101]

Ziel von Fachlaufbahnen ist es, besondere fachliche Leistungen zu honorieren, zu erhalten und zu fördern und den jeweiligen Mitarbeitern einen Aufstieg zu ermöglichen, der auf ihrer fachlichen Kompetenz beruht.[102] Eine Fachkarriere ist mit zunehmender fachlicher Verantwortung sowie sachbezogener Entscheidungsbefugnis verbunden, in wenigen Fällen sind auch Personalführungsaufgaben in geringem Umfang inkludiert. Fachexpertise wird durch Aufstiegsmöglichkeiten honoriert,

---

[99] vgl. Hyll (2014), S. 19ff.

[100] vgl. ebd., S. 26.

[101] vgl. Hirschi (2019), S. 547.

[102] vgl. Ladwig, Désirée H.; Domsch, Michel E. (2011): Fachlaufbahnen - Zukunftsweisende Laufbahnkonzepte für Wissensgesellschaften und Netzwerkorganisationen. In: Domsch, Michel E.; Ladwig, Désirée H. (Hrsg.): Fachlaufbahnen. Alternative Karrierewege für Spezialisten schaffen. Köln: Wolters Kluwer. S. 15–29, S. 19.

wodurch Fachkräfte in Organisationen mehr Sichtbarkeit erlangen.[103] Dabei resultieren Einfluss und Wirksamkeit von Fachspezialisten vorwiegend aus deren besonderer Expertise und weniger aus der Position, die ein Mitarbeiter innerhalb der Fachlaufbahn innehat.[104]

Bei der Gestaltung von Fachlaufbahnen werden Positionsgefüge entwickelt, die parallel zu den hierarchischen Stufen der Führungslaufbahn verlaufen.[105] Die Rangstufen der Fachlaufbahn können hierbei in relative und absolute Parallelhierarchien unterschieden werden. Während in einer **absoluten Parallelhierarchie** jeder Position der Fachlaufbahn eine Leitungsebene der Führungslaufbahn zugeordnet werden kann, kann diese Zuordnung in einer **relativen Parallelhierarchie** nur teilweise erfolgen. Letztere sind in der Praxis eher die Regel, absolute Parallelhierarchien existieren in Ausnahmefällen. Jeder Rangstufe der Fachlaufbahn werden wiederum spezifische Bezeichnungen, Anforderungsprofile und Anreizsysteme zugeordnet, die der zunehmenden Expertise der Stelleninhaber gerecht werden und die strategische sowie ergebnisrelevante Bedeutung der Funktion abbilden.[106] Dabei sollten insbesondere die Anreizsysteme und Anforderungsprofile so gestaltet sein, dass sie identisch bzw. vergleichbar zu der jeweils passenden Position der Führungslaufbahn sind, um die Fachlaufbahn als ansprechendes Konzept für Fachspezialisten hervorzuheben und einen Wechsel zwischen den Laufbahnen zu ermöglichen.[107] Der fachliche Aufstieg kann über Positionstitel (Junior/Senior) zum Ausdruck gebracht werden.[108]

Fachlaufbahnen richten sich an fachlich qualifizierte Mitarbeiter, die entweder keine Führungslaufbahn anstreben, dafür aus Unternehmenssicht nicht geeignet sind, oder sich aus einer Führungsposition heraus entwickeln möchten.[109] Charakteristisch für Fachlaufbahnen ist die vertiefte fachliche Auseinandersetzung mit Themengebieten, die deren Akteure sukzessiv zu Experten auf ihrem Fachgebiet werden lässt. Mitarbeiter, die sich detailliert mit einem Fachgebiet beschäftigen und ihre Fähigkeiten in diesem Bereich fortlaufend aktualisieren und erweitern

---

[103] vgl. Becker (2013), S. 613.

[104] vgl. Trost (2018), S. 261.

[105] vgl. Blessin (2017), S. 151.

[106] vgl. Kels et al. (2015), S. 100; Ladwig, Domsch (2011), S. 19f.

[107] vgl. ebd., S. 20.

[108] vgl. Blessin (2017), S. 152.

[109] vgl. ebd., S. 151.

möchten, sind somit die Zielgruppe dieses Laufbahnkonzeptes. Tätigkeiten, die mit der Führung von Mitarbeitern oder mit organisatorischen Aufgaben einhergehen, werden von Fachspezialisten dahingegen nicht angestrebt.[110] Für diese Gruppe wird der Karriereerfolg über fachliche Expertise und Anerkennung der fachlichen Leistung abgebildet.[111]

4.3.3 Projektlaufbahn

Eine weitere Laufbahnalternative ist die Projektlaufbahn, die vor dem Hintergrund zunehmender Projekttätigkeiten an Bedeutung gewinnt. Sie bietet neben der Fachlaufbahn Entwicklungspotenziale für qualifizierte Mitarbeiter, die keine Führungslaufbahn anstreben.[112] Projekte, die zeitlich befristet sind und abgeschlossene Aufgabenstellungen beinhalten, bieten Mitarbeitern die Möglichkeit, neben ihren fachlichen Kompetenzen auch ihr Führungspotenzial in variierender personeller Zusammensetzung orts- und unternehmensunabhängig zu erproben.[113] Die Projektlaufbahn stellt eine Hybridform aus Führungs- und Fachlaufbahn dar, da ihr Verlauf sowohl in einer fachlichen Weiterqualifizierung als auch in einer Führungskarriere resultieren kann.[114]

Fachliche Karrieren in Projektlaufbahnen beginnen in der Regel mit der Übernahme von Verantwortung für Arbeitspakete in Projekten mit geringer Bedeutung. Mit steigender strategischer Bedeutung und zunehmender Größe der Projekte erfolgt der Aufstieg der Mitarbeiter in der Projektlaufbahn.[115] Werden nicht nur fachliche Verantwortlichkeiten, sondern (zu einem späteren Zeitpunkt) auch befristete fachliche Führungsaufgaben übernommen, ist der Karriereweg vergleichbar mit Karriereverläufen in Führungslaufbahnen. Die auf diesem Weg erworbenen Kompetenzen ermöglichen es den Mitarbeitern, in eine Fach- oder Führungslaufbahn zu wechseln. Zudem können über Projekttätigkeiten Netzwerke aufgebaut werden, die sich karrierefördernd auswirken können.[116]

---

[110] vgl. Holtbrügge (2018), S. 156.

[111] vgl. Hirschi (2019), S. 547.

[112] vgl. Becker (2013), S. 614; Holtbrügge (2018), S. 156.

[113] vgl. Blessin (2017), S. 155.

[114] vgl. Funken et al. (2011), S. 93; Hyll (2014), S. 35f.

[115] vgl. Funken et al. (2011), S. 94; Wegerich (2015), S. 194.

[116] vgl. Blessin (2017), S. 156.

Projektlaufbahnen richten sich aufgrund ihrer Hybridform sowohl an Personen, die durch die Übernahme von Personalführungsaufgaben die Führungslaufbahn anstreben als auch an solche, die sich vertieft mit fachlichen Themengebieten auseinandersetzen möchten. Dabei ist insbesondere das probeweise Übernehmen von Verantwortung jenseits von gewohnten klassischen disziplinarischen Zusammenhängen attraktiv für Mitarbeiter.[117] Wechsel aus der Projektlaufbahn in eine andere Laufbahn oder umgekehrt sind nicht unüblich.[118]

Trotz ihrer fachlichen Diversität und der zunehmenden Relevanz von Projekten in Unternehmen ist die Projektlaufbahn (noch) nicht als vollwertige Laufbahn akzeptiert, da ihre Karrierewege in der Regel im mittleren Management enden. Die fachlich verantworteten Projektteams umfassen dazu eine kleine bis mittlere Mitarbeiteranzahl, werden also nur bedingt als Karriereindikator anerkannt.[119] Zudem richten sich Tätigkeiten im Projektumfeld auch aufgrund ihrer befristeten Dauer und der damit verbundenen vermeintlichen Unsicherheit an eine begrenzte Mitarbeitergruppe, sodass eine übergreifende Akzeptanz dieser Laufbahn fehlt.

4.4 Konzepte individueller Karriereverläufe

In den folgenden Abschnitten werden Karrierewege beschrieben, die durch die individuelle Gestaltung und Reihenfolge von Arbeitsstationen entstehen und unabhängig von organisational gestalteten Laufbahnmodellen verlaufen. Sie gehören zu den neuen Konzepten und unterscheiden sich von der traditionellen Führungslaufbahn. Im Folgenden werden zunächst mit der spiralförmigen (Kapitel 3.4.1) und der transitorischen Karriere (Kapitel 3.4.2) mögliche Karriereverläufe skizziert, bevor mit der Boundaryless (Kapitel 3.4.3) und der Protean Career (Kapitel 3.4.4) Karrieremodelle vorgestellt werden, die seit den 1990er Jahren Einzug in die Karriereforschung gefunden haben. Abschließend wird die Portfoliokarriere (Kapitel 3.4.5) vorgestellt, die viele der zuvor genannten Aspekte der Karriere- oder Laufbahngestaltung in einem Modell vereint.

---

[117] vgl. Kels et al. (2015), S. 101.
[118] vgl. Blessin (2017), S. 155.
[119] vgl. Funken et al. (2011), S. 94f.

4.4.1 Spiralförmige Karriere

Die spiralförmige Karriere beschreibt einen individuellen Karriereverlauf, bei dem
ein Mitarbeiter sich zunächst innerhalb eines Unternehmensbereiches bis zu einem bestimmten Niveau entwickelt, bevor er in einen anderen Fachbereich wech-
selt, um dort auf einem niedrigeren Hierarchielevel erneut zu starten und aufzu-
steigen. Die mit dem Wechsel einhergehenden Rückschritte in finanzieller oder hierarchischer Hinsicht werden bewusst in Kauf genommen, da diese Aspekte nicht
relevant für den subjektiven Karriereerfolg sind. Mitarbeiter in spiralförmigen Karrieren erreichen den Aufstieg innerhalb eines Bereiches durch hohe Leistungsbe-
reitschaft und streben aufgrund ihres Interesses an unterschiedlichen Arbeitsgebieten und dem damit verbundenen Kompetenzerwerb den Wechsel in andere
Fachbereiche an. Spiralförmige Karrieren können phasenweise in allen drei organisational gesteuerten Laufbahnmodellen stattfinden. [120]

4.4.2 Transitorische Karriere

Im Gegensatz zum spiralförmigen Karriereverlauf findet die transitorische Karriere in keinem der drei organisational gesteuerten Laufbahnkonzepte statt. Personen mit transitorischen Karriereverläufen verfolgen weder fachlichen noch hierarchischen Aufstieg. Stattdessen nehmen sie viele verschiedene berufliche Stationen
in unterschiedlichen Fachbereichen wahr, wobei diese nicht durch zunehmende
Verantwortung gekennzeichnet sind. Mitarbeiter innerhalb einer transitorischen
Karriere streben danach, die von ihnen verantwortete Aufgabe anforderungsge-
recht auszuführen. Sie sind neuen Themengebieten gegenüber aufgeschlossen, sofern diese ihrer bisherigen Verantwortung entsprechen. Der subjektive Karriereerfolg resultiert aus vielfältigen Erfahrungen, die während des beruflichen Werdegangs gesammelt werden. Folglich verläuft die transitorische Karriere neben den
klassischen Laufbahnkonzepten.[121]

---

[120] vgl. Hirschi (2019), S. 547.
[121] vgl. ebd.

4.4.3 Boundaryless Career

Das Konzept der Boundaryless Career[122] wurde in den 1990er Jahren von Michael B. Arthur entwickelt. Als Gegenstück zu organisationalen Laufbahnen, die in der Regel als Hauskarriere innerhalb eines Unternehmens stattfinden, beschreibt er grenzenlose Karrierewege, die frei von formalen Hierarchien oder organisationalen Richtlinien durch deren Akteure gesteuert werden. Dabei kommen der **Grenzüberquerung** in diesem Konzept verschiedene Bedeutungen zu.[123] Neben der klassischen Überschreitung von Organisationsgrenzen bedingt durch Arbeitgeberwechsel, wird unter Grenzüberschreitung auch die Bestätigung der individuellen Arbeitsmarktfähigkeit durch den externen Arbeitsmarkt verstanden. Darüber hinaus werden der Aufbau und der Unterhalt von karriereförderlichen Netzwerken über die Unternehmensgrenzen hinaus sowie der Bruch mit traditionellen Laufbahnkonzepten, die Karriere mit hierarchischem Aufstieg verbinden, als Auslegung der Boundaryless Career genannt. Weiterhin bedeutet Grenzenlosigkeit nach Arthur auch die Ablehnung einer Karrierechance aus persönlichen oder familiären Gründen. Bei der letzten Bedeutung von Grenzenlosigkeit geht es um die individuelle Bewertung des Karriereakteurs, sich unabhängig von strukturellen Zwängen zu bewegen und sich frei von existierenden Grenzen zu fühlen. Alle Bedeutungen beschreiben die Unabhängigkeit von traditionellen organisationalen Laufbahnkonzepten und verlagern die Verantwortung für Karriere von der Organisation auf das Individuum.[124] Sie umfassen dabei einerseits die physische Mobilität eines Individuums, wenn dieses unternehmensinterne und -externe Stellen- oder Berufswechsel vollzieht und andererseits die psychische Mobilität, die Personen die persönlichen Grenzen bewerten lässt und aus der sich die Bereitwilligkeit für Veränderungen ableiten lässt.[125]

---

[122] Boundaryless Career wird im Folgenden synonym mit der Bezeichnung „Grenzenlose Karriere" verwendet.

[123] vgl. Arthur, Michael B.; Rousseau, Denise M. (1996): The Boundaryless Career. A New Employment Principle for a New Organizational Era. New York: Oxford University Press, S. 5; Latzke et al. (2019), S. 7.

[124] vgl. Arthur, Michael B. (1994): The boundaryless career: A new perspective for organizational inquiry. In: *Journal of Organizational Behavior* 15 (4). S. 295–306. Online verfügbar unter https://doi.org/10.1002/job. 4030150402. Letzter Zugriff am 25.04.2019, S. 295f.

[125] vgl. Gubler, Martin (2019): Neue Laufbahnmodelle in Theorie und Praxis: Eine kritische Würdigung. In: Kauffeld, Simone; Spurk, Daniel (Hrsg.): Handbuch Karriere und Laufbahnmanagement. Berlin, Heidelberg: Springer-Verlag. S. 937–962, S. 949.

Das Konzept der Boundaryless Career greift darüber hinaus karriererelevante Kompetenzen auf, welche in Know-How, Know-Why und Know-Whom Kompetenzen unterteilt werden. Die **Know-How Kompetenzen** beschreiben berufsrelevante Fertigkeiten, die benötigt werden, um effizient und flexibel zu arbeiten. Die individuelle Bedeutung von Karriere und die berufliche Identität einer Person werden in den **Know-Why Kompetenzen** erfasst. Sie dienen der Motivation von Individuen und sind entscheidend für die berufliche Zufriedenheit. Der Aufbau von Netzwerken, der Individuen den Zugang zu Expertenwissen außerhalb der Unternehmung ermöglicht, wird als **Know-Whom Kompetenzen** bezeichnet.[126]

Obwohl das Prinzip der Boundaryless Career seit den 1990er Jahren vermehrt in der Karriereforschung untersucht wurde, gibt es bis heute keine abschließende Beschreibung der Bedeutung der Grenzen.[127] Vielfach wird das Konzept auf Unternehmensgrenzen reduziert, obwohl die Bedeutung der Boundaryless Career viel weiter gefasst ist. Weiterhin ist das Vorhandensein von Grenzen laut der Boundaryless Career negativ, obwohl diese auch ein Sicherheitsgefühl vermitteln und Stabilität bieten können und sich somit nicht für jeden Karriereakteur gleichermaßen negativ auswirken.[128] Zu hinterfragen ist darüber hinaus, inwieweit der Einfluss von Organisationen auf individuelle Karriereverläufe tatsächlich eingeschränkt ist und ob jede Person sich gleichermaßen autonom verhält. Häufig durchlaufen gering qualifizierte Mitarbeiter nur aufgrund von erzwungenen Stellen- oder Ortswechseln eine grenzenlose Karriere, sodass davon auszugehen ist, dass hochqualifizierte Mitarbeiter vergleichsweise stärker von der Boundaryless Career profitieren, da sie diese aktiv anstreben.[129]

---

[126] vgl. Defillippi, Robert J.; Arthur, Michael B. (1994): The Boundaryless Career: A Competency-Based Perspective. In: *Journal of Organizational Behavior* 15 (4). S. 307–324. Online verfügbar unter http://www.jstor.org/stable/2488429. Letzter Zugriff am 24.04.2019, S. 308f.; Gubler (2019), S. 949.

[127] vgl. Hyll (2014), S. 43.

[128] vgl. Gubler (2019), S. 951.

[129] vgl. Gubler (2019), S. 952.

4.4.4 Protean Career

Das Konzept der Protean Career, das Douglas T. Hall 1976 verfasst hat, beschreibt ähnlich wie die Boundaryless Career einen Karriereverlauf, deren Steuerung durch das Individuum übernommen wird. Der Name des Konzeptes stammt vom griechischen Gott Proteus ab, der sich aufgrund seiner Fähigkeit, immer neue Formen anzunehmen, den stetig ändernden Gegebenheiten anpassen kann. Personen, deren Karriereverlauf proteisch ist, stellen sich demnach regelmäßig auf eine an den individuellen Bedürfnissen orientierte Neuausrichtung ihrer Karriere ein.[130] Die Protean Career hebt die subjektive Seite der Karriere hervor, bei der der Karriereerfolg an individuell festgelegten Erfolgskriterien gemessen wird.[131] Individuen fühlen sich der Organisation gegenüber weniger verpflichtet, als ihrer Arbeit. Vor diesem Hintergrund übernehmen sie selbst die Verantwortung für ihren beruflichen Erfolg. Die Erwartung, dass der Arbeitgeber die Laufbahngestaltung übernimmt, nimmt ab.[132]

Der Protean Career liegen mit den Lernzyklen und den Metakompetenzen zwei Kernelemente zugrunde. Die **Lernzyklen** bestehen aus vier Phasen und beschreiben die Entwicklung der Kompetenzen einer Person während ihrer beruflichen Laufbahn. In der ersten Phase (Entdecken) lernen Individuen ihr neues berufliches Umfeld und ihre Arbeit kennen, bevor sie in der zweiten Phase (Ausprobieren) ihre erworbenen Fähigkeiten anwenden. In der dritten Phase (Etablierung) ist die neue Arbeit vertraut, der Mitarbeiter hat sich in seinem Umfeld etabliert. Als erfahrener Experte ist der Mitarbeiter in der vierten Phase (Expertentum) schließlich in der Lage, komplexe Aufgabenstellungen zu lösen.[133] In Verbindung mit einer sich entwickelnden Persönlichkeit geht Hall im Konzept der Protean Career davon aus, dass Individuen sich durch beständiges Lernen weiterentwickeln und regelmäßig nach neuen beruflichen Herausforderungen streben. Hieraus resultierend erfolgt im Anschluss an die vierte Phase ein Wechsel in ein neues Aufgabengebiet, in dem wieder mit der ersten Phase eines neuen Lernzyklus begonnen wird. Aufgrund der bereits gesammelten Erfahrungen kann das Individuum dabei auf einen Erfahrungs- und Wissensschatz zurückgreifen, wodurch die Entdeckungsphase auf einem höheren Leistungsniveau beginnt und in einem höheren Expertentum

---

[130] vgl. Hall (1976), S. 201 in ebd., S. 942.
[131] vgl. Hyll (2014), S. 38.
[132] vgl. Gubler (2019), S. 942.
[133] vgl. ebd.

resultiert (siehe Abbildung 4).[134] Im beruflichen Kontext spielen somit nach der Protean Career die fachlichen Kompetenzen eine entscheidendere Rolle, als das biologische Alter. Individuen können von dem Erfahrungsschatz aus früheren Berufsstationen in späteren Arbeitsgebieten profitieren und höhere Leistungen erzielen.[135]

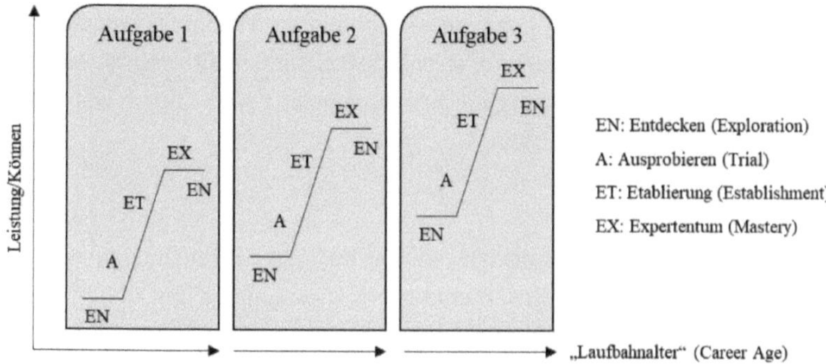

Abbildung 4: Lernzyklen der Protean Career
(eigene Darstellung in Anlehnung an Gubler (2019), S. 943)

Zur Realisierung der Übergänge zwischen den einzelnen Lernzyklen benötigen Individuen die zwei sogenannten **Metakompetenzen** Identität und Anpassungsfähigkeit. Die Entwicklung der Selbstkenntnis, das Erkennen der eigenen Werteorientierung sowie die entsprechende Ausrichtung des eigenen Handelns werden unter der Metakompetenz **Identität** erfasst. Unter **Anpassungsfähigkeit** werden die Motivation sowie die Fähigkeit zu lernen subsummiert. Erst die Bereitschaft zur Weiterentwicklung befähigt Individuen dazu, ihre Fertigkeiten auf wechselnde Gegebenheiten anzupassen und die eigene Beschäftigungs- und Arbeitsmarktfähigkeit zu sichern.[136]

Obwohl das Konzept der Protean Career bereits 1976 verfasst wurde, liegen den darin verwendeten Terminologien bis heute keine einheitlichen Begriffsbestimmungen vor. Es wird nicht eindeutig geklärt, was es bedeutet, „proteisch" zu sein und welche Werthaltungen damit verbunden sind. Insbesondere die Begriffe Identität und Anpassungsfähigkeit sind zudem nicht operationalisiert. Darüber hinaus können Individuen sich nach der Protean Career unabhängig vom biologischen

---

[134] vgl. Hyll (2014), S. 38.
[135] vgl. Gubler (2019), S. 943.
[136] vgl. ebd., S. 944; Mense-Petermann (2014), S. 9.

Alter stets vollständig auf neue Situationen einstellen und ihre Fähigkeiten entsprechend anpassen. Dabei spielen bei diesem Konzept die bis zu diesem Zeitpunkt erworbenen Kompetenzen eine wichtigere Rolle, als das Alter der Person. Die berufliche Praxis zeigt, dass dies nicht der Realität entspricht und dass insbesondere aufgrund der Veränderungsgeschwindigkeit und -intensität nicht davon ausgegangen werden kann, dass jedes Individuum jeden Alters gleich anpassungsfähig ist. Die dem Konzept zugrunde liegenden Annahmen sind zudem normativ und universal: es wird davon ausgegangen, dass individuelle Gestaltungsmöglichkeiten und Freiheiten für alle Individuen gleichermaßen positiv sind. Zudem werden negative Auswirkungen nicht aufgeführt.[137]

4.4.5 Portfoliokarriere

In der Literatur wird seit einigen Jahren das Konzept der Portfoliokarriere, die auch Mosaikkarriere genannt wird, thematisiert. Da sie einige der zuvor vorgestellten Aspekte der Karrierekonzepte enthält, wird sie hier abschließend vorgestellt.

Prägend für den Verlauf einer Portfoliokarriere sind viele verschiedene in der Regel kurzfristige und über alle Hierarchieebenen verteilten Arbeitsstationen. Individuen, deren Karriere nach diesem Schema verläuft, sind auf der Suche nach neuen Herausforderungen, um ihre Kenntnisse zu erweitern und so ihre Potenziale zu entfalten. Der stetige Wechsel zwischen verschiedenen Aufgabengebieten soll für Abwechslung sorgen, wobei auch die Faktoren Spaß und Sinnhaftigkeit der Arbeit eine wichtige Rolle spielen. Charakteristisch für Personen dieses Karriereverlaufes ist ein hohes Vertrauen in die eigenen Potenziale und die Arbeitsmarktfähigkeit, was darin resultiert, dass sie ihren Karriereweg vollständig selbst entwickeln.[138]

Portfoliokarrieren können somit sowohl vertikal als auch horizontal verlaufen und stimmen somit entweder mit der klassischen Führungslaufbahn oder mit der Fachlaufbahn überein. Ein bereichsübergreifender Wechsel kann auch in einer spiralförmigen oder transitorischen Abfolge von Positionen resultieren. Berufliche Veränderungen, die in einer Portfoliokarriere angestrebt werden, können sich nach dem Konzept der Boundaryless Career grenzübergreifend (sowohl physisch als auch psychisch) entwickeln. Individuen durchleben wiederholt Lernzyklen und stellen somit ihre Anpassungsfähigkeit, ein Kernelement der Protean Career, unter

---

[137] vgl. Gubler (2019), S. 946f.
[138] vgl. Kels et al. (2015), S. 112ff.

Beweis. Darüber sind auch Phasen der Erwerbslosigkeit sowie Unterbrechungen der Berufslaufbahn aufgrund von Elternzeit oder Auszeiten Elemente, die in einer Portfoliokarriere stattfinden können.

4.5 Zusammenfassung und Gegenüberstellung von Laufbahnen und Karrieren

Die in den vorangegangenen Abschnitten vorgestellten Laufbahn- und Karrierekonzepte lassen sich anhand verschiedener Merkmale grundlegend unterscheiden. Tabelle 1 zeigt einige dieser Kriterien zur Unterscheidung zwischen traditionellen Laufbahnmodellen und neuen Karrierekonzepten. Traditionelle Modelle mit vertikalen Verläufen entstehen in Unternehmen mit einem stabilen Umfeld, das durch ein hohes Maß an Sicherheit gekennzeichnet ist. Dagegen entwickeln sich neue Konzepte in einem durch Unsicherheit geprägten instabilen Laufbahnumfeld. Sie verlaufen multidirektional und finden in der Regel in vielen verschiedenen Organisationen statt. Dabei fühlen sich Individuen verstärkt ihrem Beruf verpflichtet und weniger der Organisation und übernehmen selbst die Verantwortung für ihren Karriereverlauf. Der Fokus der Ausbildung liegt in neuen Modellen auf kurzfristigem on-the-job Lernen, Karriereerfolge basieren nicht mehr auf langfristig ausgerichteten Ausbildungsprogrammen und die Bedeutung formaler Abschlüsse nimmt ab. Während traditionelle Laufbahnmodelle auf der Loyalität der Mitarbeiter und berufs- sowie firmenspezifischen Kenntnissen beruhen, entsteht die Beschäftigungssicherheit von Individuen in neuen Laufbahnmodellen durch eine entsprechende Leistung, die sich durch flexibel einsetzbare Kenntnisse auszeichnet. Waren es bislang sichtbare Merkmale (z.B. Status, Stellung, Position), die über den Karriereerfolg entschieden haben, ist es nun die subjektiv empfundene Zufriedenheit über das Erreichte.[139]

---

[139] vgl. Gubler (2019), S. 940.

	Annahmen in traditionellen Laufbahnmodellen	Annahmen in neuen Laufbahnmodellen
Laufbahnumfeld	Stabil, vorhersagbar, hohes Maß an Sicherheit	Instabil, wenig vorhersagbar, wenig Sicherheit
Arbeitsverhältnisse	Arbeitsplatzsicherheit durch Loyalität	Beschäftigung dank Leistung und Flexibilität
Laufbahnverlauf	Vertikal nach oben, meistens in wenigen Organisationen	Multidirektional (nach oben, unten oder geradeaus), meistens in verschiedenen Organisationen
Benötigte Fähigkeiten	Berufs- und firmenspezifisch	In verschiedenen Funktionen und Umgebungen nutzbar
Erfolgskriterien	Sichtbarer, objektiver Laufbahnverfolg (sichtbare Positionen, Stellung, Status, etc.)	Subjektiver Laufbahnerfolg (subjektive Zufriedenheit mit dem Erreichten etc.)
Ausbildung	Langfristig ausgerichtet, Programme mit formalen Abschlüssen	Kurzfristig ausgerichtet, Lernen on-the-job
Das Individuum fühlt sich verpflichtet gegenüber…	Der Organisation	Dem Beruf
Verantwortung für die Laufbahn liegt…	Bei der Organisation	Beim Einzelnen

Tabelle 1: Charakteristika traditioneller und neuer Laufbahnmodelle
(eigene Darstellung in Anlehnung an Gubler (2019), S. 940)

Darüber hinaus können Laufbahn- und Karrierekonzepte durch den Grad der individuellen Selbststeuerung und den Grad der Flexibilität charakterisiert werden. Unter **Selbststeuerung** wird hierbei die individuelle Planung und Umsetzung des beruflichen Werdegangs verstanden. Dabei entwickeln sich Karrierewege, die unabhängig von organisational gesteuerten Laufbahnmodellen verlaufen. Je geringer die Selbststeuerung ist, desto größer ist der Einfluss von Unternehmen, die durch gezielte Personalentwicklungsmaßnahmen die Steuerung von Karriereverläufen übernehmen. Der Grad der **Flexibilität** bewertet die Karrierekonzepte danach, ob ihr Verlauf vorgezeichneten Wegen folgt, oder ob die damit einhergehenden Arbeitsstationen flexibel an persönliche oder unternehmerische Veränderungen angepasst werden können.

Während die Führungslaufbahn als klassisches Laufbahnkonzept des organisationalen Karrieremanagements einen geringen Grad an Selbststeuerung aufweist und gleichzeitig einen vorgeschriebenen Karriereweg darstellt, sind die in Kapitel 3.4 vorgestellten individuellen Karrierewege gekennzeichnet durch einen hohen Grad an Selbststeuerung. Sie verlaufen unabhängig von unternehmerischen Karrierepfaden und bieten ihren Akteuren die Möglichkeit, flexibel auf Veränderungen des Umfeldes zu reagieren. Personen, deren Karrieren individuell gesteuert sind, sind beispielsweise nicht von einer limitierten Anzahl an unternehmensinternen Führungspositionen abhängig. Die Fach- und die Projektlaufbahn weisen im Vergleich zu den individuellen Karrierewegen eher einen mittleren Grad der Selbststeuerung auf. Obwohl Individuen hier weiterhin einer formalen Laufbahn folgen, sind sie weniger von unternehmerischen Gegebenheiten abhängig: die Anzahl von Fach- und Projektstellen ist im Gegensatz zu Führungspositionen weniger stark limitiert und Personalentwicklungsmaßnahmen sind weniger entscheidend für den Karriereerfolg.

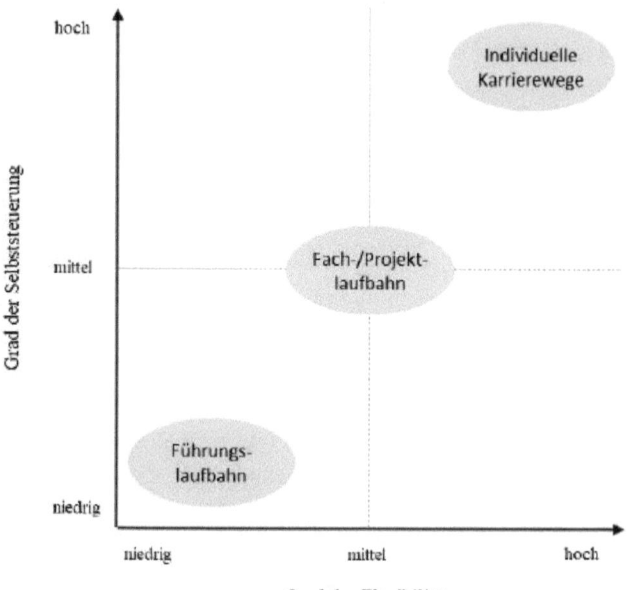

Abbildung 5: Matrix zur Einordnung von Karrierekonzepten
(eigene Darstellung)

Abbildung 5 ordnet die Karrierekonzepte in einer Matrix ein, die auf den Achsen den Grad der Flexibilität (x-Achse) und den Grad der Selbststeuerung (y-Achse) aufweist. Die Zuordnung der Konzepte erfolgt dabei auf Basis ihrer Definition. Organisational gesteuerte Laufbahnkonzepte können beispielsweise auch einen höheren Grad an Selbststeuerung aufweisen, wenn diese als Personalentwicklungsinstrument zwischen beteiligten Mitarbeitern und der Organisation abgestimmt und individueller ausgestaltet werden. Diese Option wird in der Matrix nicht berücksichtigt.

4.6 Das Konzept der Karriereanker von Edgar Schein zur Darstellung verschiedener Karrieremotive

Zum Abschluss des Kapitels zu den Themenfeldern Laufbahn und Karriere wird das Konzept der Karriereanker vorgestellt. Es dient der Charakterisierung verschiedener Karrieretypen und wird im weiteren Verlauf der Arbeit zur Einordnung der Faktoren verwendet, die relevant für die Entwicklung eines neuen Karrierekonzeptes sind. Der Organisationspsychologe Edgar Schein hat das Konzept der Karriereanker 1974 auf Basis einer Langzeitstudie entwickelt und in der Folge verifiziert und ergänzt. Ursprüngliches Ziel der zu Beginn der 1960er Jahre begonnenen Studie war die Untersuchung der wechselseitigen Determination von individuellen Werteinstellungen und dem Verlauf von organisationalen Karrieren von Absolventen der Sloan School of Management am Massachusetts Institute of Technology. Mittels wiederholter Befragung von 44 männlichen Studierenden wurde im Zeitraum von 1961 bis 1974 analysiert, inwieweit organisationale Erfahrungen die Werte der Studierenden beeinflussen und ob das Ausmaß der Beeinflussung bei bestimmten Individuen mit bestimmten Werten mehr oder weniger stark ausfällt.[140] Bei der Untersuchung wurden konkrete Muster festgestellt, die sich im Verlauf des Lebens aus den verschiedenen Erfahrungen in der Erziehung, der Ausbildung und den beruflichen Stationen entwickeln und auf deren Basis Karriereentscheidungen getroffen werden.[141] Diese Muster bilden die Basis für Werteinstellungen und Motivatoren, die Schein als **Selbstkonzept** bezeichnet.

---

[140] vgl. Kahlert (2013), S. 104f.; Schein, Edgar H. (1974): Career Anchors and Career Paths: A Panel Study of Management School Graduates. Hrsg. von Massachusetts Institute of Technology (MIT), Sloan School of Management. Online verfügbar unter https://dspace.mit.edu/bitstream/handle/1721.1/1878/SWP-0707-02815445.pdf. Letzter Zugriff am 22.05.2019, S. 1.

[141] vgl. Kahlert (2013), S. 105.

Mit zunehmender Berufserfahrung festigen sich die Einstellungen und das Selbstkonzept wirkt leitend in Bezug auf die berufsbezogenen Entscheidungen: es fungiert „[...] *als Anker, der die Wahlmöglichkeiten beschränkt.*"[142] Nach Schein dienen die Anker dazu „[...] *to pull the person back if he strays too far from what he really wants.*"[143] Die acht herausgearbeiteten Anker[144] sind in unterschiedlicher Ausprägung bei jeder Person vorhanden, wobei der dominierende Anker bestimmend für den individuellen Karriereverlauf ist. Das Konzept der Karriereanker ist laut Schein um weitere Anker erweiterbar, wenn diese durch entsprechende Forschung identifizierbar sind.[145] Eine feste Zuordnung von bestimmten Karriereankern zu bestimmten Berufen schließt er aus.[146] Schein hat 1996 auch den Einfluss der sich verändernden Arbeitswelten behandelt und die Karriereanker teilweise überarbeitet.[147] Im Folgenden wird zunächst die ursprüngliche Auslegung der Anker erläutert und anschließend um die neuen Überlegungen ergänzt.

Sicherheit/Beständigkeit: Dieser Karriereanker ist gekennzeichnet durch das Streben nach einem sicheren Arbeitsplatz und dauerhafter Beschäftigung. Arbeitgeber, die ihren Mitarbeitern gegenüber loyal sind und ein verlässliches, stabiles Umfeld bieten, werden bevorzugt. Für Individuen mit diesem Karriereanker sind Arbeitsumgebung und -bedingungen wichtiger als der Inhalt der Arbeit. In diesem Zusammenhang soll auch die Anerkennung für die Arbeit in Form von Entlohnung oder anderen Benefits an der Dauer der Betriebszugehörigkeit gemessen werden. Grundlage für Beförderungen sollen Loyalität und kontinuierlich erbrachten Leistungen sein, welche auch mit einer Beschäftigungsgarantie einhergehen sollen. Dabei akzeptieren Individuen mit einer starken Sicherheitsorientierung von der Organisation vorgegebene Karriereverläufe, unabhängig von den eigenen Kompetenzen oder Ambitionen.[148]

---

[142] Schein (1998), S. 25.

[143] Schein (1974), S. 7.

[144] In der ersten Untersuchung hat Schein zunächst sechs Anker identifiziert und in späteren Forschungen um zwei weitere ergänzt.

[145] vgl. Schein (1990), S. 11.

[146] vgl. Schein, Edgar H. (1996): Career anchors revisited: Implications for career development in the 21st century. In: *Academy of Management Executive* 10 (4). S. 80–88. Online verfügbar unter http://search.ebscohost.com/login.aspx?direct=true&db=buh&AN=3145321&site=ehost-live. Letzter Zugriff am 22.05.2019, S. 81.

[147] vgl. ebd., S. 80ff.

[148] vgl. Kahlert (2013), S. 106; Schein (1974), S. 9f.; Schein (1990), S. 5.

Vor dem Hintergrund eines veränderten Arbeitsumfeldes sehen sich Personen mit diesem Karriereanker mit Herausforderungen konfrontiert. Während Unternehmen bislang Beschäftigungssicherheit garantierten und somit dem Bestreben nach Sicherheit entsprachen, findet nun eine Verschiebung hin zur Förderung von Beschäftigungsfähigkeit statt. Individuen können von Unternehmen nicht mehr einen sicheren Arbeitsplatz erwarten. Vielmehr können sie sich nur noch darauf verlassen, dass ihnen die Möglichkeit geboten wird, zu lernen und Erfahrungen zu sammeln, um auch über Unternehmensgrenzen hinaus beschäftigungsfähig zu sein. Das Streben nach Sicherheit und Stabilität muss somit von der Abhängigkeit von Organisationen entkoppelt und in die eigene Verantwortung übernommen werden.[149]

Selbstständigkeit/Unabhängigkeit: Im Gegensatz zum zuvor beschriebenen Karriereanker wird bei diesem Anker der selbstständigen Gestaltung der Arbeit und der angestrebten Unabhängigkeit mehr Wert beigemessen, als einem sicheren Arbeitsverhältnis. Organisationale Strukturen werden als einschränkend und irrational wahrgenommen, sodass Karriereverläufe häufig außerhalb von Organisationen (z.B. als Professor an einer Universität oder als freie Journalisten etc.) stattfinden. Beförderungen sollen hierbei auf Grundlage von Arbeitsergebnissen erfolgen und den Grad der Selbstständigkeit erhöhen.[150]

Die Selbstsicherheit, die Personen mit Sicherheitsanker erst noch entwickeln müssen, um sich auf die veränderten Gegebenheiten einstellen zu können, ist bereits ein Persönlichkeitsmerkmal von Individuen mit Autonomieanker. Vor diesem Hintergrund sehen sie sich beispielsweise dann mit Herausforderungen konfrontiert, wenn sie auf sichere Arbeitsplätze angewiesen sind, da ihnen eine notwendige Rentenabsicherung fehlt. Dahingegen sind diejenigen Personen für die Zukunft gut gerüstet, die sich eine autonome Karriere aufgebaut haben, die ihrem Streben nach Selbstständigkeit entspricht und unabhängig von Veränderungen des Arbeitsmarktes ist.[151]

---

[149] vgl. Schein (1996), S. 81f.
[150] vgl. Kahlert (2013), S. 106; Schein (1974), S. 11f.; Schein (1990), S. 5.
[151] vgl. Schein (1996), S. 82.

Technisch-Funktionale Kompetenz: Zentrales Merkmal des dritten Karriereankers ist die Ausrichtung des Karriereverlaufs an fachlichen Kompetenzen. Hierbei steht die vertiefte fachliche Auseinandersetzung mit spezifischen Arbeitsinhalten im Vordergrund, wobei ein Wechsel zwischen verschiedenen Funktionsbereichen unüblich ist. Kennzeichnend ist zudem die Erweiterung der eigenen Expertise, was als Grundlage für die Übernahme von neuen fachlichen Herausforderungen gesehen wird. Anerkennung wird bevorzugt von den Personen angenommen, die einen ähnlichen fachlichen Hintergrund haben und dadurch die eigenen Fähigkeiten wertschätzen können. Die Übernahme von Führungsverantwortung wird abgelehnt.[152]

Diese Gruppe wird sich der zunehmenden Bedeutung von Fachwissen bewusst. Gleichzeitig sieht sie jedoch auch die Herausforderung, dass spezifisches Wissen aufgrund der hohen Veränderungsgeschwindigkeit rasch überholt sein könnte. Mit zunehmender technologischer Komplexität müssen die entsprechenden Fachkompetenzen somit stetig aktualisiert werden, um beschäftigungsfähig zu bleiben. Hierbei entstehen zeitliche und finanzielle Aufwände, die als Belastung empfunden werden, wenn diese nicht vom Arbeitgeber übernommen werden. Obwohl ihr Karriereanker fachliche Kompetenzen in den Vordergrund stellt, geben Personen dieser Gruppe häufig an, dass sie eine Führungslaufbahn anstreben, da hier höhere Wertschätzung und Entlohnung erwartet wird.[153]

Befähigung zum General Management: Während im dritten Karriereanker fachliche Kompetenzen im Vordergrund stehen, fokussiert der vierte Karriereanker Führungskompetenzen. Dabei spielen insbesondere analytische Fähigkeiten, zwischenmenschliche Kompetenzen, emotionale Intelligenz und Stabilität eine Rolle. Personen mit diesem Karriereanker streben nach hierarchischem Aufstieg und wollen den Erfolg von Unternehmen mitgestalten. Sie wollen (Personal-)Verantwortung übernehmen, Entscheidungen treffen und erwarten eine ihrer Position angemessene Bezahlung.[154]

---

152 vgl. Kahlert (2013), S. 105f.; Schein (1974), S. 8f.; Schein (1990), S. 5f.
153 vgl. Schein (1996), S. 83.
154 vgl. Kahlert (2013), S. 106; Schein (1974), S. 7f.; Schein (1990), S. 6.

Nach wie vor ist die Führungskarriere für viele Personen die attraktivste Laufbahnform, da sie einerseits steigende Verantwortung und Entscheidungsbefugnis mit sich bringt und andererseits die höchste Entlohnung erwarten lässt. Es wird jedoch insbesondere für technisch-funktional verankerte Personen zunehmend deutlich, dass die benötigten Kompetenzen sich grundlegend von denen einer Fachkraft unterscheiden. Man muss hoch motiviert sein, um in dem unternehmenspolitischen Umfeld zu bestehen und dabei auf unsicherer Informationsbasis Verhandlungen führen und Entscheidungen treffen zu können.

Darüber hinaus führt eine Abflachung von Hierarchien durch den Abbau von Organisationsebenen zu einem geringeren Bedarf an Führungskräften. Die Arbeit in teilweise selbstverwalteten und temporären Projektteams verstärkt diese Situation noch, sodass der hohen Nachfrage nach Führungspositionen keine entsprechende Anzahl an freien Positionen gegenübersteht. Die Befähigung zum General Management mit den entsprechenden Kompetenzen wird vermehrt auch bei Positionen ohne Führungsverantwortung erwartet. Um zu entscheiden, welchen Karriereweg sie einschlagen wollen, müssen sich Personen mit diesem Anker also damit auseinandersetzen, wonach sie tatsächlich streben: nach Macht, Ruhm oder Verantwortung, nach der Erfüllung einer Aufgabe oder der Fähigkeit, ein Team aufzubauen und zu führen.[155]

Unternehmerische Kreativität: Zentrales Merkmal dieses Karriereankers ist das Bedürfnis, etwas Eigenes zu schaffen, ein Unternehmen zu gründen, ein Produkt zu entwickeln oder eine Dienstleistung zu kreieren. Wichtig ist dabei, dass der Erfolg vorrangig auf den eigenen kreativen Einsatz zurückzuführen ist. Personen mit einer Verankerung in unternehmerischer Kreativität entwickeln immer wieder neue Ideen und streben danach, diese profitabel zu verwirklichen. Dabei liegen die Ziele darin, Eigentum aufzubauen und von der Freiheit zu profitieren, diejenigen Themenfelder zu bearbeiten, die den persönlichen Bedürfnissen entsprechen. Dennoch ist die Höhe des finanziellen Gewinns nicht der vorrangige Erfolgsfaktor, vielmehr ist der Gewinn eine Bestätigung dafür, wie erfolgreich die Verwirklichung der eigenen Ideen gelungen ist.[156]

---

[155] vgl. Schein (1996), S. 84.
[156] vgl. Kahlert (2013), S. 106f.; Schein (1974), S. 10f.; Schein (1990), S. 7f.

Immer mehr Menschen streben danach, ein eigenes Unternehmen zu gründen. Die Erfolgschancen sind aufgrund der dynamischen und komplexen Märkte gut, da der Bedarf an neuen Produkten oder Dienstleistungen insbesondere aus den Bereichen der Informationstechnologie, der Biotechnologie und neuen digitalen Technologien weiter ansteigen wird. Zudem begünstigt die zunehmende weltweite Mobilität eine flexible Standortwahl. Die von dieser Ankergruppe gegründeten Unternehmen sind eine wichtige Quelle für neue Arbeitsplätze, wodurch die Gewährleistung eines entsprechenden Umfeldes als Aufgabe der Gesellschaft wahrgenommen werden muss.[157]

Hingabe für eine Idee oder Sache: Menschen mit diesem Karriereanker verfolgen das Ziel, mit ihrer Arbeit etwas Sinnvolles für die Gesellschaft oder für andere Menschen zu tun. Dabei wird die Karriere an eigenen (altruistischen) Kernwerten orientiert, mit dem Ziel, die Welt zu einem besseren Lebensraum zu machen oder Produkte zu erfinden, die Leben retten können. Sobald eine Organisation diesen Werten nicht mehr entspricht, wird ein Wechsel angestrebt.[158]

Die Anzahl der Personen, die ihre Arbeit in den Dienst für eine Sache stellen, nimmt stetig zu. Das Gefühl, nicht nur einen adäquaten Lohn zu erhalten, sondern die Arbeitszeit mit einer sinnvollen Tätigkeit zu verbringen, ist für sie prägend für den Karriereverlauf. Die permanente Verfügbarkeit von Informationen fördert dabei das Bewusstsein für weltweite Probleme (z.B. Klimawandel, Überbevölkerung, Kluft Industrie- und Entwicklungsländern, etc.). Folglich werden neue Organisationen zur Lösung dieser Probleme geschaffen. Menschen mit einem dienstorientierten Karriereanker werden von diesen Organisationen angezogen.[159]

Totale Herausforderung: Kennzeichnend für den siebten Karriereanker sind Tätigkeiten, bei der die Bewältigung von scheinbar unüberwindbaren Hindernissen oder von unlösbaren Aufgaben als Erfolg angesehen wird. Personen dieses Ankers stellen sich immer neuen schwierigen Herausforderungen in Konkurrenz zu anderen. Die Art der Arbeit, potenzielle Beförderungen oder Formen der Anerkennung sind dabei weniger wichtig als die Möglichkeit, sich gegen Kontrahenten durchsetzen zu können und so Selbstbestätigung zu erlangen. Zufriedenheit entsteht nur

---

157 vgl. Schein (1996), S. 84f.
158 vgl. Kahlert (2013), S. 107; Schein (1990), S. 9f.
159 vgl. Schein (1996), S. 85.

dann, wenn Situationen gewonnen oder scheinbar unlösbare Aufgaben bewältigt werden können.[160]

Nach Schein hat es immer Menschen gegeben, die ihre Karriere hinsichtlich der Überwindung großer Herausforderungen ausgerichtet haben. Seinem Eindruck nach nimmt die Anzahl dieser Personen zu, wobei er nicht darauf eingeht, ob dies als Reaktion auf wachsende Herausforderungen im Verlauf des beruflichen Werdegangs geschieht, oder ob dies bereits zu Beginn der Berufslaufbahn der Fall ist. Um sich im Zuge des technologischen Wandels zu behaupten, müssen sich nach Herausforderungen strebende Personen den Veränderungen anpassen und lernbereit sein. Anderenfalls sinkt die Chance, dass sie aus unüberwindbaren Situationen als Gewinner hervorgehen.[161]

Lebensstilintegration: Charakteristisch für diesen Karriereanker ist die Integration des Berufes in den persönlichen Lebensstil. Eine erfolgreiche Karriere spielt für Personen mit diesem Anker keine Rolle, vielmehr haben diese Personen laut Schein keinen speziellen Karriereanker. Es soll ein Ausgleich zwischen Beruf und Privatleben gewährleistet und familiäre Bedürfnisse mit dem beruflichen Werdegang in Einklang gebracht werden. Dabei werden in Bezug auf die Wahl des Arbeitsplatzes auch Kompromisse oder Rückschritte in Kauf genommen, wenn dies der familiären Situation und persönlichen Bedürfnissen zuträglich ist. Vom Arbeitgeber wird dabei eine entsprechende Flexibilität erwartet.[162]

Schein schreibt diesem Karriereanker die größte Veränderung seit der ursprünglichen Forschung in den 1960er und 70er Jahren zu. Insbesondere vor dem Hintergrund der Zunahme von Doppelkarrieren bei Paaren, die zwei Karrieren und mehrere Gruppen mit persönlichen und familiären Anliegen in ein vereinbares Gesamtbild integrieren müssen, steigen die Anforderungen hinsichtlich flexibler Arbeitszeitmodelle. Weiterhin steigen die Ansprüche im Hinblick auf die Vereinbarkeit von Erwerbsarbeit und Privatleben. Schein beschreibt zudem eine Zunahme von Autonomie und einer wachsenden Sorge um sich selbst, wodurch eine verstärkte Auseinandersetzung mit dem eigenen Lebensstil und der eigenen Beschäftigungsfähigkeit stattfindet. Unternehmen müssen sich vor dem Hintergrund der zunehmenden Selbstständigkeit ihrer Akteure und der damit einhergehenden autonomen

---

[160] vgl. Kahlert (2013), S. 107; Schein (1990), S. 10f.
[161] vgl. Schein (1996), S. 85.
[162] vgl. Kahlert (2013), S. 107; Schein (1990), S. 11f.; Schein (1998), S. 49.

Karrieregestaltung mit deren Bedürfnissen auseinandersetzen und entsprechende Unterstützungssysteme (z.B. Kinderbetreuung, Jobsharing, Teilzeitarbeit, Sabbaticals, etc.) anbieten.[163]

Das Konzept der Karriereanker wird in unterschiedlichen Zusammenhängen verwendet. Es richtet sich dabei vorrangig an Erwachsene, die laufbahnbezogene Entscheidungen treffen müssen und eine Orientierungshilfe suchen. Zur Ermittlung der Ausprägung der jeweiligen Anker wird ein Fragebogen verwendet, der als Instrument der Laufbahnberatung, des Coachings oder der Personalentwicklung eingesetzt werden kann. Laut Schein entwickeln sich die Karriereanker im Laufe der ersten zehn Berufsjahre, wodurch sich die Ergebnisse im Vergleich zum Beginn der Erwerbstätigkeit im späteren Verlauf noch verändern können.[164]

Laut Schein gibt es für jedes Individuum einen dominierenden Anker, welcher einen maßgeblichen Einfluss auf die Selbstwahrnehmung und die Karrieregestaltung hat.[165] In der Realität ist es jedoch häufig die Kombination aus zwei oder mehr Ankern, die das Handeln eines Individuums bestimmt. Hinsichtlich der Definition der verschiedenen Anker wird von einigen Forschern vorgeschlagen, den Karriereanker Unternehmerische Kreativität in zwei Anker aufzuteilen. Unternehmertum wird demnach zwar durch Kreativität gefördert, dies bringt aber nicht zwangsläufig Selbstständigkeit oder ein Streben nach Verwirklichung eigener Ideen mit sich. Auch der Karriereanker Sicherheit/Beständigkeit lässt sich weiter aufgliedern, indem in geografische Sicherheit und Arbeitsplatzsicherheit unterschieden wird.[166] Nach Schein haben Individuen mit dem Anker Lebensstilintegration keine Karriereambitionen und verzichten zugunsten individueller oder familiärer Bedürfnisse auf Karrierechancen. Aufgrund der Flexibilisierung von arbeitsvertraglichen Regelungen und der Möglichkeit, durch neue Technologien orts- und zeitunabhängig zu arbeiten, steht der Anker Lebensstilintegration nicht (mehr) im Widerspruch zu anderen Karriereankern. Vielmehr ist eine erfolgreiche Karriere heute einfacher mit verschiedenen Lebensstilen vereinbar, sodass davon auszugehen ist, dass der

---

163 vgl. Schein (1996), S. 82f.

164 vgl. Schreiber, Marc; Nüssli, Natalie (2015): Handbuch Fragebogen zur Erfassung der Karriereorientierung (KO-R). Hrsg. von Institut für Angewandte Psychologie. Online verfügbar unter https://www.laufbahndiagnostik.ch/assets/de/Handbuch_Fragebogen_Karriereorientierungen_KO-R-43db8c4da055fad448329c8f96105f0c 22232b2b978f89f687bced2a68bb7e65.pdf. Letzter Zugriff am 24.05.2019, S. 11.

165 vgl. Schein (1998), S. 28.

166 vgl. Schreiber, Nüssli (2015), S. 6.

Karriereanker Lebensstilintegration mit anderen Ankern einher geht. Letztere sind bestimmend für die Ausrichtung der Karriere, während der Anker Lebensstilintegration lediglich einen Orientierungsrahmen darstellt.

5 Agilität als Trend – Herausbildung einer neuen Mentalität

In diesem Kapitel wird das Themenfeld Agilität erörtert. Hierfür wird zunächst der Begriff Agilität definiert (Kapitel 4.1) und daraufhin das agile Mindset unter anderem anhand des *Manifesto for Agile Software Development* von 2001 beschrieben (Kapitel 4.2). In Kapitel 4.3 wird aufgezeigt, wie Agilität in Unternehmen implementiert werden kann. Kapitel 5.4 gibt einen Überblick über die zwei bekanntesten agilen Methoden Scrum und Kanban, um das Verständnis für Agilität und die agilen Werte zu verdeutlichen. Abschließend werden Restriktionen von Agilität dargestellt (Kapitel 4.5).

5.1 Begriffsdefinition und Ursprung von Agilität

Agil stammt von dem lateinischen Wort *agilis* ab und lässt sich mit leicht zu führen, beweglich und geschäftig übersetzen.[167] Das Wort agil wurde ursprünglich für die Beschreibung eines Menschen genutzt, wird aber mittlerweile auch auf den organisatorischen Kontext übertragen.[168] Agilität lässt sich wie folgt definieren:

> „Agilität ist die Gewandtheit, Wendigkeit oder Beweglichkeit von Organisationen und Personen bzw. in Strukturen und Prozessen. Man reagiert flexibel auf unvorhergesehene Ereignisse und neue Anforderungen [...]"[169]

Die Definition ist generalistisch gehalten, da die Bedeutung des Wortes Agilität von dem Kontext, in dem es verwendet wird, abhängig ist.

Die erste wissenschaftliche Verwendung des Begriffs Agilität geht auf die Organisationstheorie der 1950er Jahre zurück. In dem Kontext wird Agilität als Fähigkeit eines Unternehmens bezeichnet, sich kontinuierlich an eine komplexe und unsichere Umwelt anzupassen.[170] 1953 führte Parsons das **AGIL-Schema** ein, das auf vier Funktionen beruht, die jedes System zur Existenzsicherung erfüllen muss. Dazu gehören die Adaption, Goal Attainment, Integration und Latency. **Adaption** beschreibt die Fähigkeit eines Systems sich verändernden Rahmenbedingungen

---

[167] vgl. Werther, Simon; Bruckner, Laura (2018): Arbeit 4.0 aktiv gestalten. Die Zukunft der Arbeit zwischen Agilität, People Analytics und Digitalisierung. Berlin: Springer-Verlag, S. 93.

[168] vgl. Rahn, Maximilian (2018): Agiles Personalmanagement. Die Gestaltung von klassischen Personalinstrumenten in agilen Organisationen. Wiesbaden: Springer Fachmedien, S. 5.

[169] Bendel, Oliver (2019): Agilität. Hrsg. von Gabler Wirtschaftslexikon. Online verfügbar unter https://wirtschaftslexikon.gabler.de/definition/agilitaet-99882/version-368852. Letzter Zugriff am 03.05.2019.

[170] vgl. Werther, Bruckner (2018), S. 93.

anzupassen. Mit **Goal Attainment** ist die Fähigkeit gemeint, Ziele zu definieren und zu verfolgen. **Integration** betrifft die Herstellung und Absicherung von Zusammenhalt sowie Inklusion. Die letzte Funktion, **Latency** bezeichnet ein System, das fähig ist, grundlegende Strukturen und Werte zu erhalten.[171]

Eine tiefergehende Auseinandersetzung mit dem Term erfolgte im Rahmen des *Agile Manufacturing* in den 1990er Jahren. Ziel war die schnellere Produktionsentwicklung sowie eine ständige Optimierung der Produktionsabläufe während des Prozesses.

Seit Anfang der 2000er wird Agilität immer häufiger mit Agiler Softwareentwicklung, insbesondere mit Scrum, in Verbindung gebracht. Eine besondere Rolle spielt dabei das *Agile Manifesto for Agile Software Development*[172] von 2001, welches von US-amerikanischen Softwareentwicklern formuliert wurde.[173] Das Manifest wird in Kapitel 4.2 erläutert. Das heutige Verständnis von Agilität ist insbesondere durch Agile Softwareentwicklung geprägt.

5.2 Prinzipien und Leitsätze des agilen Mindsets

Der Begriff **Mindset** lässt sich in die Termini *Mind* und *set* differenzieren. *Mind* bedeutet übersetzt Verstand und *set* lässt sich mit Zusammenstellung, Aufstellung und Einstellung des Verstandes übersetzen. Folglich beschreibt das Mindset die Art und Weise wie ein Mensch denkt und handelt. Dies lässt sich nicht nur auf das individuelle Denken beziehen, sondern kann auch auf die Denk- und Handlungslogik eines Unternehmens übertragen werden. Das Unternehmen kann durch ein eigenes Mindset auch das Denken der Mitarbeiter und ihre Interaktionen prägen.[174] Demnach beeinflusst das Mindset bewusst oder unbewusst die Gestaltung von Prozessen, die Entscheidungsfindung und die Handlungen. Nach Gil Broza ist ein Mindset durch drei Elemente gekennzeichnet. Dazu gehören die

---

[171] vgl. Parsons et al. (1953) in Werther, Bruckner (2018), S. 93.

[172] Im Folgenden wird das *Agile Manifesto for Agile Software Development* als agiles Manifest bezeichnet.

[173] vgl. Rahn (2018), S. 5.

[174] vgl. Hofert, Svenja (2018): Das Agile Mindset. Mitarbeiter Entwickeln, Zukunft der Arbeit Gestalten. Wiesbaden: Springer Fachmedien, S. 3.

Werteinstellungen, die Glaubenssätze und die Prinzipien, die als Leitlinien Entscheidungen steuern.[175]

Eine besondere Form des Mindsets ist das **growth mindset**, das auch inkrementelles Mindset genannt wird. Es entwickelt sich schrittweise, sodass sich die Grundhaltung immer wieder erneuert und an neue Anforderungen anpasst. Das inkrementelle Mindset ist die Grundlage für eine agile Denkweise. Demzufolge ist ein agiles Mindset ein dynamisches Mindset, das sich in einem kontinuierlichen Entwicklungsprozess befindet.[176]

> „Das agile Mindset ist demzufolge ein Mindset für eine bewegliche, sich verändernde Umwelt. Das agile Umfeld wird [Anmerkung des Autors] [...] dabei als sich schnell wandelnd und unter Komplexität nicht berechenbar definiert [Anmerkung des Autors]. In einem agilen Umfeld gibt es wenig feste Zustände, Entwicklung ist unplanbar [...]."[177]

Wie jedes Mindset beruht auch das agile Mindset auf bestimmten Werteinstellungen und Prinzipien. Hierfür lässt sich insbesondere das agile Manifest von 2001 heranziehen. Das Manifest wurde von 17 US-amerikanischen Softwareentwicklern, darunter unter anderem Jeff Sutherland und Ken Schwaber, den Entwicklern von Scrum, formuliert. Das Manifest besteht aus vier Leitsätzen und zwölf Prinzipien, die im Folgenden vorgestellt werden.[178] Obwohl das Manifest für die agile Softwareentwicklung formuliert wurde, lassen sich die generellen agilen Werte erkennen.

Der erste Leitsatz lautet: *„Individuen und Interaktionen mehr als Prozesse und Werkzeuge".*[179] Der Leitsatz verdeutlicht, dass der Mensch im agilen Mindset im Fokus steht. Hiermit sind sowohl das Team als auch die Stakeholder sowie die Kunden gemeint. Das agile Menschenbild beruht auf der Theorie Y von Douglas McGregor, nachdem der Mensch im Arbeitskontext kompetent und motiviert ist.[180] Aus dem Leitsatz lassen sich insbesondere für die gemeinsame Zusammenarbeit Prinzipien

---

[175] vgl. Kusay-Merkle, Ursula (2018): Agiles Projektmanagement im Berufsalltag. Für mittlere und kleine Projekte. Berlin: Springer-Verlag, S. 54.

[176] vgl. Hofert (2018), S. 22–24.

[177] Hofert (2018), S. 27.

[178] vgl. Beck, Kent; Beedle, Mike; van Bennekum, Arie; Cockburn, Alistair; Cunningham, Ward; Fowler, Martin et al. (2001): Manifest für Agile Softwareentwicklung. Online verfügbar unter http://agilemanifesto.org/iso/de/manifesto.html. Letzter Zugriff am 05.05.2019.

[179] ebd.

[180] vgl. Kusay-Merkle (2018), S. 55f.

ableiten. Basis für die Zusammenarbeit sind demnach der offene Austausch von Informationen, das Geben und Nehmen von Feedback sowie der respektvolle Umgang miteinander.[181] Im zweiten Leitsatz *„Funktionierende Software mehr als umfassende Dokumentation"*[182] lässt sich der ergebnisorientierte Ansatz erkennen. Die Arbeit soll demnach so gestaltet werden, dass eine regelmäßige und frühe Lieferung von Ergebnissen und Nutzen für den Kunden ermöglicht wird. Zudem wird davon ausgegangen, dass der Schwerpunkt im Herausarbeiten von neuen Erkenntnissen liegt.[183] Der dritte Leitsatz *„Zusammenarbeit mit dem Kunden mehr als Vertragsverhandlung"*[184] veranschaulicht die Kundenorientierung des agilen Mindsets. Während des Arbeitsprozesses erfolgt eine Fokussierung auf die Bedürfnisse des Kunden. Dies macht eine stetige Anpassung der Arbeitsinhalte erforderlich. Diese Anpassungsfähigkeit wird auch im letzten Leitsatz *„Reagieren auf Veränderungen mehr als das Befolgen eines Plans"*[185] gefordert. Die Arbeit wird immer wieder überprüft und an neue Anforderungen oder Bedürfnisse des Kunden angepasst. Eine Veränderungsbereitschaft ist folglich die Grundlage der agilen Wertestruktur.[186]

Die vorgestellten Leitsätze werden durch zwölf Prinzipien konkretisiert. Zu den Prinzipien gehört zunächst, dass die Zufriedenstellung des Kunden durch frühe und kontinuierliche Auslieferung wertvoller Software die höchste Priorität hat. Das Ziel kann nur erreicht werden, wenn Anforderungsänderungen jederzeit Berücksichtigung finden und als Wettbewerbsvorteil für den Kunden verstanden werden. Eine funktionierende Software soll dabei innerhalb weniger Wochen oder Monate geliefert werden.[187] Des Weiteren können durch den in Sprints verlaufenden Arbeitsprozess in einer bestimmten Zeitspanne Schwierigkeiten identifiziert und schnellstmöglich korrigiert werden. So entsteht eine kontinuierliche Verbesserung des Produktes durch das eigene Experimentieren.[188] Die gesamte Zusammenarbeit ist dadurch geprägt, dass Fachexperten und Entwickler während eines Projektes täglich zusammenarbeiten und ihnen dabei die entsprechende Unterstützung und arbeitsfördernde Rahmenbedingungen zur Verfügung gestellt werden. Hierbei

---

[181] vgl. ebd., S. 59f.

[182] Beck et al. (2001).

[183] vgl. Kusay-Merkle (2018), S. 55f.

[184] Beck et al. (2001).

[185] Beck et al. (2001).

[186] vgl. Kusay-Merkle (2018), S. 55.

[187] vgl. Beck et al. (2001).

[188] vgl. Kusay-Merkle (2018), S. 57–59.

wird der persönliche Kontakt präferiert. Der Fortschritt wird anhand einer funktionierenden Software bzw. eines nutzenstiftenden Ergebnisses gemessen. Der Fokus liegt also auf der technischen Exzellenz und einem guten Design.[189] Zudem gilt es zu hinterfragen, welchen Nutzen nicht erledigte Arbeit bringen könnte und inwiefern diese durch einfachere oder passendere Lösungen ersetzt werden kann.[190] Basis für die Verankerung dieser Prinzipien sind die Strukturen des Teams. Das Team organisiert sich selbst und trifft seine eigenen Entscheidungen. Die Struktur wird in regelmäßigen Abständen reflektiert und das Verhalten entsprechend angepasst.[191] Hierfür können beispielsweise Feedbackschleifen genutzt werden. Dennoch erfolgt die Arbeit mit fester Taktung in festgelegten Zeiträumen, sodass ein stabiler Rhythmus entsteht, der die Zusammenarbeit erleichtert.[192]

5.3 Erfolgsfaktoren und Herausforderungen bei der Implementierung von Agilität

Agile Organisationen sind nach Hofmann selbstorganisiert, kommunikationsintensiv, iterativ, adaptiv, hierarchiefrei, reaktionsschnell, markt- und kundenorientiert sowie innovationsgetrieben. Folglich bedeutet Agilität im Unternehmenskontext die Selbstorganisation und Hierarchiefreiheit mit dem Ziel, schnell Innovationen zu generieren.[193] Ein agiles Unternehmen wandelt sich stetig und gestaltet interne Prozesse und Strukturen so, dass sie schnell und aufwandsarm verändert werden können. Es entsteht ein internes Milieu ohne „Silo-Denken" und festgefahrene Strukturen.[194] Die Implementierung eines agilen Mindsets bzw. der Wandel eines traditionellen zu einem agilen Unternehmen erfordert ein **Paradigma der Agilität**.

---

[189] vgl. Beck et al. (2001).

[190] vgl. Kusay-Merkle (2018), S. 58.

[191] vgl. Beck et al. (2001).

[192] vgl. Kusay-Merkle (2018), S. 59.

[193] vgl. Rump, Jutta (2018): Organisation im Spannungsfeld von Agilität und Flexibilität. Hrsg. von Institut für Beschäftigung und Employability. Online verfügbar unter http://www.ibe-ludwigshafen.de/download/arbeitsschwerpunkte-downloads/trends-der-arbeitswelt-downloads/Organisation-im-Spannungsfeld-Agilitaet-Flexibilitaet_web.pdf. Letzter Zugriff am 26.04.2019.

[194] vgl. Prodoehl, Hans Gerd (2019): Das agile Unternehmen. In: Olbert, Sebastian; Prodoehl, Hans Gerd (Hrsg.): Überlebenselixier Agilität. Wie Agilitäts-Management die Wettbewerbsfähigkeit von Unternehmen sichert. Wiesbaden: Springer Fachmedien. S. 11–60, S. 13.

„Dieses Paradigma der Agilität bedeutet im Kern: Schaffung eines Milieus im Unternehmen, das stetigen Wandel, ständiges Lernen und permanente Erneuerung nicht nur ermöglicht und erleichtert, sondern sogar zum Kern der Unternehmenskultur macht. Es ist dies ein dynamisches Unternehmensmilieu, das ein Unternehmen in die Lage versetzt, agil und resilient, antifragil und wandlungsaffin, adaptiv und anpassungsfähig, flexibel und elastisch auf die externe Umweltdynamik einzugehen."[195]

Dieses Paradigma beruht auf einem Agilitätsmanagement, das sich in fünf Handlungsfelder kategorisieren lässt. Die fünf Handlungsfelder vereinen miteinander verbundene Managementleistungen, die alle in einer wechselseitigen Beziehung zueinanderstehen. Agilitätsmanagement kann deshalb nur gelingen, wenn alle fünf Handlungsfelder bearbeitet werden. Abbildung 6 zeigt die Dimensionen in der Übersicht.

Abbildung 6: Das Paradigma des Agilitätsmanagements im Überblick
(eigene Darstellung in Anlehnung an Prodoehl (2019), S. 37)

---

[195] ebd., S. 12.

Das **Management von Umweltvernetzung** beschreibt die kontinuierliche Verknüpfung der Mitarbeiter eines Unternehmens mit der Umwelt. Basis hierfür ist die Extrovertierung der Unternehmenskultur. Mitarbeiter sehen die Vernetzung mit der Umwelt als Kernaufgabe und orientieren ihr Handeln an der Umwelt. Aufgabe des Managements ist es, systematisch die Vernetzungsintensität sowie die Vernetzungsproduktivität zu messen und zu optimieren. Unter Vernetzungsintensität wird die Quantität und Qualität der Vernetzungen aller Mitarbeiter verstanden. Vernetzungsproduktivität meint die Nutzung der Erkenntnisse aus den Vernetzungen für die Weiterentwicklung des Unternehmens. Zudem sollen Umweltkonstellationen beeinflusst und Vernetzungspartnerschaften geschlossen werden.[196]

Das **Management von Binnenvernetzung** bildet das Pendant zu der Umweltvernetzung. Es beschäftigt sich mit der umfassenden Vernetzung aller Subsysteme im Unternehmen und schafft Strukturen für die Ausbildung von Heterogenität, Diversität und grenzüberschreitendem Denken und Handeln. Es soll eine partnerschaftliche, barrierefreie und offene Kooperations- und Kommunikationskultur etabliert werden, die eine grenzüberschreitende Zusammenarbeit ermöglicht. Eine weitere Aufgabe ist die Schaffung von Partizipation durch Delegation von Verantwortung und Entscheidungsgewalt und selbstbestimmtes Denken aller Mitarbeiter. Daneben sollen Wissensbestände für das gesamte Unternehmen geöffnet und vernetzt werden.[197]

Grundannahme für das dritte Handlungsfeld ist es, dass keine ideale Unternehmenslinie oder -führung besteht, sondern dass diese immer Veränderungen ausgesetzt ist. Kontingenz meint, dass man alle Möglichkeiten in den Blick nimmt, Risiken akzeptiert und Veränderungen als etwas Notwendiges ansieht. Aufgabe des **Managements von Kontingenz** ist es, Räume für Improvisationen, Versuche und Experimente zu schaffen und Fehler zu erlauben.[198]

Das vierte Handlungsfeld, **Management von Temporalisierung**, beschäftigt sich mit der Befristung von Unternehmensstrukturen. Gemeint ist, dass alle Strukturen und Einheiten so angelegt werden, dass sie ohne substanziellen Aufwand revidiert und verändert werden können. Dies gilt auch für Strategien, Leitlinien und Werte.

---

[196] vgl. Prodoehl (2019), S. 39f.
[197] vgl. Prodoehl (2019), S. 42f.
[198] vgl. ebd., S. 47f.

Dadurch ist das Unternehmen ständig bereit für Veränderungen und Erneuerungen.[199]

Die formale Organisationsstruktur wird im Agilitätsmanagement durch eine heterarchische Organisationsstruktur ergänzt. Heterarchie meint, dass alle Mitarbeiter, die die notwendige Kompetenz zur Erfüllung eine bestimmte Aufgabe haben, die Möglichkeit und die Verpflichtung haben, die Aufgabe wahrzunehmen. Die Bearbeitung findet außerhalb der formalen Strukturen statt. Für dieses Konzept schafft das **Management von Heterarchie** Räume, sodass sich Arbeitsgruppen für eine bestimmte Zeit bilden können, um ihre Aufgabe wahrzunehmen. In der heterarchischen Organisationsstruktur findet die formale Struktur keine Berücksichtigung, sodass alle Mitarbeiter gleichgestellt in einem offenen Kommunikationsraum agieren können.[200]

Für die Umsetzung des Agilitätsmanagements sind verschiedene Instrumente vorgesehen. Diese ermöglichen Unternehmen eine nachhaltige agile Transformation.[201] Zunächst ist es wichtig, ein agiles Zielbild für das Unternehmen zu entwickeln. Der zentrale handlungsleitende Ansatz ist vor allem die Steigerung des Kundennutzens.[202] Um das Zielbild zu verwirklichen, muss ein gemeinsames Verständnis für den Sinn des Handelns und die Leistungen des Unternehmens entwickelt werden. Dieses sogenannte Purpose enthält den Kundennutzen, den gesellschaftlichen Nutzen sowie den Stakeholder-Nutzen. Zudem müssen handlungsleitende Werte und moralisch-ethische Grundsätze formuliert werden, die die Kommunikation im Unternehmen bestimmen. Auf dieser Basis können die Grundstrukturen einer agilen Kultur und im Kollektiv vereinbarte Leitlinien erarbeitet werden.[203] Aufbauend auf dem normativen Rahmen gilt es, ein neues, mitarbeiterzentriertes Führungsverständnis zu etablieren. Dieses Führungsverständnis geht mit einem neuen Rollenverständnis der Führungskräfte einher. Die Führungskräfte fungieren als Coach und ermächtigen die Mitarbeiter, Verantwortung zu übernehmen und Entscheidungen selbst zu treffen. Dieser Prozess nennt sich **Empowerment**. Zu den Aufgaben der Führungskraft zählen zudem die aktive Unterstützung durch Wissensweitergabe, das Schaffen von optimalen Arbeitsbedingungen und ein

---

[199] vgl. ebd., S. 50f.

[200] vgl. ebd., S. 51.

[201] vgl. ebd., S. 13.

[202] vgl. Werther, Bruckner (2018), S. 102.

[203] vgl. Prodoehl (2019), S. 55.

Mitarbeiteransatz, der auf dessen Stärken basiert. Grundlage hierfür sind Kooperationsbereitschaft, Offenheit, Transparenz und Respekt als zentrale Werte der Führungskultur.[204] Zur Unterstützung der agilen Kultur fördert das Personalmanagement die Etablierung von agilen Personal- und Führungsinstrumenten. Die aktuellen Personalinstrumente müssen überprüft, optimiert und angepasst werden. Hierzu gehört insbesondere die Individualisierung der Personalentwicklung, um diese flexibel den Mitarbeiterbedürfnissen anzupassen. So müssen beispielsweise Mitarbeiterjahresgespräche durch einen kontinuierlichen Mitarbeiterdialog ersetzt werden, um sich an die kurzen Planungszyklen anzupassen. Weitere Maßnahmen sind neue Leistungsmaßstäbe und Beurteilungssysteme sowie Feedbackroutinen. Das Personalmanagement agiert als Coach und Enabler und gibt Hilfestellung für agile Prozesse.[205] In einem weiteren Schritt müssen die Strukturen und Prozesse sowie Rollen und Funktionen angepasst werden. Es gilt, eine agile Aufbau- und Ablauforganisation zu schaffen und Rollen und Funktionen entsprechend zuzuschreiben.[206] Hierbei ist es möglich, dass sich Rollen oder Abteilungen überschneiden, da die Strukturen offener gestaltet sind. Im Gegensatz zu hierarchischen Organisationen fühlen sich die Akteure agiler Unternehmen vor allem ihrem Team und dem Kunden verpflichtet.[207]

Die letzte Voraussetzung ist, dass die agile Unternehmenskultur gelebt wird. Dazu gehört eine Kommunikationskultur mit persönlichen Dialogen, die durch hierarchieübergreifende und interdisziplinäre Kommunikation geprägt ist. Dem Team steht ein gemeinsamer Arbeitsbereich zur Verfügung, der aber auch Rückzugsmöglichkeiten für individuelle Arbeit bietet. Zudem ist eine ausgeprägte Vertrauens- und Feedbackkultur Bestandteil der agilen Unternehmenskultur. Fehler werden als Möglichkeit gesehen, Lernerfahrungen zu machen.[208]

Bei der agilen Transformation eines Unternehmens gilt es folgende Prinzipien zu berücksichtigen. Agilität ist kein Selbstzweck. Es muss verdeutlicht werden, warum Agilität die Wettbewerbsfähigkeit des Unternehmens stärken kann. Zudem erfordert eine agile Transformation die Unterstützung durch Externe mit entsprechenden Erfahrungen. Ein Unternehmen kann sich kaum selbst transformieren, da es

---

[204] vgl. Werther, Bruckner (2018), S. 102f.

[205] vgl. ebd., S. 104f.

[206] vgl. Prodoehl (2019), S. 56.

[207] vgl. Trost (2018), S. 17f.

[208] vgl. Werther, Bruckner (2018), S. 105.

weder das notwendige Fachwissen zu Agilität noch einen objektiven Blick auf das eigene Unternehmen generieren kann. Dabei sollte die Transformation so früh wie möglich nach agilen Prinzipien durchgeführt werden, da Agilität nicht hierarchisch erzwungen werden kann. Damit eine agile Unternehmenskultur entstehen kann, müssen die strukturellen Rahmenbedingungen im Unternehmen verändert werden. Da eine theoretische Vermittlung von Agilität nicht nachhaltig ist, müssen die relevanten Akteure sie persönlich erleben. Wichtig ist, dass die Verantwortlichen eine realistische Statusbetrachtung vornehmen können und Scheitern erlaubt ist. Eine agile Transformation, insbesondere in größeren Unternehmen, erfolgt eher schrittweise als in Form einer Revolution.[209]

Dennoch ist eine Transformation mit Herausforderungen und Hürden verbunden. Besonders in großen Unternehmen sind integrierte und verzahnte Prozesse vorhanden, sodass nur eine ganzheitliche Veränderung in Frage kommt. Zudem droht das hierarchische Denken, das sich im Unterbewusstsein der Akteure verankert hat, die agilen Schritte zu „verhierarchisieren". Dies widerspricht dem agilen Ansatz eines selbstverantwortlichen, offenen, hierarchiefreien Arbeitsumfeldes. Insbesondere in schwierigen Situationen während der Transformation ist ein Rückgriff auf bewährte Verhaltensmuster zu erkennen. Eine weitere Herausforderung ist, dass Mitarbeiter sich oft hierarchische Strukturen und eine Führungskraft wünschen und mit einem agilen Arbeitsansatz überfordert sind. Darüber hinaus sind Unternehmen externen Reglementierungen, wie z.B. durch Qualitätsmanagementaudits, Gewerkschaften oder den Gesetzgeber ausgesetzt, die nicht mit den agilen Prinzipien vereinbar sind.[210]

5.4 Arbeitsmethoden zur Realisierung von Agilität in Unternehmen

In diesem Kapitel werden die zwei bekanntesten agilen Methoden definiert und vorgestellt. Zu diesen Methoden zählen Scrum und Kanban. Die Vorstellung der Methoden soll einerseits die agilen Werteinstellungen verdeutlichen und den Begriff Agilität greifbar machen. Andererseits dienen die Grundsätze der Methoden als Basis für das Vorgehen des neu entwickelten Konzeptes.

---

[209] vgl. Trost (2018), S. 431.
[210] vgl. ebd., S. 429f.

5.4.1 Scrum

Scrum ist eine agile Projektmanagementmethode, die in den 1990er Jahren von Ken Schwaber und Jeff Sutherland entwickelt wurde.[211] Scrum wird nach dem Scrum Guide von den Entwicklern wie folgt definiert:

> „Ein Rahmenwerk, innerhalb dessen Menschen komplexe adaptive Aufgabenstellungen angehen können, und durch das sie in die Lage versetzt werden, produktiv und kreativ Produkte mit höchstmöglichem Wert auszuliefern."[212]

Demnach ist Scrum keine vollständige Methode oder ein ganzer Prozess sondern bildet vielmehr einen Rahmen.[213] Ursprünglich wurde Scrum für das Managen und Entwickeln von Produkten entworfen. Mittlerweile findet es auch Anwendung in der Erforschung und Identifizierung von rentablen Märkten, Technologien und Produktfähigkeiten, bei der Entwicklung und Auslieferung von Produkten und Erweiterungen sowie bei der Erhaltung und Erneuerung von Produkten. Dies gilt sowohl für Software, Hardware und Netzwerke als auch für beispielsweise autonome Fahrzeuge, Marketing- und Regierungsprojekte oder zur Verwaltung von Organisationen. Scrum verfolgt einen iterativen und inkrementellen Ansatz, der auf Empirie basiert. Hierfür sind Transparenz, eine regelmäßige Überprüfung und eine Anpassung bei erkannten Abweichungen notwendig. Die zugrundeliegenden Werte sind Selbstverpflichtung und -verantwortung, Mut, Offenheit und Respekt.[214] Abbildung 7 zeigt die Methode Scrum in der Übersicht.

---

[211] vgl. Hanser, Eckhart (2010): Agile Prozesse: Von XP über Scrum bis MAP. 1. Auflage. Berlin, Heidelberg: Springer-Verlag, S. 61.

[212] Schwaber, Ken; Sutherland, Jeff (2017): Der Scrum Guide. Der gültige Leitfaden für Scrum: Die Spielregeln. Online verfügbar unter https://www.scrumguides.org/docs/scrum-guide/v2017/2017-Scrum-Guide-German.pdf. Letzter Zugriff am 28.04.2019, S. 3.

[213] Scrum wird im Folgenden dennoch als agile Methode bezeichnet.

[214] vgl. ebd., S. 4f.

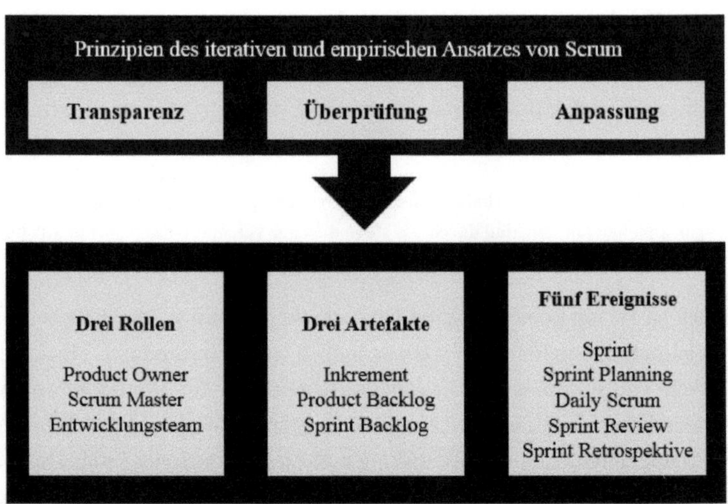

Abbildung 7: Die Scrum Methode im Überblick
(eigene Darstellung in Anlehnung an Kusay-Merkle (2018), S. 35)

Ein klassisches Scrum-Team besteht aus drei Rollen: dem Product Owner, dem Scrum Master sowie dem Development Team/ Entwicklungsteam. Der **Product Owner** hat die zentrale Verantwortung für das Produkt und den Erfolg sowie die Profitabilität des Produktes.[215] Er übernimmt die Sichtweise des Kunden und steuert die Entwicklung des Produktes in enger Zusammenarbeit mit dem Entwicklungsteam. Eine seiner Aufgaben ist das Anforderungsmanagement. Er erfasst die Anforderungen des Kunden, beschreibt diese im Produktkonzept und erfasst sie im Product Backlog.[216] Zudem werden die Anforderungen als Basis für die Arbeit des Teams priorisiert. Eine weitere Aufgabe ist das Release Management. Der Product Owner entscheidet über Funktionalität, Kosten und Termine während des Prozesses und fasst diese in einem Release Plan zusammen. Als Basis dient die Aufwandsschätzung, die von dem Entwicklungsteam vorgenommen wird. Des Weiteren ist der Product Owner für die Kommunikation mit dem Team und allen Beteiligten, insbesondere dem Endkunden, verantwortlich.[217] Weitere Aufgaben sind unter anderem Markt- und Wettbewerbsanalysen, umfassende Kundenbetreuung,

---

[215] vgl. Kusay-Merkle (2018), S. 37.
[216] Alle Scrum Artefakte werden zu einem späteren Zeitpunkt in diesem Kapitel näher erläutert.
[217] vgl. Hanser (2010), S. 62.

Machbarkeitsanalysen und die Schätzung voraussichtlicher Absatzzahlen.[218] Der Product Owner sollte von einer einzelnen Person repräsentiert werden. Seine Entscheidungen werden vom Team respektiert.[219]

Der **Scrum Master** ist verantwortlich für die Umsetzung der Scrum Werte und Methoden und unterstützt das Team, indem er Hindernisse und Probleme minimiert.[220] Im Auftrag vom Product Owner stellt er sicher, dass das Team die Ziele verstanden hat. Für die Umsetzung vermittelt er dem Team Techniken für die effektive Verwaltung des Product Backlogs und fördert das Verständnis für die einzelnen Einträge. Zudem wird ein Verständnis von Agilität und den damit einhergehenden Werten vermittelt. Daneben unterstützt der Scrum Master den Product Owner bei der Durchführung von Scrum Ereignissen.[221] Das Entwicklungsteam wird vom Scrum Master zur Selbstorganisation und funktionsübergreifender Teamarbeit gecoacht und bei der Entwicklung unterstützt, indem Hindernisse beseitigt und die notwendigen Rahmenbedingungen geschaffen werden. Für die Organisation kann ein Scrum Master bei der Einführung von Scrum im Unternehmen unterstützen und Scrum Implementierungen planen.[222] In der Regel wird diese Rolle, ähnlich wie der Product Owner, von einer Person ausgeführt.

Das **Entwicklungsteam** ist für die Entwicklung des Produktes verantwortlich. Das Team besteht in der Regel aus mindestens fünf und höchstens neun Mitgliedern und organisiert sich selbst. Demnach entscheiden die Teammitglieder eigenständig, welche Aufgaben in einem Sprint bearbeitet werden und wie die Verteilung der Verantwortlichkeiten aussieht. Es existiert hierbei kein Teamleiter. Eine weitere Eigenschaft eines Entwicklungsteams ist die Interdisziplinarität. Das Team sollte alle Fähigkeiten abdecken, die für das Erreichen des Projektziels notwendig sind. Jedes Mitglied sollte jede Aufgabe übernehmen können und Wissen weitergeben. Zudem sollte das Team unabhängig sein, sodass das Ziel ohne Externe erreicht werden kann.[223]

---

[218] vgl. Maximini, Dominik (2018): Scrum - Einführung in der Unternehmenspraxis: Von starren Strukturen zu agilen Kulturen. Berlin, Heidelberg: Springer-Verlag, S. 183f.

[219] vgl. Schwaber, Sutherland (2017), S. 7.

[220] vgl. Kusay-Merkle (2018), S. 37.

[221] Alle Scrum Ereignisse werden zu einem späteren Zeitpunkt in diesem Kapitel näher erläutert.

[222] vgl. Schwaber, Sutherland (2017), S. 8f.

[223] vgl. Hanser (2010), S. 63f.

Weitere Rollen sind neben dem Scrum-Team der Kunde, der Anwender und das Management. Der Kunde beauftragt die Produktentwicklung und ist budgetverantwortlich, übernimmt aber keine Projektverantwortung. Der Anwender ist der spätere Benutzer des Produktes und kann wertvolle Tipps geben, die er beispielsweise aus Erfahrungen mit dem Vorgängermodell abgeleitet hat. Das Management schafft die Rahmenbedingungen für das Projekt und löst die vom Scrum Master identifizierten Probleme im Projektumfeld. Eine Gefahr bei der Arbeit im Scrum Team ist ein Rollenmissbrauch. Oftmals übernimmt der Product Owner oder der Scrum Master die Rolle eines Projektleiters und verletzt dadurch die Autonomie des Teams.[224]

Der Scrum Prozess ist durch fünf Ereignisse gekennzeichnet. Scrum findet in Iterationszyklen, sogenannten Sprints, statt. Ein **Sprint** ist ein zeitlich begrenztes Ereignis von maximal vier Wochen, in dem ein Inkrement erarbeitet wird.[225] Der nächste Sprint beginnt direkt nach dem vorherigen. Ein Sprint beinhaltet ein Sprint Planning, Daily Scrums, Entwicklungsarbeit, den Sprint Review und eine Sprint Retrospektive.[226] Das **Sprint Planning** ist die erste gemeinsame Sitzung, in der die Arbeit für den kommenden Sprint geplant wird. Es wird festgelegt, welche Anforderungen abgearbeitet werden sollen und welche Aufgaben dafür notwendig sind. Die Entwicklung erfolgt im gesamten Scrum Team, das Ergebnis wird im Sprint Backlog festgehalten.[227] Während des Sprints findet jeden Tag um die gleiche Uhrzeit und am gleichen Ort ein **Daily Scrum** statt. In einem Zeitraum von etwa 15 Minuten plant das Entwicklungsteam die Arbeit für die nächsten 24 Stunden und überprüft die Arbeit seit dem letzten Daily Scrum. Dieses Ereignis findet intern im Entwicklungsteam statt und hat das Ziel, die Kommunikation im Team zu verbessern und zu beseitigende Hindernisse zu identifizieren.[228] Am Ende eines Sprints erfolgt, gemeinsam mit dem gesamten Scrum Team, der **Sprint Review**. Dieser dient der Überprüfung des Inkrements und der Anpassung des Product Backlogs. Hierbei wird das Inkrement vom Entwicklungsteam präsentiert und Feedback eingeholt. Zudem stellt das Entwicklungsteam Probleme dar und beantwortet Fragen zu dem Inkrement. Gemeinsam werden die nächsten Schritte erarbeitet und der

---

224 vgl. Hanser (2010), S. 67f.
225 vgl. Kusay-Merkle (2018), S. 36.
226 vgl. Schwaber, Sutherland (2017), S. 9.
227 vgl. Hanser (2010), S. 68.
228 vgl. Schwaber, Sutherland (2017), S. 12f.

Release Plan überprüft. Der Sprint Review sollte etwa vier Stunden in Anspruch nehmen.[229] Zwischen dem Sprint Review und dem nächsten Sprint Planning findet die **Sprint Retrospektive** statt. Hier wird in etwa drei Stunden der Sprint im Hinblick auf beteiligte Personen, Beziehungen, Prozesse und Werkzeuge überprüft und Verbesserungspotenzial identifiziert. Zudem wird ein Plan entworfen, wie Verbesserungsmaßnahmen konkret umgesetzt werden können.[230]

Während des Sprints sind drei Artefakte von Bedeutung: das Inkrement, das Product Backlog sowie das Sprint Backlog. Unter einem **Inkrement** wird das Ergebnis eines Sprints verstanden, das mit allen Inkrementen der vorherigen Sprints zu einem gemeinsamen Ergebnis integriert wird.[231] Das **Product Backlog** ist ein zentrales Dokument, um die Anforderungen an ein Produkt zu erfassen und zu verwalten. Es besteht aus Items, die die zu liefernden Funktionalitäten beschreiben.[232] Das Product Backlog wird kontinuierlich an die Entwicklung des Produktes angepasst. Es bildet ab, mit welchen Eigenschaften das Produkt ausgestattet sein muss, um seine Aufgaben angemessen zu erfüllen, im Wettbewerb zu bestehen und den angestrebten Nutzen zu bieten. Das Product Backlog wird immer wieder verfeinert (Refinement) was bedeutet, dass neue Details hinzugefügt werden und deren Priorisierung überarbeitet wird.[233] Das **Sprint Backlog** enthält eine Liste der Aktivitäten, die das Team innerhalb eines Sprints abarbeiten muss, um das Sprint-Ziel zu erreichen. Es ist das Resultat des Sprint Plannings. Größere Anforderungen werden dabei zerlegt, sodass sich kleinere Arbeitspakete bilden lassen. Das Sprint Backlog wird im Daily Scrum angepasst.[234] Die Artefakte bieten Transparenz und Möglichkeiten zur Überprüfung und Anpassung während des Sprints.[235]

---

[229] vgl. ebd., S. 13.
[230] vgl. ebd., S. 14.
[231] vgl. Kusay-Merkle (2018), S. 36.
[232] vgl. Hanser (2010), S. 73.
[233] vgl. Schwaber, Sutherland (2017), S. 15.
[234] vgl. Hanser (2010), S. 75.
[235] vgl. Schwaber, Sutherland (2017), S. 14.

5.4.2 Kanban

Das Wort **Kanban** stammt aus dem Japanischen und setzt sich aus den Wörtern *kan* (Signal) und *ban* (Karte) zusammen.[236] Das Kanban-System hat seinen Ursprung in der Produktion und wurde in den 1960er Jahren beim Toyota Produktionssystem eingesetzt. Die Kanban-Methode wurde 2007 von David J. Anderson auf die IT übertragen und gilt seitdem als agile Methode.[237] Ziel der Methode ist es, die Wertschöpfung entlang der Prozesskette zu optimieren.[238] Kanban eignet sich, wenn die Arbeiten in einer Wertschöpfungskette mehr Zeit in Anspruch nehmen als geplant, die Teammitglieder an vielen Arbeitspaketen gleichzeitig arbeiten und zwischen verschiedene Arbeiten hin und her wechseln.[239] Die Methode unterliegt drei Grundprinzipien, fünf Kernpraktiken und daraus abgeleiteten Grundwerten. Das erste Grundprinzip lautet *Starte mit dem, was du jetzt machst.* Der Status Quo wird als Ausgangspunkt für die Optimierung der Wertschöpfungskette gesehen. Das zweite Grundprinzip ist *Verfolge inkrementelle, evolutionäre Veränderungen.* Es beruht darauf, dass durch die Kanban Methode Probleme erkannt und eigenständig gelöst werden können und so eine Veränderung angestrebt wird. Das dritte Grundprinzip lautet *Respektiere initial Prozesse, Rollen, Verantwortlichkeiten und Jobtitel.*[240]

Die fünf Kernpraktiken haben eine handlungsweisende Funktion. Der Arbeitsfluss soll kontinuierlich visualisiert werden, indem alle Entwicklungsschritte des gesamten Prozesses beispielsweise durch ein Kanban Board[241] abgebildet werden. Während des Prozesses soll die Anzahl der angefangen Arbeitspakete limitiert werden. Zudem soll der Arbeitsfluss gemessen und gesteuert werden. Nach einer weiteren Kernpraktik sollen die Prozesse transparent gestaltet werden, damit sie von allen Beteiligten verstanden können. Gemeinsam sollen anhand der eigenen Erfahrungen Verbesserungen des Prozesses erarbeitet werden.[242] Weitere Werte für die Anwendung der Kanban-Methode sind Transparenz während des Prozesses z.B.

---

[236] vgl. Epping, Thomas (2011): Kanban für die Softwareentwicklung. Berlin, Heidelberg: Springer-Verlag, S. 23.

[237] vgl. Kusay-Merkle (2018), S. 42.

[238] vgl. Goll, Joachim; Hommel, Daniel (2015): Mit Scrum zum gewünschten System. Wiesbaden: Springer Fachmedien, S. 118.

[239] vgl. Kusay-Merkle (2018), S. 214.

[240] vgl. Goll, Hommel (2015), S. 124f.

[241] Die Funktionsweise eines Kanban Boards wird nachfolgend im Text erläutert.

[242] vgl. ebd., S. 125f.

durch ein Kanban Board, Balance zwischen Arbeitslast und Kapazität durch die limitiere Anzahl der Arbeitspakete, Kooperation im Team sowie die Vorhersehbarkeit und Gleichmäßigkeit des Arbeitsflusses. Weiterhin sollen die Bedürfnisse des Kunden berücksichtigt werden, sodass eine Anpassung an Veränderungen möglich ist. Zuletzt gilt es, die Ist-Situation zu verstehen und zu respektieren, um das System entsprechend verändern zu können.[243] Ein weiteres wichtiges Prinzip ist das **Pull Prinzip**. Aufgaben werden nicht entlang der Wertschöpfungskette in die nächste Phase geschoben (Push) sondern vielmehr in jeder Phase aus der vorherigen gezogen (Pull). Das Prinzip fördert die eigenverantwortliche Arbeit der Mitarbeiter. Aufgaben werden nicht an Mitarbeiter verteilt, sondern die Mitarbeiter nehmen sich eine neue Aufgabe, wenn sie dazu bereit sind.[244]

Die Kanban Methode beinhaltet verschiedene Begrifflichkeiten und Messgrößen. Der Anspruch an Kanban ist laut David J. Anderson: *„Value first, then flow, then waste reduction/elimination."*[245] **Value** bezeichnet den Geschäftswert der Arbeit aus Sicht des Auftraggebers. Jede Arbeit muss einen Wert für den Auftraggeber erzielen, andernfalls wird sie eliminiert. **Flow** bezeichnet den gleichmäßigen Arbeitsfortschritt auf Seite des Auftragnehmers. Der Arbeitsfortschritt kann aufgegeben werden, wenn dadurch ein höherer Geschäftswert erzielt werden kann. Unter **waste** wird jeglicher Ballast verstanden, der den Wert und den gleichmäßigen Arbeitsfortschritt verlangsamt oder behindert. Dieser Ballast muss beseitigt werden, jedoch wird die Eliminierung dem Geschäftswert und Arbeitsfortschritt untergeordnet.[246] Die wichtigsten Messgrößen sind die Cycle Time, die Lead Time sowie Work in Progress. **Cycle Time** beschreibt die Zeit, die sich ein Arbeitspaket in einem Abschnitt des Prozesses befindet. **Lead Time** ist die Zeit, die zwischen Aufnahme des Arbeitspaketes in den Prozess bis zur Auslieferung des Ergebnisses vergeht. **Work in Progress** bezeichnet die Anzahl der parallel bearbeiteten Arbeitspakete im Wertschöpfungsprozess.[247] Diese ist, wie oben bereits beschrieben, limitiert. Die Messgrößen dienen als Kennzahlen für den Erfolg der Kanban-Methode. Je kürzer die Bearbeitungs- und Lieferzeit sind, desto höher der Geschäftswert.

---

243 vgl. Kusay-Merkle (2018), S. 216–222.

244 vgl. Epping (2011), S. 55.

245 ebd., S. 25.

246 vgl. Epping (2011), S. 25ff.

247 vgl. Goll, Hommel (2015), S. 121f.

Eines der wichtigsten Bestandteile der Methode ist das Kanban Board. Das **Kanban Board** dient der Visualisierung des Arbeitsflusses. Das Board wird in vertikale Spalten aufgeteilt, die eine Abfolge von Prozessschritten oder Abschnitten der Wertschöpfungskette abbilden. Die Spalten könnten beispielsweise folgendermaßen benannt werden: *backlogs to do, als nächstes, Konzeption, Verfeinerung, fertig*. Sogenannte Tickets, also Karten auf dem Kanban Board, repräsentieren die Arbeitspakete.[248] Jedes Ticket enthält eine eindeutige Nummerierung, eine Kurzbeschreibung des Arbeitspaketes, Hinweise zu dem Arbeitspaket, den geschätzten Aufwand für die Entwicklung, das Eintritts- und Austrittsdatum in den Wertschöpfungsprozess sowie die beteiligten Personen. Die Anzahl der Tickets pro Spalte wird durch den Work in Progress limitiert.[249]

Bei Kanban gibt es zwei wichtige Ereignisse: Stand-Ups und Retrospektiven. Ein **Stand-Up** ist ein Treffen aller Personen eines Teams, das im Stehen durchgeführt wird, um die Konzentration zu fördern. Es findet, ähnlich wie ein Daily Scrum, täglich am gleichen Ort und zur gleichen Uhrzeit für maximal 15 Minuten statt. Ziel ist eine rollenübergreifende inhaltliche Abstimmung, bei der jede Person einen Beitrag liefert. Die wesentlichen Fragen sind: *Was habe ich seit dem letzten Stand-Up getan?, Was werde ich bis zum nächsten Stand-Up tun?* und *Was hindert mich derzeit bei meiner aktuellen Arbeit?*. **Retrospektiven** sind ebenfalls Treffen aller Personen im Team, die der organisatorischen Verbesserung durch Identifikation von Hindernissen dienen. Sie finden in regelmäßigen Abständen, z.B. im Wochen- oder Monatsrhythmus, statt. Die Teilnehmer schildern ihre subjektiven Eindrücke und Beobachtungen, fassen sie zu Mustern zusammen, wählen bestimmte Themen aus und entwickeln Maßnahmen zur Vermeidung der Hindernisse. Die Retrospektiven sind Auslöser für neue Anforderungen oder Veränderungen.[250]

Ein Vorteil der Methode ist der geringe Aufwand für die Implementierung, da diese beim Ist-Zustand ansetzt. Zudem beruht die Methode auf einfachen Regeln, die leicht verständlich sind. Ein weiterer Vorteil ist, dass der Arbeitsfluss und die Fertigstellung von Arbeiten in kurzer Zeit verbessert werden können.[251]

---

[248] vgl. Kusay-Merkle (2018), S. 42ff.
[249] vgl. Epping (2011), S. 115f.
[250] vgl. Epping (2011), S. 123–127.
[251] vgl. Kusay-Merkle (2018), S. 43.

Scrum und Kanban haben viele Gemeinsamkeiten. Sie sind beide agil und liefern das Produkt inkrementell aus. Des Weiteren setzen beide Ansätze auf selbstorganisierte Teams und betonen Transparenz sowie die stetige Verbesserung.[252] Dabei wird bei Scrum die Zeit, in der die Arbeit geleistet wird, limitiert (Sprints), wohingegen bei Kanban die Menge der Arbeit, die sich in einem System befinden darf (Work in Progress) limitiert ist. Zudem schreibt Scrum im Gegensatz zu Kanban drei feste Rollen vor. Ein weiterer Unterschied ist, dass Scrum Iterationen in fest definierten und geplanten Zeitrahmen (Sprints) bestimmt. Bei Kanban sind Iterationen optional.[253]

5.5 Restriktionen von Agilität

Agilität und agile Transformation gewinnen zunehmend an Relevanz, um das eigene Unternehmen an das dynamische Umfeld anzupassen. Dennoch kann Agilität nicht als Patentlösung für jedes Unternehmen und jede Herausforderung gesehen werden. Agilität eignet sich für komplexe Aufgabenstellungen oder Branchen, die einer hohen Dynamik unterliegen und in denen folglich keine langfristige Planung möglich ist. In Bereichen mit hoher Standardisierung, wie bei der Buchhaltung oder bei Behörden, ist es dagegen weniger sinnvoll, agile Methoden oder ein agiles Mindset zu implementieren. Die Anwendbarkeit von Agilität muss je nach individueller Aufgabenstellung oder Struktur im Unternehmen diskutiert werden.

Agilität lebt von Veränderungsbereitschaft und Lernerfahrungen. Dementsprechend geht die agile Transformation mit der Veränderung der Unternehmenskultur und des Mindsets der beteiligten Menschen einher. Häufig scheitert die Transformation eines Unternehmens an einer oberflächlichen Einführung. Agilität bedeutet nicht einfach die Etablierung von neuen Begriffen und Methoden wie beispielsweise Scrum, sondern vielmehr die Bereitschaft, der Mitarbeiter und insbesondere der Führungskräfte, Agilität in ihr Mindset zu integrieren. *„Organisationen verändern nicht, Menschen tun es."*[254] Die Wirkung einer Organisation ist abhängig von dem Handeln ihrer zugehörigen Personen. Mitarbeiter, die es bisher gewohnt waren, Aufgaben durch ihren Vorgesetzten zugewiesen zu bekommen, müssen

---

[252] vgl. Goll, Hommel (2015), S. 132.

[253] vgl. Kusay-Merkle (2018), S. 46.

[254] Weilbacher, Jan C. (2017): "Die agile Organisation ist kalter Kaffee". Online verfügbar unter https://www.humanresourcesmanager.de/news/die-agile-organisation-ist-kalter-kaffee.html. Letzter Zugriff am 03.05.2019.

zukünftig eigenverantwortlich handeln und Entscheidungen treffen. Führungskräfte erleben eine Veränderung ihrer Rolle und müssen als Coach fungieren. Hierarchien werden aufgebrochen und formieren sich neu. Diese geforderten fundamentalen Veränderungen für die agile Transformation ereignen sich häufig nicht.

Zudem birgt die Schnelligkeit von Agilität Risiken. Die Arbeit in interdisziplinären Teams verhindert Kontakte innerhalb von Expertengruppen und erschwert den Aufstieg für Nachwuchstalente aufgrund der geringen Anzahl an Führungspositionen. Insbesondere Führungskräfte im mittleren Management werden mit autonomen Teams und gleichzeitig strikten Termin- und Budgetvorgaben konfrontiert. Ein weiteres Risiko ist, dass die Arbeit in Sprints die Arbeitsbelastung anfänglich erhöht, da die Teams noch nicht über die Erfahrungen verfügen, einen Sprint richtig zu koordinieren.

Nicht zuletzt müssen auch die bisherigen Modelle beachtet werden. Bereits 1970 hat der Zukunftsforscher Alvin Toffler eine *flexible Firma* gefordert. 1990 sprach Peter M. Senge von einer *lernenden Organisation*.[255] Diese Beispiele zeigen, dass das Konzept, das hinter organisationaler Agilität steht, schon sehr viel häufiger thematisiert wurde. Es ist zu hinterfragen, ob Agilität lediglich einen neuen Begriff für vorhandene Modelle darstellt, oder ein Trend ist, der Arbeitswelten nachhaltig verändern wird.

---

[255] ebd.

Teil II: Analyse der Arbeitswelten aus externer und interner Perspektive

Bereits im vorherigen Teil wurden Veränderungen des Arbeitsverständnisses aufgezeigt. Konzepte wie Employability und neue individuell gesteuerte Karrierewege gewinnen an Bedeutung. Diese Veränderungen lassen sich auf weitreichendere Entwicklungen in den Arbeitswelten zurückzuführen. Es entstehen neue Herausforderungen, die es zu identifizieren und zu bewältigen gilt.

Zur Identifizierung der relevanten Faktoren werden in diesem Teil der Arbeit entsprechende Analysen erstellt. Zunächst erfolgt mit der PESTEL-Analyse eine Untersuchung der externen Perspektive, um aus verschiedenen Segmenten wesentliche Einflussfaktoren herauszuarbeiten (Kapitel 5). Diese Einflussfaktoren werden hinsichtlich ihrer Bedeutsamkeit und ihrer Konsequenzen in Bezug auf die Arbeitswelten im Allgemeinen und Karriereverläufe im Speziellen untersucht.

Die interne Perspektive wird durch die Auswertung der Shell Jugendstudie von 2015 dargestellt (Kapitel 6). Dabei wird die Erwartungshaltung der zukünftigen Erwerbstätigen untersucht. Zunächst werden die Kernaussagen der Studie erläutert. Besonderer Fokus liegt hierbei auf den Erwartungen der Generation Y im Hinblick auf ihre Berufstätigkeit, da sie als Basis für die Ausarbeitung eines neuen Karrierekonzeptes gesehen werden können.

6 Arbeitswelten im Umbruch: Veränderte Rahmenbedingungen der VUCA-Welt

Die Arbeitswelten sind im Umbruch. Unternehmen sehen sich mit veränderten Rahmenbedingungen konfrontiert, die weitreichende Auswirkungen auf Geschäftsprozesse, Tätigkeitsfelder und Arbeitsbedingungen haben. Diese müssen entsprechend neu gestaltet werden, um den daraus resultierenden Anforderungen gerecht zu werden. Die Veränderungen sind gekennzeichnet durch stetige und wechselhafte Veränderungen, unklare Umstände, hohe Komplexität und widersprüchliche bzw. mehrdeutige Situationen. In diesem Zusammenhang wird von der VUCA-Welt gesprochen.[256] Das Akronym **VUCA** steht für Volatilität (*volatility*), Unsicherheit (*uncertainty*), Komplexität (*complexity*) und Ambiguität (*ambiguity*). Volatile Rahmenbedingungen sind durch häufige Veränderungen charakterisiert, die im zeitlichen Verlauf eine hohe Schwankungsintensität aufweisen. Unsicherheit beschreibt Situationen, in denen Informationen fehlen und Ursachen bzw. Folgewirkungen unklar sind. Präzedenzfälle liegen nicht vor, sodass bisherige Erfahrungen oder Vorgehensweisen nur begrenzt übertragen werden können. Eine große Menge an Informationen und eine hohe Anzahl an Einflussfaktoren, die in gegenseitiger Abhängigkeit zueinander stehen, kennzeichnen komplexe Situationen. Relevante Aspekte sind nur teilweise bekannt bzw. können bedingt prognostiziert werden. Wenn Informationen, die als Entscheidungsgrundlage zur Verfügung stehen, mehr- oder doppeldeutig sind bzw. widersprüchliche Schlüsse zulassen, wird von Ambiguität gesprochen. Hierbei können aus verschiedenen Entscheidungsoptionen jeweils Vor- und Nachteile entstehen, sodass eine abschließende Bewertung schwer fällt.[257] Ziel dieses Kapitels ist es, die Entwicklungen der VUCA-Welt auf die Arbeitswelten zu beziehen. Im Folgenden werden aus der externen Perspektive die Einflussfaktoren herausgearbeitet, die einen Einfluss auf Arbeitswelten und Karriereverläufe haben. Hierzu wird die PESTEL-Analyse als Instrument verwendet, das im nächsten Abschnitt zunächst vorgestellt wird (Kapitel 5.1). Im Anschluss daran wird das methodische Vorgehen bei der Identifizierung relevanter Einflussfaktoren

---

[256] VUCA stammt ursprünglich aus dem militärischen Bereich und beschreibt die neuen Bedingungen der modernen Kriegsführung (z.B. asymmetrische Kriegsführung, Selbstmordattentate, etc.), die von einer Kriegsführung mit klaren Frontlinien abweichen (vgl. Gläser, Waltraud (2019): Woher kommt der Begriff "VUCA"? Online verfügbar unter https://www.vuca-welt.de/woher-kommt-vuca-2/. Letzter Zugriff am 28.06.2019).

[257] vgl. ebd.; Moskaliuk, Johannes (2019): Beratung für gelingende Leadership 4.0. Praxis-Tools und Hintergrundwissen für Führungskräfte. Wiesbaden: Springer Fachmedien, S. 2.

aufgezeigt (Kapitel 6.2). Im Hauptteil dieses Kapitels erfolgt eine Beschreibung der Faktoren und deren Auswirkungen auf Karriereverläufe (Kapitel 6.3 bis 5.7). Abschließend werden die Herausforderungen für Unternehmen und Beschäftigte aufgezeigt (Kapitel 5.8).

6.1 Die PESTEL-Analyse als Instrument zur Betrachtung der Makroumwelt

Die **PESTEL**-Analyse (Akronym für *political, economical, social, technological, environmental, legal*) ist ein Instrument der strategischen Analyse, mit der die Faktoren der Umwelt untersucht werden, die für die darin tätigen Akteure einen Einfluss auf deren Entscheidungen und Handlungsspielräume haben. Es existieren verschiedene Methoden der strategischen Analyse, die sich in ihrem Umfang und ihrer Ausrichtung unterscheiden. Einige Instrumente betrachten unter anderem unternehmensbezogene Faktoren (z.B. SWOT-Analyse) oder beziehen wettbewerbsbezogene Kriterien in die Analyse ein (z.B. Porter's Five Forces). Während die ermittelten Faktoren aus der Wettbewerbs- oder Unternehmensanalyse weitestgehend kontrolliert oder beeinflusst werden können, geben die Ergebnisse der PESTEL-Analyse den Rahmen vor, dem sich die Anspruchsgruppen unterordnen müssen. Eine Einflussnahme ist gar nicht oder eingeschränkt möglich. Ziel der Analyse ist die Identifizierung von Entwicklungen und deren Konsequenzen aus verschiedenen Umweltsegmenten, um auf dieser Basis Entscheidungen in Bezug auf die strategische Ausrichtung treffen zu können.[258]

Die PESTEL-Analyse unterteilt die Umwelt in die folgenden sechs Segmente:[259]

1. **Politische Umwelt** (*political*): Hier werden die Einflüsse untersucht, die von staatlichen oder behördlichen Einrichtungen ausgehen. Dabei geht es beispielsweise um das Verhältnis zu anderen Ländern, Subventionspolitik oder politische Stabilität.

---

[258] vgl. Welge, Martin K.; Al-Laham, Andreas; Eulerich, Marc (2017): Strategisches Management. Grundlagen - Prozess - Implementierung. 7. überarbeitete und aktualisierte Auflage. Wiesbaden: Springer Fachmedien, S. 302.

[259] vgl. Müller-Stewens, Günter (2016): Strategisches Management. Wie strategische Initiativen zum Wandel führen. 5. überarbeitete Auflage. Stuttgart: Schäffer-Poeschel Verlag, S. 186.

2. **Ökonomische Umwelt** (*economical*): Relevante Einflussfaktoren dieses Segments sind Faktoren wie Inflationsraten, Wachstumsraten oder Arbeitslosenraten. Zudem wirken sich Steuerbelastungen, Wechselkurse oder Zinsniveaus prägend auf Güter- und Kapitalmärkte aus, indem sie das Angebots- und Nachfrageverhalten beeinflussen. Darüber hinaus werden Arbeitsmarktentwicklungen zu den ökonomischen Faktoren gezählt, da sie ebenfalls eine gesamtwirtschaftliche Entwicklung darstellen.

3. **Soziale Umwelt** (*social*): In diesem Segment werden sozio-kulturelle Faktoren aufgeführt, die einerseits Gesellschaftsstrukturen beeinflussen (z.B. demografische Entwicklungen) und die andererseits zu veränderten Werteinstellungen führen. Zudem gehören Kriterien wie Einkommensverteilung, Mobilitätsverhalten oder Ausbildungsqualität zu den sozio-kulturellen Faktoren.

4. **Technologische Umwelt** (*technological*): Hier werden die technologischen Entwicklungen analysiert, die einerseits neue Produkte hervorbringen und andererseits Produktionsprozesse und Arbeitsformen reformieren, wodurch sich veränderte Wertschöpfungsketten ergeben. Weiterhin zählen staatliche oder private Ausgaben für Forschung und Entwicklung zu den Einflussfaktoren dieses Segments.

5. **Ökologische Umwelt** (*environmental*): Ökologische Umweltfaktoren setzen sich aus klimatischen Bedingungen und geografischen Besonderheiten sowie der Ressourcenverfügbarkeit eines Landes zusammen. Darüber hinaus werden Unternehmen zunehmend vom Klimawandel und dem wachsenden Umweltbewusstsein von Kunden und Mitarbeitern beeinflusst.

6. **Rechtliche Umwelt** (*legal*): Rechtliche Umweltfaktoren beschreiben den Einfluss des Gesetzgebers auf Unternehmen, Behörden und andere Akteure des Umfeldes, deren Handlungsspielraum beispielsweise durch Arbeitsrecht, Wettbewerbsrecht, Steuerrecht, etc. geregelt wird.

Bei der Analyse werden dabei je Segment jeweils diejenigen Faktoren analysiert, die das Umfeld künftig entscheidend prägen werden und dadurch einen relevanten Einfluss haben. Um entsprechend reagieren zu können und Strategien zur Bewältigung der anstehenden Herausforderungen zu entwickeln, ist es wichtig, nicht nur eine Auflistung der erwarteten Entwicklungen zu erstellen. Vielmehr müssen die Faktoren auf ihre Eintrittswahrscheinlichkeit sowie den Zeitpunkt und das Ausmaß der Veränderungen überprüft werden, um strategische Entscheidungen nicht auf Basis falscher Annahmen zu treffen und eine Informationsflut zu vermeiden.[260] Ein Vorteil dieser Analyse ist die branchenübergreifende Betrachtung der Faktoren, die einen umfangreichen Blick auf das Marktumfeld zulässt.[261] Des Weiteren kann die Analyse dabei helfen, die Wechselwirkungen von Umweltveränderungen besser abzuschätzen. So könnte beispielsweise eine neue Regierungspartei eine Veränderung der Besteuerung beschließen, die wiederum einen Effekt auf die Zahlungsfähigkeit der Kunden hat.[262]

Aufgrund ihres allgemeinen Charakters kann diese Art der Umweltanalyse jedoch für die spezielle strategische Zielerreichung einer Branche oder eines Unternehmens möglicherweise nicht geeignet sein.[263] Eine tiefgreifende und quantitative PESTEL-Analyse benötigt spezielle Marktanalysen und Zeit. Die quantitative Analyse kann hierbei mehrere Monate andauern und ist für Unternehmen mit hohen zeitlichen und finanziellen Aufwänden verbunden. Daher tendieren insbesondere kleine und mittelständische Unternehmen häufig zu einer oberflächlichen Umweltanalyse ohne quantitative Auswertung.[264] Weiterhin gestaltet sich die klare Abgrenzung von politischen und rechtlichen Umweltfaktoren in der Praxis als problematisch. Durch die enge Verzahnung von politischen Entscheidungen, die in rechtlichen Veränderungen resultieren können, ist eine klare Trennung der politischen und rechtlichen Umweltfaktoren oft nicht möglich beziehungsweise notwendig. Die Analyse von ökologischen Umweltfaktoren kann darüber hinaus den soziokulturellen Faktoren zugeordnet werden, wenn sie sich auf die Einstellungen von Konsumenten bezieht oder gemeinsam mit den politischen bzw. den rechtlichen Faktoren aufgeführt werden, wenn Umweltgesetze beschrieben werden. In der Literatur wird die Methode daher regelmäßig auch *PESTE*, *STEEP*, *STEP* oder *PEST* genannt, welche politische und rechtliche Umweltfaktoren gemeinsam analysiert bzw. die ökologischen Faktoren anderen Segmenten zuordnet.[265] Die fehlende Einbeziehung der Geschäftsführung in die Analyse, Probleme bei der Übertragung von

---

260 vgl. Müller-Stewens (2016), S. 186f.

261 vgl. Fleisher, Craig S.; Bensoussan, Babette E. (2015): Business and Competitive Analysis. Effective Application of New and Classic Methods. 2. Auflage. New Jersey: Pearson Education, Inc., S. 235.

262 vgl. Person, Ron (2013): Balanced Scorecards and Operational Dashboards with Microsoft Excel. 2. Auflage. Indianapolis, Indiana: John Wiley & Sons, Ltd, S. 25f.

263 vgl. Fleisher, Bensoussan (2015), S. 235.

264 vgl. Person (2013), S. 25f.

265 vgl. Steuernagel, Axel (2017): Strategische Unternehmenssteuerung im digitalen Zeitalter. Theorien, Methoden und Anwendungsbeispiele. Wiesbaden: Springer Fachmedien, S. 61.

möglichen Chancen in Umsetzungspläne und fehlende Ressourcen sind weitere Schwächen des Instruments. Zudem können Ungenauigkeiten der quantitativen Analyse beispielsweise aufgrund von Mehrdeutigkeiten dazu führen, dass Ergebnisse in Frage gestellt werden.[266]

6.2 Methodisches Vorgehen bei der Analyse der Arbeitswelten

Im Rahmen dieser Arbeit wird die PESTEL-Analyse als Instrument genutzt, um eine systematischen Umweltanalyse der sich verändernden Arbeitswelten und Karriereverläufe durchzuführen. Informationen, die ein Unternehmen oder den Wettbewerb betreffen, liegen einerseits nicht vor und werden andererseits auch zur Entwicklung eines neuen Karrierekonzeptes nicht benötigt, da eine unternehmensunabhängige Ausgestaltung angestrebt wird. Vielmehr sind es die Erkenntnisse aus der Makroumweltanalyse, welche die veränderten Anforderungen aus verschiedenen Perspektiven aufdecken und die Ausarbeitung des Karrierekonzeptes prägen.

Die Untersuchung der Einflussfaktoren umfasst in dieser Arbeit zwar die sechs im letzten Abschnitt beschriebenen Segmente, es erfolgt jedoch eine Zusammenlegung der politischen und rechtlichen Faktoren. Vor diesem Hintergrund wird im Folgenden die Bezeichnung PESTE-Analyse verwendet. Die Ausarbeitung der ökologischen Kriterien findet separat statt. Einzelne Faktoren können dabei gleichzeitig verschiedenen Segmenten zugeordnet werden. Die Zuteilung wird in dieser Arbeit überwiegend so vorgenommen, dass das gewählte Segment die Ursache des Einflussfaktors widerspiegelt, auch wenn die Auswirkungen einem anderen Bereich zuzuordnen sind (z.B. politische Handelskonflikte mit Auswirkung auf Konjunkturentwicklungen). Die Darstellung der ökologischen Faktoren weicht hiervon in Teilen ab, denn die Etablierung von ressourcenschonenden Arbeitsmethoden (z.B. Sharing Economy) hat nicht nur ökologische, sondern auch ökonomische Ursachen. Die Autoren haben zur Zuteilung der Faktoren auf Basis ihrer eigenen Erfahrungswerte Klassifizierungen vorgenommen und Annahmen getroffen.

Bei der PESTE-Analyse ist eine Untersuchung von Trends und künftigen Einflussfaktoren üblich. In dieser Arbeit werden jedoch auch Entwicklungen dargestellt, die schon in der Gegenwart wirksam geworden sind und somit bereits jetzt einen Einfluss auf Karriereverläufe haben (z.B. Globalisierung oder demografischer Wandel). Hiermit soll sichergestellt werden, dass die wesentlichen Faktoren, die einen

---

[266] vgl. Fleisher, Bensoussan (2015), S. 153f.

Einfluss auf die Arbeitswelten haben, aufgezeigt werden. Vor diesem Hintergrund wird davon abgesehen, die Eintrittswahrscheinlichkeiten der einzelnen Kriterien zu bewerten. Einige der Faktoren stellen aktuelle Entwicklungen dar, sie sind also schon eingetreten. Für die restlichen Faktoren liegen keine belastbaren Informationen vor, die eine entsprechende Bewertung zulassen. Bei der Datenerhebung wurden zudem Themenfelder identifiziert, die potenziell zu Einflussfaktoren werden können, deren Einfluss aber in dieser Arbeit aufgrund ihres Umfangs nicht herausgestellt werden konnte. Diese Kategorien werden daher nur in einem übergeordneten Gesamtkontext (z.B. Künstliche Intelligenz unter Digitalisierung) erwähnt.

Die Zusammenstellung der Daten basiert auf einer ersten Ideensammlung der Autoren, bei der übergeordnete (Mega-)Trends[267] wie Individualisierung, Digitalisierung, Globalisierung oder demografischer Wandel als relevante Einflussfaktoren identifiziert wurden. Die verschiedenen Themenfelder wurden im Anschluss mittels Internet- und Literaturrecherche um weitere Trends und aktuelle Entwicklungen ergänzt und konkretisiert. Quellen für die Datenrecherche stellten dabei die Onlineversionen verschiedener Magazine und Zeitschriften (z.B. Die Welt, Spiegel Online, Zeit Online, etc.), verschiedene Beiträge des Zukunftsinstituts, weitere Onlineportale und verschiedene Beiträge aus der aktuellen Literatur dar.[268]

Neben Faktoren, die einen unmittelbaren Einfluss auf Arbeitswelten und Karriereverläufe haben, werden auch einige wenige übergeordnete Themenfelder (z.B. Konjunkturentwicklung und Außenhandelsbeziehungen) beleuchtet, um den Gesamtkontext der übrigen Faktoren darzustellen. Einige Faktoren beeinflussen nicht nur die Arbeitswelten, sondern haben weitreichende Konsequenzen (z.B.

---

[267] *„Megatrends [...] [sind] Veränderungen, die [...] schon lange prägen und auch noch lange prägen werden. Megatrends sind Tiefenströmungen des Wandels. Als Entwicklungskonstanten der globalen Gesellschaft umfassen sie mehrere Jahrzehnte. Ein Megatrend wirkt in jedem einzelnen Menschen und umfasst alle Ebenen der Gesellschaft: Wirtschaft und Politik, sowie Wissenschaft, Technik und Kultur. Megatrends verändern die Welt - zwar langsam, dafür aber grundlegend und langfristig.“* (Zukunftsinstitut (2018): Megatrends. Online verfügbar unter https://www.zukunftsinstitut.de/dossier/megatrends/. Letzter Zugriff am 29.05.2019).

[268] vgl. u. a. Rump, Eilers (2017a), S. 4ff.; Stock-Homburg, Ruth (2013c): Zukunft der Arbeitswelt 2030 als Herausforderung des Personalmanagements. In: Stock-Homburg, Ruth (Hrsg.): Handbuch Strategisches Personalmanagement. 2. überarbeitete und erweiterte Auflage. Wiesbaden: Springer Fachmedien. S. 603–630, S. 603ff.; Ternès, Anabel (2018): Digitale Transformation - HR vor enormen Herausforderungen. In: Ternès, Anabel; Wilke, Clarissa-Diana (Hrsg.): Agenda HR - Digitalisierung, Arbeit 4.0, New Leadership. Was Personalverantwortliche und Management jetzt nicht verpassen sollten. Wiesbaden: Springer Fachmedien. S. 3–12, S. 3ff.; Werther, Bruckner (2018), S. 1ff.

demografischer Wandel oder Digitalisierung). In dieser Arbeit werden die Kriterien erläutert, die für die Darstellung der Veränderungen der Arbeitswelten relevant sind. Viele der identifizierten Faktoren haben international Gültigkeit, werden aber in dieser Arbeit nur in Bezug auf Deutschland ausgewertet. Die Entwicklung des Karrierekonzeptes findet unter anderem in Anlehnung an die Ergebnisse einer Befragung unter deutschen Jugendlichen bzw. unter Jugendlichen, die in Deutschland leben, statt. Vor diesem Hintergrund werden nur die kulturellen Besonderheiten dieser Gruppe berücksichtigt, sodass eine Analyse von Einflussfaktoren im internationalen Kontext nicht relevant ist.

Als herausfordernd wurde bei der Erhebung der Daten der große Umfang der Informationen empfunden. Viele Kriterien beeinflussen Unternehmen und haben mittelbar auch Auswirkungen auf die Arbeitswelten. Nicht in jedem Fall können aber auch Auswirkungen auf Karriereverläufe festgestellt werden, wodurch einige Einflussfaktoren für die Analyse in dieser Arbeit nicht von Relevanz sind. Bei anderen Faktoren sind wiederum Auswirkungen vorstellbar, aufgrund ihrer Komplexität und Abhängigkeit von anderen Entwicklungen sind diese jedoch wenig greifbar und werden daher in dieser Arbeit nicht dargestellt. Zudem liegen zu einigen Themenfeldern keine einheitlichen Definitionen oder Abgrenzungen vor (z.B. Digitalisierung), sodass sich die eindeutige Benennung der Auswirkungen als schwierig herausgestellt hat. Je Segment werden die wesentlichsten Kriterien genannt. Von einer vollständigen Analyse aller Einflussfaktoren wird abgesehen, da die dargestellten Entwicklungen die Veränderungen der Arbeitswelten deutlich machen. Zudem haben weitere Faktoren eher unwesentliche Auswirkungen, sodass keine neuen Erkenntnisse für ein alternatives Karrierekonzept abgeleitet werden können. Die Bewertung der Wesentlichkeit der Faktoren wurde zunächst auf Grundlage der persönlichen Einschätzung der Autoren vorgenommen. Es erfolgte zudem ein Abgleich dieser Faktoren mit verschiedenen wissenschaftlichen Beiträgen zur Entwicklung der Arbeitswelten.[269]

In den folgenden Abschnitten werden die Einflussfaktoren der verschiedenen Segmente der PESTE-Analyse dargestellt und deren Auswirkung auf Arbeitswelten und Karriereverläufe beschrieben. Die Auswirkungen basieren dabei teilweise auf Informationen aus belegbaren Quellen und teilweise auf Annahmen der Autoren. Es handelt sich bei den Faktoren sowohl um (Mega-)Trends (z.B. Neo-Ökologie)

---

[269] vgl. u. a. Rump, Eilers (2017a), S. 4ff.; Stock-Homburg (2013c), S. 603ff.; Ternès (2018), S. 3ff.; Werther, Bruckner (2018), S. 1ff.

und dazugehörige Subtrends (z.B. Sharing Economy) als auch um aktuelle Geschehnisse und Rechtsprechungen (z.B. Urteil zur Zeiterfassung des EuGH). Die Daten wurden im Zeitraum Mitte Mai bis Anfang Juli 2019 erhoben, Veränderungen, die sich zu einem späteren Zeitpunkt ergeben haben, werden nicht berücksichtigt.

6.3 Politisch-rechtliche Einflussfaktoren

Sowohl der **Handelskonflikt** zwischen den USA und China als auch der drohende **Brexit** bestimmen im Bearbeitungszeitraum Geschäftsbeziehungen, Entscheidungsfindungen und Konjunkturentwicklungen. Zum einen spüren auch europäische Firmen mit Sitz in China die Folgen des Handelskonfliktes, zum anderen trägt dieser auch im europäischen Raum zu erschwerten Geschäftsentscheidungen und negativen Wachstumsauswirkungen bei.[270] Verschiedenen Institute senkten vor diesem Hintergrund ihre Wachstumsprognosen für die deutsche Wirtschaft für 2019 und 2020 teilweise deutlich.[271] Dennoch verlagern zunehmend mehr Unternehmen ihren Standort von Großbritannien nach Deutschland, da sie die Konsequenzen eines unorganisierten Brexits fürchten. Auch andere ausländische Firmen siedeln sich trotz der angespannten wirtschaftlichen Lage und der abgesenkten Wachstumsprognosen in Deutschland an.[272]

Insbesondere die Abschwächung der Wirtschaft sowie der Handelskonflikt wirken sich unmittelbar auch auf die Konjunktur und damit den Arbeitsmarkt in Deutschland aus. In der Folge rechnen immer mehr Industrieunternehmen mit Kurzarbeit. In den kommenden drei Monaten soll nach einer Umfrage des ifo Instituts der

---

[270] vgl. Crolly, Hannelore (2019): Konjunkturabschwung. Und plötzlich ist Deutschland das Problem. Online verfügbar unter https://amp.welt.de/wirtschaft/article193123621/EU-Konjunkturprognose-Deutschland-ist-ploetzlich-das-Problem.html. Letzter Zugriff am 18.06.2019; Fritz, Joshua (2019): Europas Wirtschaft wird von vielen Seiten bedroht, warnt ein Ökonom. Hrsg. von Business Insider Deutschland. Online verfügbar unter https://www.businessinsider.de/europas-wirtschaft-wird-von-vielen-seiten-bedroht-warnt-ein-oekonom-2019-6. Letzter Zugriff am 18.06.2019; manager magazin (2019a): Trübe Konjunkturaussichten in Deutschland. Wirtschaftsforscher erwarten nur noch weniger als 1 Prozent Wachstum. Online verfügbar unter https://www.manager-magazin.de/politik/deutschland/deutschland-bruttoinlandsprodukt-wird-2019-um-weniger-als-1-prozent-steigen-a-1272280.html. Letzter Zugriff am 18.06.2019; Spiegel Online (2019): EU-Firmen in China leiden unter Handelskonflikt mit den USA. Online verfügbar unter https://www.spiegel.de/wirtschaft/unternehmen/handelsstreit-zwischen-usa-und-china-auch-eu-firmen-leiden-a-1268302.html. Letzter Zugriff am 20.05.2019.

[271] vgl. manager magazin (2019a).

[272] vgl. Zeit Online (2019): Brexit treibt Firmen nach Deutschland. Online verfügbar unter https://www.zeit.de/amp/wirtschaft/2019-05/aussenhandel-brexit-firmen-ansiedlung-deutschland-rekord. Letzter Zugriff am 20.05.2019.

Anteil der Kurzarbeit von aktuell 3,8 % auf 8,5 % ansteigen.[273] Durch diese Maßnahme sollen einerseits Fachkräfte gehalten, andererseits Kosten eingespart werden. Obwohl Mitarbeiter ihren Arbeitsplatz zunächst nicht verlieren, müssen sie
dennoch mit finanziellen Einbußen rechnen. Die Auswirkungen der Kurzarbeit fallen je nach Ausmaß und Dauer für den Arbeitsmarkt und folglich für Beschäftigte
mehr oder weniger schwerwiegend aus. Aktuell gehen Ökonomen noch von einem
Beschäftigungsaufbau aus (siehe auch Kapitel 5.4), sodass die Konsequenzen für
den Einzelnen zwar gravierend, für die Arbeitswelten aber nur insofern bedeutsam
sind, als dass eine Arbeitsplatzverlagerung zwischen verschiedenen Branchen
stattfindet.[274] Vor diesem Hintergrund werden im weiteren Verlauf der Arbeit die
Themenfelder Handelskonflikt und Kurzarbeit nicht weiter vertieft. Andere Entwicklungen werden mit weitreichenderen Auswirkungen für die Arbeitswelten in
Verbindung gebracht, sodass diese ausführlicher aufgegriffen werden.

Ein weiterer Einflussfaktor des politisch-rechtlichen Segments ist das im Mai 2019
durch den Europäischen Gerichtshof erlassene **Urteil zur Erfassung der Arbeitszeit**. Nach diesem Urteil sind Arbeitgeber künftig dazu verpflichtet, die geleistete
Arbeitszeit ihrer Arbeitnehmer systematisch zu erfassen. Das Gesetz gilt für alle
EU-Staaten und soll eine Möglichkeit schaffen, Verstöße gegen die EU-Arbeitszeitrichtlinie und die EU-Grundrechtcharta[275] zu kontrollieren. Dabei stehen nicht nur
die geleisteten Stunden im Fokus, sondern auch deren zeitliche Verteilung sowie
die Zahl der Überstunden. Die konkrete Umsetzung obliegt den einzelnen Mitgliedsstaaten. In Deutschland sind Unternehmen bisher lediglich dazu verpflichtet,
die über die werktägliche Regelarbeitszeit hinausgehende Arbeitszeit zu erfassen.
Folglich müssen bestehende Zeiterfassungssysteme oder Betriebsvereinbarungen
zu Arbeitszeitregelungen angepasst werden. Hierbei müssen sich Unternehmen
auch darauf einstellen, dass Betriebsräte stärkeren Einfluss auf die Neuformulierung solcher Vereinbarungen nehmen. Auch die Ausgestaltung von flexiblen

---

[273] vgl. ifo Institut (2019a): Industrie erwartet Anstieg der Kurzarbeit. Online verfügbar unter
https://www.ifo.de/node/43474. Letzter Zugriff am 06.07.2019.

[274] vgl. manager magazin (2019b): Deutsche Industrie erwartet Anstieg der Kurzarbeit. Online
verfügbar unter https://www.manager-magazin.de/politik/konjunktur/kurzarbeit-in-der-
deutschen-industrie-abkuehlung-der-konjunktur-a-1275802.html. Letzter Zugriff am
06.07.2019.

[275] Die EU-Grundrechtecharta *„definiert in klarer und übersichtlicher Form die Rechte und Freiheiten der Menschen, die in der Europäischen Union leben."* (Europäisches Parlament (o. J.):
Die Grundrechtecharta. Online verfügbar unter http://www.europarl.europa.eu/germany/de/europa-und-europawahlen/grundrechtecharta. Letzter Zugriff am 10.07.2019).

Arbeitszeitmodellen oder von Vertrauensarbeitszeit muss künftig den gesetzlichen Grundlagen entsprechen. Insgesamt werden Arbeitnehmerrechte gestärkt, da von einer Reduzierung von unbezahlten Überstunden auszugehen ist.

Es bleibt jedoch abzuwarten, wie die neue Vorgabe in Deutschland umgesetzt wird und inwiefern die Vorschriften zur Erfassung der Arbeitszeit mit den Anforderungen der VUCA-Welt vereinbar sind. Zudem ist fraglich, ob wirklich jede geleistete Arbeitsstunde erfasst wird und wie Verstöße gegen die Zeiterfassungspflicht festgestellt werden können. Viele Unternehmen bieten ihren Mitarbeitern flexible Arbeitszeitmodelle oder die Möglichkeit, ortsunabhängig (z.B. im Homeoffice) zu arbeiten. Diese Flexibilität könnte durch das Gesetz eingeschränkt werden, wodurch Unternehmen auch die Option genommen wird, Mitarbeitern attraktive Arbeitsbedingungen zu bieten.[276]

6.4 Ökonomische Einflussfaktoren

Trotz der im vorangegangenen Abschnitt dargestellten Entwicklungen, die sich negativ auf die Konjunktur in Deutschland auswirken, verzeichnet das ifo Beschäftigungsbarometer für die Monate Mai und Juni 2019 noch einen positiven Trend bei Neueinstellungen. Es ist somit nach wie vor eine **positive Entwicklung am Arbeitsmarkt** zu verzeichnen, die jedoch allmählich stagniert. Es fallen derzeit noch insgesamt weniger Arbeitsplätze weg, als neu geschaffen werden. Zudem findet durch die zunehmende Digitalisierung und den Ausbau der E-Mobilität eine Verlagerung von Tätigkeitsbereichen statt. Der **Bedarf an Fachkräften** ist folglich sowohl in der Wirtschaft als auch im öffentlichen Dienst hoch. Darüber hinaus werden neue Arbeitsplätze in konjunkturunabhängigen Bereichen (z.B. Pflegeberufe oder Kinderbetreuung) geschaffen, oder entstehen durch den Trend zu kürzeren Arbeitszeiten. Folglich übersteigt der Fachkräftebedarf das verfügbare Fachkräfte-

---

[276] vgl. Bös, Nadine (2019): Neue Aufregung um die Stechuhr. Online verfügbar unter https://www.faz.net/aktuell/beruf-chance/beruf/urteil-zur-erfassung-der-arbeitszeit-probleme-mit-der-stechuhr-16190006.html. Letzter Zugriff am 25.05.2019; Bund-Verlag (2019): Pflicht zur Arbeitszeiterfassung kommt europaweit. Online verfügbar unter https://www.bund-verlag.de/betriebsrat/aktuellesbr~Pflicht-zur-Arbeitszeiterfassung-kommt-europaweit~. Letzter Zugriff am 20.05.2019; Knuth, Claudia (2019): Arbeitszeiterfassung: EuGH schafft neue Pflicht für Unternehmen. Hrsg. von Haufe Verlag. Online verfügbar unter https://www.haufe.de/personal/arbeitsrecht/pflicht-zur-umfassenden-arbeitszeiterfassung_76_484268.html. Letzter Zugriff am 28.06.2019; Walter, Torsten (2019): EuGH-Arbeitszeiturteil – Hintergrund und Folgen. Hrsg. von Bund-Verlag. Online verfügbar unter https://www.bund-verlag.de/personalrat/aktuellespr~EuGH-Arbeitszeiturteil---Hintergrund-und-Folgen~#. Letzter Zugriff am 20.05.2019.

potenzial in vielen Branchen. Entwicklungen zeigen, dass Unternehmen ihre eigenen Fachkräfte „horten" und diese selbst bei schwacher Auslastung nicht entlassen, was die Verfügbarkeit von Fachkräften zusätzlich einschränkt.[277]

Die Verschärfung des Fachkräftemangels beeinflusst die Entwicklungen auf dem Arbeitsmarkt maßgeblich. Unternehmen, die ihren Fachkräftebedarf nicht abdecken können, könnten sich dazu veranlasst sehen, Aufträge abzulehnen. Die Verfügbarkeit von qualifiziertem Fachpersonal wird so zum wettbewerbskritischen Faktor. Um zusätzliches Fachkräftepotenzial zu erschließen, könnten beispielsweise die Erwerbsquoten von Frauen weiter erhöht oder die Lebensarbeitszeit verlängert werden.[278]

Um flexibel und schnell auf sich verändernde Kundenbedürfnisse und Marktentwicklungen reagieren zu können, ist seit den 1990er ein Trend zur **Verschlankung von Organisationsstrukturen** zu verzeichnen. Die damit einhergehende Reduzierung von Hierarchieebenen hat Auswirkungen auf die Zusammensetzung von Personalstrukturen in Unternehmen. Der Abbau von Führungspositionen resultiert nicht nur in einer höheren Beweglichkeit am Markt, er trägt darüber hinaus auch zu einer Reduzierung von Gemeinkostenblöcken bei.[279] Als Konsequenz aus der Abflachung von Hierarchien werden Verantwortlichkeiten und Entscheidungsbefugnisse auf niedrigere Hierarchiestufen verlagert, da sich der Abbau in der Regel auf höheren Stufen vollzieht.[280] In diesem Zusammenhang werden (kleine) autonome Teams und themenspezifische Netzwerke aufgebaut, die flexibler auf Veränderungen reagieren können. Aufgaben werden entsprechend der Fähigkeiten auf mehrere Mitarbeiter verteilt, wodurch diese durch die Ergänzung der

---

[277] vgl. Diekmann, Florian (2019): Jobmaschine Deutschland - aber nicht mehr lange. Hrsg. von Spiegel Online. Online verfügbar unter https://www.spiegel.de/wirtschaft/soziales/deutscher-arbeitsmarkt-das-jobwunder-endet-hurra-a-1266701.html. Letzter Zugriff am 20.05.2019; ifo Institut (2019b): ifo Beschäftigungsbarometer sinkt. Online verfügbar unter https://www.ifo.de/node/43373. Letzter Zugriff am 28.06.2019; Institut für Arbeitsmarkt- und Berufsforschung (IAB) (2019): IAB-Arbeitsmarktbarometer: Arbeitsmarkt bleibt stabil. Online verfügbar unter https://www.iab.de/de/daten/arbeitsmarktbarometer.aspx. Letzter Zugriff am 25.05.2019.

[278] vgl. Fuchs, Johann (2013): Demografie und Fachkräftemangel. In: *Bundesgesundheitsblatt - Gesundheitsforschung - Gesundheitsschutz* 56 (3). S. 399–405, S. 403ff. Auf die hier genannten Maßnahmen zur Abdeckung des Fachkräftebedarfs wird nicht weiter eingegangen. Sie werden an dieser Stelle nur genannt und nicht weiter bewertet.

[279] vgl. Fuchs, Jürgen (1998): Die neue Art Karriere im schlanken Unternehmen. In: *Harvard Business Manager* (4). S. 83–92, S. 84; Kels et al. (2015), S. 18.

[280] vgl. Sohr, Tatjana (2005): Wenn die Karriereleiter wegbricht: Fairness und der Abbau von Hierarchieebenen. In: *Zeitschrift für ArbeitsmarktForschung* 38 (1). S. 68–86, S. 70.

Fachkenntnisse schneller und einfacher bewältigt werden können.[281] Obwohl der Abbau von Hierarchieebenen mit einer Reduzierung von Führungspositionen und damit einer Verringerung von entsprechenden Karriereoptionen einher geht,[282] wünschen sich Beschäftigte in Deutschland flache Strukturen in Unternehmen. Dabei wollen Mitarbeiter nicht ganz auf einen Vorgesetzten verzichten, vielmehr präferieren sie eine Führungskraft, die ihnen klar formulierte Ziele und Anforderungen nennt, sie aber bei der Umsetzung der Arbeitsaufträge nicht überwacht oder kontrolliert.[283] Vor diesem Hintergrund muss ein *„Wandel von der Kontroll- zur Ergebnisorientierung erfolgen.“*[284] Kontrolle und Macht werden dabei abgelöst von Zusammenarbeit und Vertrauen. Die Veränderung der Organisationsstruktur geht folglich auch mit einem veränderten Führungsverständnis einher.[285] Führungskräfte erteilen weniger Befehle, sie werden vielmehr zu gleichberechtigten Experten. Sie stellen sich in den Dienst ihrer Mitarbeiter, indem sie Klarheit über die Aufgabenverteilung herstellen und Rückmeldung zur individuellen Leistung sowie zur persönlichen Entwicklung geben. Folglich nehmen sie die Rolle eines Coaches ein, der die Mitarbeiter dazu befähigt, sich zu entfalten, Einfluss zu nehmen und innovativ zu werden.[286]

---

[281] vgl. Kastelle, Tim (2013): Macht jedem zum Chef! Online verfügbar unter https://www.harvardbusinessmanager.de/blogs/management-flache-strukturen-sind-ratsam-a-937567-2.html. Letzter Zugriff am 19.06.2019; Kronawitter, Ernst (2013): Führen ohne Druck. Erfolgreiches Bankgeschäft ohne Zielvorgaben und vertriebsabhängige Vergütungen. Wiesbaden: Springer Fachmedien, S. 51; Weber, Enzo; Helmrich, Robert; Wolter, Marc Ingo; Zika, Gerd (2019): Wirtschaft 4.0 und die Folgen für Arbeitsmarkt und Bildung. In: Dobischat, Ralf; Käpplinger, Bernd; Molzberger, Gabriele; Münk, Dieter (Hrsg.): Bildung 2.1 für Arbeit 4.0? Wiesbaden: Springer Fachmedien. S. 63–83, S. 64.

[282] vgl. Latzke et al. (2019), S. 17.

[283] vgl. Groll, Tina (2017): Nur ein Chef, ganz oben. Hrsg. von Zeit Online. Online verfügbar unter https://www.zeit.de/karriere/2017-03/flache-hierarchien-unternehmen-mitarbeiter-studie. Letzter Zugriff am 19.06.2019; StepStone Deutschland GmbH; Kienbaum Consultants International GmbH (2017): Organigramm Deutscher Unternehmen. In welchen Strukturen Fachkräfte künftig arbeiten wollen. Online verfügbar unter https://www.stepstone.de/ueber-stepstone/wp-content/uploads/2017/06/WP_StepStone_Kienbaum_Organigramm_deutscher_
Unternehmen.pdf. Letzter Zugriff am 19.06.2019, S. 13.

[284] Rump, Eilers (2017a), S. 24.

[285] vgl. Werther, Bruckner (2018), S. 48.

[286] vgl. Rump, Eilers (2017a), S. 24; Weissmann, Arnold; Wegerer, Stephan (2019): Unternehmen 4.0: Wie Digitalisierung Unternehmen & Management verändert. In: Erner, Michael (Hrsg.): Management 4.0 - Unternehmensführung im digitalen Zeitalter. Berlin: Springer-Verlag. 43-76, S. 70; Zukunftsinstitut (o. J.a): Das Leadership-Credo 2017: "Zum Sprengmeister seiner Glaubenssätze werden". Online verfügbar unter https://www.zukunftsinstitut.de/artikel/leadership/das-leadership-credo-2017/. Letzter Zugriff am 19.06.2019.

Der Abbau von Hierarchieebenen birgt auch Risiken. Vielfach sind die Entlohnung und andere Vertragsbedingungen von der entsprechenden hierarchischen Ebene abhängig. Fällt diese weg, müssen für die Abbildung von unterschiedlichen Leistungen oder Interessen alternative Modelle gefunden werden. Gleichzeitig bieten hierarchische Strukturen die Grundlage für organisational gesteuerte Laufbahnmodelle. Objektiv wahrgenommene Karrierechancen entfallen mit dem Abbau von Führungspositionen, wodurch auch die Entwicklung von alternativen Laufbahnmodellen an Bedeutung gewinnt.[287] Karriere muss folglich von Hierarchie entkoppelt und die Relevanz von Kompetenzentwicklung hervorgehoben werden, um Mitarbeitern Entwicklungsperspektiven aufzuzeigen.[288]

Einen maßgeblichen Einfluss auf die Veränderungen der Arbeitswelten hat darüber hinaus auch die **Globalisierung**. Diese Entwicklung ist kein neuer Trend, vielmehr sind die Auswirkungen bereits seit einigen Jahren in weiten Teilen der Wirtschafts- und Lebenswelt spürbar und stellen Wirtschaft, Gesellschaft und Politik fortlaufend vor neue Herausforderungen. Offene Grenzen, die Verringerung von Handelsbarrieren oder die zunehmende internationale Vernetzung begünstigen globalen Waren-, Finanzgüter- und Dienstleistungsaustausch sowie eine grenzüberschreitende arbeitsteilige Produktion. Daneben umfasst Globalisierung aber auch den Transfer von Informationen und Wissen, global vernetzte Forschung und Entwicklung oder den Austausch von kulturellen Besonderheiten.[289] Austausch und Transfer finden dabei zwischen Staaten, Gesellschaften, Unternehmen oder Individuen statt, wobei insbesondere etablierte Industriestaaten aus Nordamerika und Westeuropa und in zunehmendem Maße auch Staaten aus Zentral- und Osteuropa sowie aus Asien beteiligt sind. Es entstehen größere Märkte, auf denen mehr

---

[287] vgl. Guldner, Jan (2016): Die Mär von flachen Hierarchien. Hrsg. von WirtschaftsWoche. Online verfügbar unter https://www.wiwo.de/erfolg/management/unternehmensstruktur-die-maer-von-flachen-hierarchien/ 144521 48-all.html. Letzter Zugriff am 19.06.2019; Latzke et al. (2019), S. 17f.; Oenning, Lisa (2017): Mit flachen Hierarchien zu glücklichen Mitarbeitern. Hrsg. von WirtschaftsWoche. Online verfügbar unter https://www.wiwo. de/studie-zu-unternehmensstrukturen-mit-flachen-hierarchien-zu-gluecklichen-mitarbeitern/19552992.html. Letzter Zugriff am 19.06.2019; Sohr (2005), S. 70.

[288] vgl. Fuchs (1998), S. 84f.

[289] vgl. Drupp, Michael (2018): Gesundheitsförderung in der Arbeitswelt. Trends, Rahmenbedingungen und Beispiele guter Praxis unter besonderer Berücksichtigung der Unterstützungsmöglichkeiten durch die GKV. In: Ternès, Anabel; Wilke, Clarissa-Diana (Hrsg.): Agenda HR - Digitalisierung, Arbeit 4.0, New Leadership. Was Personalverantwortliche und Management jetzt nicht verpassen sollten. Wiesbaden: Springer Fachmedien. S. 67–85, S. 68.

Anbieter und Wettbewerber in stärkerer Konkurrenz zueinander stehen.[290] Wettbewerbsvorteile werden beispielsweise durch die Verlagerung von Produktionsstandorten in Länder mit niedrigeren Lohnkosten und geringeren Steuersätzen generiert, womit auch eine Verlagerung von Arbeitsplätzen einher geht.[291] Insgesamt resultiert hieraus jedoch kein umfangreicher Arbeitsplatzabbau, vielmehr findet eine strukturelle Veränderung der Verteilung der Tätigkeitsbereiche statt. Insbesondere in Ländern mit hohem Lohnniveau, wie dies beispielsweise auch in Deutschland der Fall ist, gewinnen qualifikationsintensive Tätigkeiten durch die Verlagerung von Produktionsstandorten ins Ausland an Bedeutung. Gleichzeitig nehmen in diesen Ländern arbeitsintensive Aufgabengebiete ab.[292]

Die Globalisierung hat neben der Verlagerung von Arbeitsplätzen noch weitere Auswirkungen auf die Arbeitswelten. Die Öffnung der Grenzen sowie der technologische Fortschritt ermöglichen eine höhere Mobilität, wodurch insbesondere hoch qualifizierte Arbeitskräfte vermehrt berufsbedingt ein- oder auswandern.[293] Darüber hinaus findet Arbeit gemeinsam mit Menschen verschiedener Kulturen statt und erstreckt sich über unterschiedliche Zeitzonen. Unternehmen können ihre Mitarbeiter aus einer größeren Anzahl potenzieller Bewerber rekrutieren, gleichzeitig stehen sie aber auch in einem stärkeren Wettbewerb um Fachkräfte, welche wiederum ebenfalls mit internationalen Bewerbern um Arbeitsplätze konkurrieren. Die zunehmende Mobilität trägt zu einer vielfältigen Ausgestaltung von Karriereverläufen bei, die mindestens zeitweise auch in ausländischen Unternehmen stattfinden können. International aufgestellte Unternehmen können davon profitieren, indem sie Laufbahnmodelle etablieren, die ihren Mitarbeitern (temporäre) Auslandseinsätze ermöglichen.

---

[290] vgl. Eichhorst, Werner (2011): Arbeitswelt und Lebenswelt im Globalisierungszeitalter. In: Mayer, Tilman; Meyer, Robert; Miliopoulos, Lazaros; Ohly, H. Peter; Weede, Erich (Hrsg.): Globalisierung im Fokus von Politik, Wirtschaft, Gesellschaft. Eine Bestandsaufnahme. 1. Auflage. Wiesbaden: VS Verlag für Sozialwissenschaften. S. 225–236, S. 226.

[291] vgl. Gade, Christian; Böhm, Annemarie (2016): Der wirtschaftliche Wandel und seine Auswirkungen auf die Arbeitswelt. In: Klaus, Hans; Schneider, Hans J. (Hrsg.): Personalperspektiven. Human Resource Management und Führung im ständigen Wandel. 12. Auflage. Wiesbaden: Springer Fachmedien. S. 87–113, S. 97.

[292] vgl. Eichhorst (2011), S. 227.

[293] vgl. Gade, Böhm (2016), S. 97; Hirschi (2019), S. 550.

6.5 Sozio-kulturelle Einflussfaktoren

Der **demografische Wandel** stellt den wichtigsten sozio-kulturellen Einflussfaktor dar, der bereits jetzt alle Lebens- und Arbeitsbereiche betrifft und dessen Auswirkungen sich langfristig noch deutlicher abzeichnen werden. Während der Anteil der Menschen unter 20 Jahren im Zeitraum zwischen 1990 und 2016 aufgrund von fallenden Geburtenraten von 21,7 % auf 18,4 % gesunken ist, ist der Anteil der über 60-Jährigen durch die steigende Lebenserwartung im gleichen Zeitraum von 20,4 % auf 27,6 % gestiegen.[294] Hierdurch hat sich das Medianalter, das die Bevölkerung in eine ältere und eine jüngere Hälfte teilt, in diesem Zeitraum von 37 auf 45 Jahre erhöht.[295] Weil gleichzeitig verschiedene Änderungen im Arbeits- und Sozialrecht beschlossen wurden, wie beispielsweise die Anhebung der Regelaltersgrenze auf 67 Jahre oder die Hartz-Reformen, ist der Anteil der Erwerbstätigen an der Gesamtbevölkerung von 48,5 % in 1991 auf 53,6 % in 2017 zunächst angestiegen.[296] Diese Zunahme ist jedoch temporär, da aufgrund der alternden Bevölkerung sowohl die Gesamtbevölkerung[297], als auch der Anteil der Erwerbstätigen[298] deutlich zurückgehen werden.[299] Die Strukturveränderung der Bevölkerung hat weitreichende

---

[294] vgl. Destatis (o. J.a): Bevölkerung nach Altersgruppen (ab 1950). Online verfügbar unter https://www.destatis.de/DE/Themen/Gesellschaft-Umwelt/Bevoelkerung/Bevoelkerungsstand/Tabellen/liste-altersgruppen.html#fussnote-2-249808. Letzter Zugriff am 31.05.2019.

[295] vgl. Destatis (o. J.b): Mitten im demografischen Wandel. Online verfügbar unter https://www.destatis.de/DE/Themen/Querschnitt/Demografischer-Wandel/demografie-mitten-im-wandel.html. Letzter Zugriff am 31.05.2019.

[296] vgl. Brussig, Martin (2015): Demografischer Wandel, Alterung und Arbeitsmarkt in Deutschland. In: *Kölner Zeitschrift für Soziologie und Sozialpsychologie* 67 (1). S. 295–324. Online verfügbar unter https://doi.org/10.1007/s11577-015-0313-x. Letzter Zugriff am 18.06.2019, S. 301f.; Institut der deutschen Wirtschaft (IW) (o. J.): Erwerbstätige in Prozent der Bevölkerung. Hrsg. von Institut der deutschen Wirtschaft (IW). Online verfügbar unter https://www.deutschlandinzahlen.de/tab/bundeslaender/arbeitsmarkt/erwerbstaetigkeit/erwerbstaetige-in-prozent-der-bevoelkerung. Letzter Zugriff am 31.05.2019.

[297] vgl. Destatis (o. J.c): Bevölkerungsvorausberechnung. Online verfügbar unter https://www.destatis.de/DE/Themen/Gesellschaft-Umwelt/Bevoelkerung/Bevoelkerungsvorausberechnung/_inhalt.html. Letzter Zugriff am 31.05.2019 Demnach sinkt die Bevölkerung in Deutschland von 82,2 Mio. in 2015 über 81,3 Mio. in 2040 auf 76,5 Mio. in 2060.

[298] Verschiedene Annahmen zu längeren Erwerbsphasen, steigender Erwerbstätigkeit von Frauen oder Zu- bzw. Abwanderung ergeben unterschiedliche Szenarien, die nicht weiter erläutert werden. Relevant ist hier die Tatsache, dass eine Abnahme des Anteils der Erwerbstätigen an der Gesamtbevölkerung zu erwarten ist.

[299] vgl. Brussig (2015), S. 304; Pack, Jochen (2000): Zukunftsreport demographischer Wandel. Innovationsfähigkeit in einer alternden Gesellschaft. Unter Mitarbeit von Hartmut Buck, Ernst Kistler, Hans Gerhard Mendius, Martina Morschhäuser und Heimfrid Wolff. Bonn: Bundesministerium für Bildung und Forschung, S. 8; Wilke, Christina (2019): Auswirkungen des

Auswirkungen auf Unternehmen und auf die Entwicklung der Arbeitswelten. Die wesentlichen Aspekte werden im Folgenden beschrieben.

Im Zuge des demografischen Wandels findet in Unternehmen parallel zur Alterung der Bevölkerung auch eine Alterung der Belegschaft statt. Dabei werden insbesondere die Anteile der Personen der Altersgruppen 15-24, 25-34 und 45-54 bis 2030 zurückgehen, wohingegen die Anzahl der Beschäftigten der Altersklasse 35-44 weitestgehend konstant bleibt. Gleichzeitig nimmt der Anteil der Erwerbstätigen der Altersgruppe 55-64 zu.[300] Auch wenn lange Zeit nur eine Verschiebung zwischen den Altersgruppen zu verzeichnen ist, wird die sinkende Anzahl der Erwerbstätigen langfristig auch einen Mangel an Arbeitskräften mit sich bringen. In der Konsequenz werden Unternehmen Aufträge ablehnen und Leistungen hinzukaufen müssen. Engpässe bei Fachkräften führen darüber hinaus zu einer geringeren Produktivität und einer geminderten Innovationskraft, wodurch die Wettbewerbsfähigkeit von Unternehmen gefährdet wird.[301]

Umstritten ist die Frage, ob das zunehmende Alter der Belegschaften auch eine Auswirkung auf die Arbeitsproduktivität oder die Innovationskraft hat. Auch wenn belegt ist, dass die physische und kognitive Leistungsfähigkeit mit dem Alter abnimmt, ist fraglich, ob auch die Arbeitsproduktivität gleichermaßen zurückgeht. Mit steigendem Alter nehmen in der Regel auch Arbeitserfahrung, Menschenkenntnis, Qualitätsbewusstsein und spezifisches betriebliches Wissen zu, wodurch die sinkende Leistungsfähigkeit kompensiert wird.[302] Zudem ist wissenschaftlich nicht bewiesen, dass mit steigendem Alter die Innovationsfähigkeit abnimmt. Vielmehr sind es eher Persönlichkeitsmerkmale und die jeweilige Situation, die Personen

---

demografischen Wandels auf den Arbeitsmarkt. In: Hermeier, Burghard; Heupel, Thomas; Fichtner-Rosada, Sabine (Hrsg.): Arbeitswelten der Zukunft. Wie die Digitalisierung unsere Arbeitsplätze und Arbeitsweisen verändert. Wiesbaden: Springer Fachmedien. S. 37–48, S. 41f.

[300] vgl. Stracke, Stefan; Schöneberg, Katharina (2016): Die demografische Entwicklung: Trends und folgen für die Unternehmen. In: Nerdinger, Friedemann W.; Wilke, Peter; Stracke, Stefan; Drews, Ulrike (Hrsg.): Innovation und Personalarbeit im demografischen Wandel. Ein Handbuch für Unternehmen. 1. Auflage. Wiesbaden: Springer Fachmedien. S. 11–25, S. 14; Wilke (2019), S. 45f.

[301] vgl. Stracke, Schöneberg (2016), S. 18.

[302] vgl. Börsch-Supan, Axel (2009): Gesamtwirtschaftliche Folgen des demografischen Wandels. In: Börsch-Supan, Axel; Erlinghagen, Marcel; Hank, Karsten; Wagner, Gert G. (Hrsg.): Produktivität in alternden Gesellschaften. Halle (Saale): Deutsche Akademie der Naturforscher Leopoldina. S. 21–41, S. 27; Brussig (2015), S. 309f.

altersunabhängig mehr oder weniger leistungsfähig oder innovativ werden lassen.[303] Durch eine auf das Alter und die Bedürfnisse der Belegschaft abgestimmte Gestaltung von Arbeits- und Beschäftigungsbedingungen können Unternehmen der Altersstrukturveränderung begegnen und die Beschäftigungsfähigkeit der (älteren) Erwerbstätigen sichern.[304]

Eine weitere Folge des demografischen Wandels ist die Entwicklung von Belegschaften, die in ihrer Altersstruktur unausgewogen zusammen gesetzt sind. Obwohl grundsätzlich von einem höheren Erfahrungsschatz von älteren Belegschaften ausgegangen werden kann, birgt eine altershomogene Zusammensetzung auch Risiken. Einerseits besteht die Gefahr, dass viele Mitarbeiter innerhalb kurzer Zeit in den Ruhestand gehen, wodurch betriebliches Wissen und Erfahrung in großem Umfang verloren geht. Andererseits können sich aufgrund der heterogenen Altersstruktur Konflikte entwickeln, wobei beispielsweise Aufstiegsmöglichkeiten für jüngere Mitarbeiter blockiert werden.[305]

Unternehmen stehen durch den demografischen Wandel somit zunächst vor der Aufgabe, die Beschäftigungsfähigkeit ihrer stetig alternden Belegschaft durch die Gestaltung von Arbeitsbedingungen und durch entsprechende Personalentwicklungsmaßnahmen zu sichern.[306] Dabei kommt dem Abbau von altersbezogenen Vorurteilen und der Entwicklung einer aufgeschlossenen Führungskultur eine besondere Rolle zu. Bereits jetzt zeigt sich ein Mangel an Fachkräften, der sich durch die schrumpfende Bevölkerung noch weiter verschärfen wird. Unternehmen stehen somit im *War for Talents* mit anderen Arbeitgebern. Um sich gegenüber dem Wettbewerb zu behaupten, müssen Unternehmen sich sowohl aktuellen als auch potenziellen Mitarbeitern gegenüber als attraktiver Arbeitgeber positionieren. Folglich wird die Auseinandersetzung mit den Bedürfnissen der unterschiedlichen Generationen zur wichtigen Aufgabe von Organisationen, um Prozesse und Arbeitsbedingungen entsprechend zu gestalten. Hierzu gehören aus der Perspektive

---

[303] vgl. Klinger, Christin; Stracke, Stefan; Müller, Christoph; Nerdinger, Friedemann W. (2016): Innovativ und leistungsfähig mit alternden Belegschaften. In: Nerdinger, Friedemann W.; Wilke, Peter; Stracke, Stefan; Drews, Ulrike (Hrsg.): Innovation und Personalarbeit im demografischen Wandel. Ein Handbuch für Unternehmen. 1. Auflage. Wiesbaden: Springer Fachmedien. S. 27–37, S. 28ff.

[304] vgl. Stracke, Schöneberg (2016), S. 19.

[305] vgl. ebd., S. 18.

[306] vgl. Wilke (2019), S. 46.

des Personalmanagements beispielsweise die Förderung von Maßnahmen zum lebenslangen Lernen oder die Etablierung flexibler Karrieremodelle.

Seit einigen Jahren ist die Gesellschaft geprägt von einer Veränderung der Wertehierarchie,[307] die eine zunehmende **Individualisierung** mit sich bringt. Insbesondere in entwickelten Wohlstandsgesellschaften streben Menschen danach, sich privat und beruflich autonom und selbstbestimmt entfalten zu können. Der Einfluss ehemals wichtiger Institutionen wie beispielsweise der Kirche schwindet, im gleichen Maße nimmt das Streben nach Autonomie zu.[308] Eine größere Verfügbarkeit an Wahlmöglichkeiten hinsichtlich der individuellen Lebensgestaltung oder der Abfolge von Berufsstationen ermöglicht eine einfachere Realisierung von Selbstfindung und Selbstverwirklichung.[309] Dabei steht das Individuum mit seinen eigenen Präferenzen im Vordergrund, übergreifende Trends in Bezug auf Mode, Musik oder politische Einstellungen verlieren an Bedeutung.[310] Im Gegensatz zu der traditionellen, weitestgehend vorgezeichneten Biografie mit Erwerbs- und Lebensphasen, die für alle Menschen ähnlich verlaufen, existiert somit heute eine Pluralität an Lebensstilen. Diese Lebensstile sind geprägt durch eine Diversität an biografischen Elementen. Hierbei ist insbesondere das Erwerbsleben durch Brüche gekennzeichnet und verlässt den bisher vorgezeichneten Weg.[311] Brüche sind dabei beispielsweise durch die Art des Arbeitsverhältnisses (z.B. selbstständige Tätigkeit oder abhängig beschäftigt), die Gestaltung der Arbeitszeit (Vollzeit- oder Teilzeitbeschäftigung) oder die Art des beruflichen Werdegangs (Führungs-, Fach- oder Projektlaufbahn) gekennzeichnet. Zudem gehören auch Phasen der Erwerbslosigkeit, Auszeiten oder Elternzeiten zu den Bestandteilen von Erwerbsbiografien. Die

---

[307] Im Gegensatz zu dem Begriff Wertewandel, der die Veränderung, den Verfall oder gar das Sterben von Werten meint, beschreibt die Veränderung der Wertehierarchie den Wandel der Relevanz verschiedener Werte. Werte, die in der Vergangenheit besonders wichtig waren, büßen im Laufe der Zeit an Bedeutung ein, während andere Werte (zeitverzögert) aufgewertet werden und in der Hierarchie nach oben rücken (vgl. Opaschowski, Horst W. (2013): Deutschland 2030. Wie wir in Zukunft leben. 1. Auflage. Gütersloh: Gütersloher Verlagshaus, S. 639).

[308] vgl. Zukunftsinstitut (2012): Die Individualisierung der Welt. Online verfügbar unter https://www.zukunftsinstitut.de/artikel/die-individualisierung-der-welt/. Letzter Zugriff am 06.06.2019.

[309] vgl. Rump, Eilers (2017a), S. 17.

[310] vgl. Hesse, Gero (2014): Auf dem Weg zum Enterprise 2.0: Digitalisierung, Demografie und Wertewandel als Treiber für Change-Management und Kulturwandel. In: Dannhäuser, Ralph (Hrsg.): Praxishandbuch Social Media Recruiting. Experten Know-How, Praxistipps, Rechtshinweise. Wiesbaden: Springer Fachmedien. S. 375–399, S. 382.

[311] vgl. Zukunftsinstitut (2012).

zunehmende Autonomie des Einzelnen resultiert somit in Lebensläufen, deren Phasen wie ein Mosaik zusammengesetzt sind.[312]

Die Entwicklung vielfältiger individualisierter Lebensstile diversifiziert gleichermaßen die in der Gesellschaft vorherrschenden **Werte und Normen.** Traditionelle und moderne Werte werden demnach gleicherweise geschätzt und gelebt. Im Mittelpunkt steht ein ausbalanciertes Lebenskonzept mit einer größeren Wertevielfalt. Die Individualisierung bringt somit auch ein Wiederaufleben von traditionellen Kernwerten mit sich, sodass Werte wie Freundschaft, Gerechtigkeit, Toleranz, Hilfsbereitschaft und Ehrlichkeit an Bedeutung gewinnen. Zudem verlagert sich der Fokus vom Erwerbsleben hin zu außerberuflichen Bereichen, wodurch die Grenzen zwischen Arbeits- und Privatleben zunehmend verschwinden und sie als verbundene Bereiche empfunden werden.[313] Ein Treiber der Individualisierung ist der zunehmende Einsatz von digitalen Technologien. Hier wird insbesondere das Internet als Plattform genutzt, um sich selbst auszudrücken (z.B. über Blogs) oder um über soziale Netzwerke Gruppen zu organisieren, die gemeinsam gegen Missstände protestieren oder für andere Anliegen demonstrieren.[314]

Der Chance der Selbstverwirklichung steht aber gleichzeitig durch die Vielfalt an Möglichkeiten das Risiko gegenüber, fehlerhafte Entscheidungen zu treffen oder zu scheitern. Eine stärkere Ausdifferenzierung von individuellen Lebensstilen, ökonomischen Märkten oder Produkten ermöglicht zwar einerseits die Gestaltung des Lebens nach den eigenen Präferenzen. Gleichzeitig ist der Einzelne jedoch auch dazu gezwungen, sich mit der eigenen Werthaltung und den eigenen Vorlieben auseinander zu setzen, um eigenverantwortlich Entscheidungen treffen zu können.[315] *„Die Freiheit der Wahl bedingt den Zwang zur Entscheidung."*[316] Häufig sind es die Personen, die ein gewisses Bildungs- und Wohlstandsniveau erreicht haben, die von den vielfältigen Wahlmöglichkeiten profitieren können und sich autonom und selbstbestimmt entfalten können, während Geringqualifizierte oder Menschen mit niedrigem sozialen Status diese Möglichkeiten verwehrt bleiben. Die Befürchtung,

---

[312] vgl. Rump, Eilers (2017a), S. 17f.

[313] vgl. Rump, Eilers (2017a), S. 19.

[314] vgl. Zukunftsinstitut (2012).

[315] vgl. Rump, Eilers (2017a), S. 18; Schimank, Uwe (2012): Individualisierung der Lebensführung. Hrsg. von Bundeszentrale für politische Bildung (bpb). Online verfügbar unter http://www.bpb.de/politik/grundfragen/deutsche-verhaeltnisse-eine-sozialkunde/137995/individualisierung-der-lebensfuehrung?p=all. Letzter Zugriff am 06.06.2019.

[316] Zukunftsinstitut (2012).

dass eine zunehmende Individualisierung mit einem höheren Egoismus einher geht und zu einer Abwertung von Gemeinwerten führt, lässt sich nicht bestätigen. Im Gegensatz zeigen verschiedene Studien und Umfragen (z.B. die Shell Jugendstudie, zum Themenfeld Werteorientierung siehe Kapitel 6.3.1), dass die zunehmende Wichtigkeit von Autonomie und Individualismus auch die Gemeinwerte stärkt. Es zeigt sich, dass die Unterstützung von Menschen, die nicht unmittelbar zum familiären Umfeld gehören, bei der individualisierten Gestaltung des Lebensstils wichtig ist. Staatlichen Systemen als Sicherungsinstanz wird immer weniger vertraut, vielmehr gilt in schwierigen Situationen das private Umfeld als Sicherungsanker.[317]

Der Megatrend Individualisierung hat auch Auswirkungen auf die Erwartungen an die Berufstätigkeit. Dabei ist es nicht nur die eingangs beschriebene Pluralisierung von individuellen Erwerbsverläufen, die beispielsweise die Planung von organisational gesteuerten Laufbahnen erschwert. Vielmehr findet auch eine Abkehr von klassischen Anreizen (hohes Einkommen, Status) statt und Faktoren wie Selbstverwirklichung und Mitbestimmung, Vereinbarkeit von Arbeits- und Privatleben oder flexible Gestaltung von Arbeitszeiten und -orten gewinnen an Bedeutung.[318] Individuen messen ihren Karriereerfolg stärker an subjektiven Faktoren, was zu einem Umdenken der Ausrichtung von Karrierekonzepten führt (siehe z.B. das Konzept der Protean Career, Kapitel 3.4.4).[319] Für Unternehmen geht somit eine Planungssicherheit im Hinblick auf eine feste Positionsabfolge innerhalb von Laufbahnen zulasten von individuell ausgestalteten Karriereverläufen verloren. Die persönliche Selbstverwirklichung ist für Mitarbeiter dabei ebenso relevant, wie das Ausüben einer sinnvollen Tätigkeit, auch außerhalb des Berufes (z.B. ehrenamtliches Engagement) und die Vereinbarkeit von Beruf und Familie. Können diese Aspekte beim aktuellen Arbeitgeber nicht verwirklicht werden, findet ein Wechsel zu einem anderen Unternehmen statt.[320] Durch eine flexible und transparente Gestaltung von Karriereverläufen, die sich einerseits an unternehmerischen Belangen orientiert, andererseits aber auch die individuellen Bedürfnisse berücksichtigt, können Unternehmen dem Trend der Individualisierung begegnen.

---

[317] vgl. Rump, Eilers (2017a), S. 18; Zukunftsinstitut (2012).
[318] vgl. Kels et al. (2015), S. 20; Rump, Eilers (2017a), S. 19.
[319] vgl. Kels et al. (2015), S. 19f.
[320] vgl. Werther, Bruckner (2018), S. 41.

6.6 Technologische Einflussfaktoren

Die fortschreitende Digitalisierung beeinflusst schon heute das tägliche Handeln und verändert Arbeitsabläufe und Prozesse in Unternehmen. Das Themenfeld ist allgegenwärtig und umfasst je nach Auslegung unterschiedliche Subthemen oder Entwicklungen. Es findet sich keine einheitliche Definition und auch die Darstellung der Folgen der Digitalisierung ist vielfältig. Zur Beschreibung der Auswirkungen der Digitalisierung auf Arbeitswelten und Karriereverläufe wird hier eine ausgewählte Begriffsbestimmung vorgestellt. Der Begriff **Digitalisierung** steht im ursprünglichen Sinn für die Umwandlung von analogen Daten in digitale Formate. Analoge Informationen, physische Gegenstände oder Ereignisse werden dabei in Form von digitalen Daten gespeichert. Die weitere Verarbeitung und Verteilung von digitalen Daten kann im Vergleich zu analogen Daten viel schneller und flexibler erfolgen und benötigt vergleichsweise weniger Speicherplatz. Darüber hinaus entsteht bei digitalen Daten durch Mehrfachnutzung kein Qualitätsverlust.[321]

Dem Themenfeld wird darüber hinaus die **digitale Transformation**, die auch als **digitaler Wandel** bezeichnet wird, zugeordnet. Hiermit sind die durch die Digitalisierung eingeleiteten Veränderungsprozesse gemeint, die die gesamte Gesellschaft betreffen. Durch den Einsatz von digitalen Technologien entstehen neue Produkte, digitale Geschäftsmodelle und Wertschöpfungsketten.[322]

Wesentliche Aspekte der digitalen Transformation sind die Hyperkonnektivität[323], die Autonomie[324], die Interaktion zwischen Mensch und Maschine[325],

---

[321] vgl. Luber, Stefan; Litzel, Nico (2019): Was ist Digitalisierung? Hrsg. von Big Data Insider. Online verfügbar unter https://www.bigdata-insider.de/was-ist-digitalisierung-a-626489/. Letzter Zugriff am 03.06.2019.

[322] vgl. Luber, Stefan; Litzel, Nico (2017): Was ist Digital Transformation? Hrsg. von Big Data Insider. Online verfügbar unter https://www.bigdata-insider.de/was-ist-digital-transformation-a-626446/. Letzter Zugriff am 03.06.2019.

[323] Hyperkonnektivität beschreibt die Vernetzung von Produkten, Diensten, Prozessen sowie Teilen der Infrastruktur über das Internet der Dinge (vgl. Werther, Bruckner (2018), S. 24).

[324] Unter Autonomie werden beispielsweise selbstfahrende Autos oder Smart-Home-Technologien verstanden, die als autonome Systeme immer komplexere Aufgaben übernehmen können (vgl. ebd.).

[325] Eine Interaktion zwischen Mensch und Maschine entsteht, wenn lernfähige Maschinen sich an Fähigkeiten und Bedürfnisse der Menschen anpassen können und diese so im Alltag unterstützen (vgl. ebd.).

datenzentrierte Geschäftsmodelle[326], Plattformmärkte[327], digitale Ökosysteme[328] und künstliche Intelligenz[329]. Die digitale Verfügbarkeit von Daten ermöglicht eine internationale Vernetzung[330] von Individuen und Maschinen, die über Netzwerke miteinander interagieren können. Digitale Infrastrukturen gestatten ihren Akteuren eine Kommunikation in Echtzeit, ohne dass die beteiligten Personen am gleichen Ort sind. Soziale Netzwerke, die den Informationsaustausch und den Aufbau von Beziehungen zwischen Individuen fördern, werden zunehmend auch von Unternehmen als Schnittstelle zur Interaktion mit ihren Kunden genutzt. Als Reaktion auf sich ständig verändernde Gegebenheiten, die durch die digitale Bereitstellung von Daten und Informationen geprägt sind, müssen Unternehmen sich flexibel und agil aufstellen. Der Zugang zu Daten und deren Analyse ist eine wichtige Kompetenz, die Unternehmen im Zuge der digitalen Transformationen benötigen. Darüber hinaus spielen die Art der Kundenkommunikation sowie die Entwicklung von leistungsfähigen digitalen Produkten und flexiblen Anwendungen eine wichtige Rolle, um den Herausforderungen des digitalen Wandels zu begegnen.[331]

Im Zusammenhang mit der digitalen Transformation steht zudem der Begriff der **Industrie 4.0**. Unter Industrie 4.0 wird die vierte industrielle Revolution verstanden, die den Veränderungsprozess hinsichtlich der industriellen Wertschöpfung und der beteiligten Unternehmen und Beschäftigten beschreibt.[332] Durch die

---

[326] Unternehmen steuern künftig Prozesse auf der Basis von großen Datenmengen, welche gleichzeitig auch genutzt wird, um Kundennutzen zu generieren. Folglich ist die Verfügbarkeit von Daten ein wettbewerbskritischer Faktor (vgl. ebd.).

[327] Unter Plattformmärkten versteht man digitale Plattformen, die als Marktplatz für neue Geschäftsmodelle fungieren. Sie schaffen Markttransparenz und gewährleisten eine effiziente Vernetzung von Marktakteuren. In einigen Fällen greifen sie etablierte Geschäftsmodelle an (z.B. Airbnb in der Hotellerie) (vgl. ebd., S. 24f.).

[328] Digitale Ökosysteme entstehen, wenn im Umfeld einer Plattform mehrere Innovatoren zur Generierung neuer Kundennutzen zusammenarbeiten. Dies hat eine Verschiebung des globalen Wettbewerbs zur Folge, der sich vorrangig zwischen digitalen Ökosystemen abspielen wird und nicht mehr nur zwischen einzelnen Organisationen (vgl. ebd., S. 25).

[329] Mit künstlicher Intelligenz sollen Maschinen befähigt werden, menschliche Tätigkeiten auszuüben. Dabei sollen das menschliche Gedächtnis sowie sein Lernverhalten und seine Entwicklung imitiert werden (vgl. Lämmel, Uwe; Cleve, Jürgen (2012): Künstliche Intelligenz. 4. aktualisierte Auflage. München: Carl Hanser Verlag, S. 13).

[330] Das Themenfeld Vernetzung wird im weiteren Verlauf des Kapitels erläutert.

[331] vgl. Luber, Litzel (2017).

[332] vgl. Werther, Bruckner (2018), S. 6f. Die Nummerierung folgt den vorhergehenden drei industriellen Revolutionen aus dem 18. Jahrhundert (Erfindung der Dampfmaschine, Entstehung des mechanischen Webstuhls, Ersatz von Muskelkraft durch Maschinen), aus dem 19. Jahrhundert (Einführung der Massenfertigung durch Fließbandarbeit und Arbeitsteilung)

Nutzung von Internettechnologien, durch Automatisierung[333] und vernetzte Digitalisierung der Produktion wird die Produktivität erhöht und werden Effizienzgewinne realisiert. Der Informationsfluss zwischen Kunden, Lieferanten und Herstellern wird über die gesamte Wertschöpfungskette vernetzt, sodass eine Echtzeitversorgung der Kunden möglich wird. Zudem werden Produktionsprozesse auf Basis von über den gesamten Engineering Prozess gesammelten Nutzungsdaten der eingesetzten Produkte optimiert. Die analysierten Nutzungsdaten tragen darüber hinaus dazu bei, die Funktionsanforderungen der Kunden in künftigen Produktmerkmalen abzubilden.[334]

In Anlehnung an den Begriff Industrie 4.0 und in Zusammenhang mit der digitalen Transformation wird des Weiteren das Schlagwort **Arbeit 4.0** genannt. Arbeit 4.0 bezieht die Veränderungsprozesse dabei nicht nur auf die industrielle Produktion, sondern auf alle Arbeitswelten. Der Begriff umfasst zudem nicht nur die aus dem Einsatz von neuen Technologien resultierenden Auswirkungen auf die Arbeitswelten, sondern auch die Folgen des demografischen Wandels, die Verlagerung von arbeits- hin zu qualifikationsintensiven Tätigkeiten sowie die Veränderung der Wertehierarchie und die damit einhergehende zunehmende Individualisierung. Alle Trends haben gemeinsam, dass sie zu einem Wandel von Arbeitsformen und -beziehungen führen und neue Kompetenzanforderungen oder Berufsbilder mit sich bringen.[335] Hieraus resultieren eine zunehmende Flexibilisierung und Mobilität von Arbeitsbeziehungen und Organisationsstrukturen, die agile Merkmale aufweisen. Die Sinnhaftigkeit von Arbeit sowie die Anerkennung für Leistungen gewinnt an Bedeutung.[336] Im Folgenden werden die Auswirkungen des digitalen Wandels auf die Arbeitswelten beschrieben, welche auch im Zusammenhang mit Arbeit 4.0 stehen.

Die Nutzung digitaler und mobiler **Kommunikationstechnologien** ermöglicht die Zusammenarbeit von internationalen Teams, die räumlich oder zeitlich getrennt sind. Global verfügbares Wissen und global verfügbare Kompetenzen können durch **Vernetzung** unabhängig von Zeit und Raum zur Bewältigung von Aufgaben

---

und aus dem 20. Jahrhundert (Automatisierung von Produktionsprozessen, Erfindung der Speicherprogrammierbaren Steuerung).

[333] Das Themenfeld Automatisierung wird im weiteren Verlauf dieses Kapitels erläutert.

[334] vgl. ebd., S. 8.

[335] vgl. Rump, Eilers (2017a), S. 3f.

[336] vgl. Werther, Bruckner (2018), S. 17.

oder zur Bearbeitung von Projekten eingesetzt werden. Diese Art der Zusammenarbeit bringt neue Arbeitsmodelle mit sich und hat weitreichende Auswirkungen auf den Arbeitsalltag in Unternehmen.[337] So entstehen beispielsweise flexible Arbeitszeitmodelle, die Bestandteile wie Gleitzeit, Homeoffice und Arbeitszeitkonten inkludieren. Diese Modelle etablieren sich zunehmend zu Standardangeboten von Unternehmen, die sich mit diesen und anderen innovativen Programmen als attraktiver Arbeitgeber positionieren und ihren Bedarf an Fachkräften sichern wollen.[338]

Auch für Mitarbeiter und ihre Karriereverläufe hat dies Auswirkungen. Bislang beschränkte sich der Wettbewerb um offene Positionen auf lokale oder nationale Mitbewerber. Durch die globale Vernetzung können Unternehmen auch international Mitarbeiter werben, die durch den Einsatz von digitalen Technologien ortsunabhängig arbeiten können. Die globale Vernetzung und die daraus resultierenden virtuellen Arbeitsmöglichkeiten eröffnen den Unternehmen somit eine größere Menge potenzieller Bewerber. Gleichzeitig müssen sich Bewerber mit einem umfangreichen Angebot an internationalen Joboptionen auseinandersetzen. Karriereverläufe weichen durch diese vielfältigen Möglichkeiten folglich immer mehr von den standardisierten Laufbahnmodellen ab. Sofern sie das zur Verfügung stehende Angebot entsprechend nutzen, können Mitarbeiter ihre berufliche Laufbahn an ihren individuellen Bedürfnissen ausrichten.

Eine globale Vernetzung fördert nicht nur die orts- und zeitunabhängige Zusammenarbeit von Menschen, vielmehr wird durch den intensiven Informationsaustausch **Wissen als kollektives Gut** bereitgestellt bzw. demokratisiert. Wissensbasierte Technologien können so die gesamte Wertschöpfungskette unterstützen, indem Mitarbeiter zu jeder Zeit und von jedem Ort Zugriff auf benötigte Informationen und Daten erhalten. Zudem können Individuen sich an deren Weiterentwicklung beteiligen, indem sie diese ergänzen.[339] Gleichzeitig kann der Aufbau eines Wissensmanagements Auswirkungen auf Personalprozesse haben, indem beispielsweise Einarbeitungsprozesse unterstützt und beschleunigt werden, wodurch beteiligte Mitarbeiter entlastet werden und neue Kollegen schneller arbeitsfähig

---

[337] vgl. Rump, Eilers (2017a), S. 5f.; Werther, Bruckner (2018), S. 16f.

[338] vgl. Eichhorst, Werner; Hinte, Holger; Rinne, Ulf; Tobsch, Verena (2016): Digitalisierung und Arbeitsmarkt: Aktuelle Entwicklungen und sozialpolitische Herausforderungen. Bonn: Forschungsinstitut zur Zukunft der Arbeit (IZA) (85). Online verfügbar unter http://hdl.handle.net/10419/156173. Letzter Zugriff am 20.06.2019, S. 9.

[339] vgl. Moskaliuk (2019), S. 5; Rump, Eilers (2017a), S. 6; Ternès (2018), S. 7f.

sind.[340] Der strukturierte und gezielte Einsatz von Technologien, die das Speichern und Austauschen von Wissen in Organisationen fördern, begünstigt auch die Flexibilität und Durchlässigkeit von Laufbahnmodellen. Auf Basis einer langfristigen Personalbedarfsplanung können benötigte Kompetenzen abgeleitet werden, die beispielsweise über passende Wissensmanagementsysteme vermittelt werden können. Mitarbeiter können diese Kompetenzprofile nutzen, um eigenverantwortlich ihre Fähigkeiten zu erweitern und neue Fachkenntnisse aufzubauen. Sie passen sich dadurch den Anforderungen von (neuen) Fach- oder Führungspositionen an und können so im Rahmen der organisational gesteuerten Laufbahnmodelle ihren beruflichen Werdegang beeinflussen. Unternehmen, die ihren Mitarbeitern den Zugang zu den entsprechenden Technologien gewähren, können so zur Stärkung der Employability ihrer Mitarbeiter beitragen und langfristige Personalbedarfe frühzeitig abdecken.

Der digitale Wandel bringt zunehmend auch Computer oder Maschinen hervor, die in der Lage sind, Arbeitsschritte auszuführen, die bisher von Menschen übernommen wurden. Es besteht die Befürchtung, dass durch **Automatisierung** immer mehr Tätigkeiten von Maschinen ausgeführt werden und Menschen vom Arbeitsmarkt verdrängt werden.[341] Verschiedene Untersuchungen kommen zu unterschiedlichen Ergebnissen bei der Ermittlung des Anteils der Arbeitsplätze, die durch den Einsatz von Technologien entfallen könnten (von 42 % bis 59 % der Beschäftigten). Zudem können computergesteuerte Maschinen nur einen Teil der Arbeitsabläufe übernehmen und kaum einen Beruf vollständig automatisch ausführen.[342] Entsprechend sollte das Potenzial der **Substituierbarkeit von Berufen**[343] anhand einzelner Arbeitsschritte beurteilt werden, da es meist die routinierten

---

[340] vgl. ebd.

[341] vgl. Krabel, Stefan (2016): Arbeitsmarkt und Digitalisierung - Wie man benötigte digitale Fähigkeiten am Arbeitsmarkt messen kann. In: Wittpahl, Volker (Hrsg.): Digitalisierung. Bildung, Technik, Innovation. Berlin, Heidelberg: Springer-Verlag. S. 99–107, S. 100.

[342] vgl. Dengler, Katharina; Mattheis, Britta (2019): Digitalisierung in Deutschland: Substituierbarkeitspotenziale von Berufen und die möglichen Folgen für die Beschäftigung. In: Dobischat, Ralf; Käpplinger, Bernd; Molzberger, Gabriele; Münk, Dieter (Hrsg.): Bildung 2.1 für Arbeit 4.0? Wiesbaden: Springer Fachmedien. S. 49–62, S. 50; Hammermann, Andrea; Stettes, Oliver (2015): Beschäftigungseffekte der Digitalisierung: Erste Eindrücke aus dem IW-Personalpanel. In: *IW-Trends - Vierteljahresschrift zur empirischen Wirtschaftsforschung* 42 (3). S. 77–94. Online verfügbar unter http://hdl.handle.net/10419/157138. Letzter Zugriff am 04.06.2019, S. 78.

[343] Substituierbarkeit meint die Übernahme von Tätigkeiten durch Computer oder computergesteuerte Maschinen, die zuvor von Menschen ausgeübt wurden (vgl. Dengler, Mattheis (2019), S. 51).

Tätigkeiten sind, die leicht zu automatisieren sind.[344] Diese differenziertere Untersuchung kommt zu dem Ergebnis, dass 12 bis 15 % der Erwerbstätigen in Deutschland einen Beruf mit einem hohen Anteil an automatisierbaren Tätigkeiten ausüben.[345] Jedoch sind die Untersuchungsergebnisse unter Vorbehalt zu verwenden, da eine konkrete Vorhersagbarkeit der technologischen Entwicklung kaum möglich ist und die Einschätzung der Substituierbarkeit auf subjektiven Einschätzungen beruht. Es ist dennoch absehbar, dass einzelne Tätigkeitsfelder und Berufsgruppen sich durch Automatisierung stark verändern werden und einige Aufgabengebiete vollständig automatisiert werden können.[346]

Darüber hinaus ist davon auszugehen, dass sich das Substituierbarkeitspotenzial für verschiedene Berufe deutlich unterscheidet. Während technische Arbeitsabläufe in der Fertigung durch Automatisierung leicht ersetzbar sind, können Tätigkeiten in sozialen Dienstleistungsberufen nur begrenzt durch computergesteuerte Maschinen ausgeführt werden.[347] In der Konsequenz ist damit zu rechnen, dass durch den digitalen Wandel einerseits neue Tätigkeiten entstehen und dass sich andererseits Arbeitsaufgaben entwickeln, die veränderte fachliche Qualifikationen erfordern. Dadurch steigt die Nachfrage nach Fachkräften, die kognitive Fähigkeiten, interdisziplinäre Teamfähigkeit, Kreativität oder soziale Intelligenz mitbringen, um die neu entstehenden Tätigkeiten und die steigenden Anforderungen bewältigen zu können.[348] Der Mangel an Fachkräften ist somit nicht nur eine Folge des demografischen Wandels, sondern wird durch die aus der digitalen Transformation resultierenden veränderten Anforderungen noch verschärft. Insgesamt ist die Entwicklung der Beschäftigung jedoch nicht nur vom Einsatz neuer Technologien abhängig, vielmehr wirken weitere Effekte mit, die das Substituierbarkeitspotenzial beeinflussen.[349]

---

344 vgl. Eichhorst et al. (2016), S. 6; Krabel (2016), S. 102.

345 vgl. Arntz, Melanie; Gregory, Terry; Lehmer, Florian; Matthes, Britta; Zierahn, Ulrich (2016): Arbeitswelt 4.0 - Stand der Digitalisierung in Deutschland: Dienstleister haben die Nase vorn. IAB-Kurzbericht, No. 22/2016. Nürnberg: Institut für Arbeitsmarkt- und Berufsforschung (IAB). Online verfügbar unter http://hdl.handle.net/10419/158498. Letzter Zugriff am 04.06.2019, S. 2.

346 vgl. Hammermann, Stettes (2015), S. 78f.

347 vgl. Dengler, Mattheis (2019), S. 49ff.

348 vgl. Eichhorst et al. (2016), S. 6; Krabel (2016), S. 102.

349 vgl. Dengler, Mattheis (2019), S. 49ff.

> „Solange die Arbeit des Menschen wirtschaftlicher, flexibler oder von besserer Quali-
> tät ist, rechtliche oder ethische Hürden einer Automatisierung entgegenstehen, wird
> eher nicht substituiert."[350]

Die fortschreitende Digitalisierung führt zu einer Veränderung der Branchen-, Be-
rufs- und Anforderungsstruktur, wodurch der kontinuierlichen Aus- und Weiterbildung im Berufsleben eine entscheidende Bedeutung zukommt. Hierbei sollte nicht
nur eine berufsbezogene Weiterentwicklung in Betracht gezogen werden. Vielmehr sollten auch berufliche Umorientierungen oder Höherqualifizierungen angestrebt werden, um eine Tätigkeit ausüben zu können, die den individuellen Potenzialen entspricht.[351] Viele Mitarbeiter sind sich der Relevanz der stetigen Weiterbildung bewusst. Unternehmen müssen ihren Mitarbeitern dabei einen Orientierungsrahmen geben, um die Weiterentwicklung sinnvoll zu gestalten und sie beim
Erhalt ihrer Beschäftigungsfähigkeit zu unterstützen. Dadurch können auch Unternehmen ihre Wettbewerbsfähigkeit und Innovationskraft erhalten.[352] Wichtig hierbei ist, dass nicht nur (hoch-)qualifizierte Mitarbeiter gefördert werden, sondern
dass auch Maßnahmen für Geringqualifizierte entwickelt werden. Insbesondere
wenn Maschinen einzelne Tätigkeiten aus einfachen Anforderungsprofilen übernehmen, müssen betroffenen Mitarbeitern alternative Aufgaben angeboten werden. Karriereverläufe werden durch die stetigen Veränderungen weniger planbar,
die traditionelle organisationale Laufbahnsteuerung stößt folglich an ihre Grenzen.
Wenn darüber hinaus einzelne Tätigkeiten keine menschliche Arbeitskraft mehr
bedürfen, muss die Abfolge beruflicher Stationen regelmäßig individuell adaptiert
werden.

---

[350] ebd., S. 56.

[351] vgl. ebd., S. 58.

[352] vgl. Wolter, Ute (2019): Mitarbeiter lernbereit, doch vielen fehlt die Orientierung. Online verfügbar unter https://www.personalwirtschaft.de/personalentwicklung/weiterbildung/arti-
kel/die-mehrheit-der-fach-und-fuehrungskraefte-ist-hinsichtlich-der-digitalisierung-weiter-
bildungsbereit.html. Letzter Zugriff am 20.05.2019.

6.7 Ökologische Einflussfaktoren

In Deutschland steigt das Bewusstsein für die Herausforderungen von Umwelt-
und Klimaschutz. Persönliche Konsumentscheidungen werden zunehmend klima-
bewusst getätigt, Haushaltsgeräte werden auf Basis ihrer Energieeffizienz ausgewählt und Energie wird aus Ökostrom gewonnen.[353] Der Megatrend **Neo-Ökologie**
erstreckt sich dabei aber nicht nur auf das persönliche Umfeld, vielmehr sind alle
Lebens- und Arbeitsbereiche davon betroffen. Bisher war ein fortschreitendes
Wirtschaftswachstum auf Kosten eines zunehmenden Rohstoffverbrauchs und einer höheren Belastung von Luft und Wasser möglich. Vor dem Hintergrund der
endlichen Verfügbarkeit kritischer Ressourcen, des steigenden Umweltbewusst-
seins von Kunden und Mitarbeitern sowie verschiedener globaler und nationaler
Umweltprogramme (z.B. das Umweltprogramm der Vereinten Nationen) setzen
Unternehmen sich mit einer nachhaltigen umwelt- und ressourcenschonenden Gestaltung ihrer Geschäfts- und Produktionsprozesse auseinander.[354] Entsprechend
des Konzeptes der Corporate Social Responsibility zielt die Ausrichtung von Organisationen nicht mehr nur auf Profitmaximierung und Wachstumsorientierung ab,
vielmehr werden auch die Maximierung des sozialen sowie des ökologischen Nut-
zens angestrebt. Unternehmen übernehmen in diesem Zusammenhang Verantwortung für ihre Auswirkungen auf die Gesellschaft, die über die gesetzlichen Vorschriften hinaus geht.[355] Die Berücksichtigung von Umwelt- und Klimaschutzas-
pekten reduziert dabei einerseits den Ressourcenverbrauch, andererseits können
Wettbewerbsvorteile realisiert werden. Viele Kunden nehmen umweltbewusstes
Handeln von Organisationen positiv wahr und passen ihr Konsumverhalten entsprechend an. Folglich ist davon auszugehen, dass Unternehmen ökologische

---

[353] vgl. Umweltbundesamt Deutschland (2019): Umweltbewusstsein und Umweltverhalten. Online verfügbar unter https://www.umweltbundesamt.de/daten/private-haushalte-kon-
sum/umweltbewusstsein-umweltverhalten# textpart-1. Letzter Zugriff am 18.06.2019.

[354] vgl. Wirtschaftsforum (2018): Umweltschutz und Wirtschaft – auf dem Weg zur Green Economy. Online verfügbar unter https://www.wirtschaftsforum.de/news/umweltschutz-und-
wirtschaft-auf-dem-weg-zur-green-economy/. Letzter Zugriff am 18.06.2019.

[355] vgl. Europäische Kommission (2001): Grünbuch: Europäische Rahmenbedingungen für die
soziale Verantwortung von Unternehmen. KOM(2001), S. 7; Europäische Kommission
(2011): Mitteilung der Kommission an das Europäische Parlament, den Rat, den Europäischen Wirtschafts- und Sozialausschuss und den Ausschuss der Regionen. Eine neue EU-Strategie für die soziale Verantwortung der Unternehmen (CSR). KOM(2011), S. 7f.

Belange in Geschäftsprozessen auch vor einem ökonomischen, wettbewerbsbezogenen Hintergrund berücksichtigen.[356]

Mit dem Megatrend Neo-Ökologie gehen verschiedene Subtrends einher, die die Entwicklungen in diesem Themenfeld spezifizieren.[357] Im Folgenden wird der Trend Sharing Economy vorgestellt, da dieser einen Einfluss auf die Arbeitswelten hat. Andere Themenbereiche der Neo-Ökologie wirken sich dahingegen eher auf das Konsumverhalten (z.B. Bio-Boom[358]) oder den Einsatz von Ressourcen aus (z.B. Circular Economy[359] oder Minimalismus[360]), was die Art zu arbeiten mittelbar beeinflusst und daher hier nicht weiter thematisiert wird.

Wörtlich übersetzt bedeutet der Term **Sharing Economy** *Wirtschaft des Teilens.* Unter dem Begriff wird die systematische Verwendung von Gütern verstanden, bei der diese durch Leihen, Mieten, Tauschen oder Teilen gemeinschaftlich nutzbar gemacht werden. Unter dem Motto „Nutzen statt Besitzen" sollen Kapazitäten besser ausgelastet und der Ressourcenverbrauch reduziert werden. Plattformen dienen dabei der Vermittlung von Dienstleistungen oder von Gütern (z.B. Uber, Airbnb) und ermöglichen kurzfristiges und kurzzeitiges Teilen, das zudem durch den Einsatz von neuen digitalen Technologien (z.B. mobile Endgeräte) erleichtert wird. Zunächst wurden mit dem Trend positive Effekte verbunden, indem sozial förderliche und umweltschonende Wirtschaftsformen einen Beitrag zu einem nachhaltigen Lebensstil leisten. Jedoch haben sich aus der vormals unentgeltlichen gemeinschaftlichen Nutzung von Gütern renditeorientierte Geschäftsmodelle entwickelt. Weiterhin ist fraglich, ob das Teilen von Produkten tatsächlich die Nutzung von

---

[356] vgl. Wirtschaftsforum (2018).

[357] vgl. Zukunftsinstitut (o. J.b): Megatrend Neo-Ökologie. Online verfügbar unter https://www.zukunftsinstitut.de/artikel/mtglossar/neo-oekologie-glossar/. Letzter Zugriff am 25.05.2019.

[358] Unter Bio-Boom wird der zunehmende Konsum von Bio-Produkten verstanden. Dieser umfasst dabei nicht nur Lebensmittel, sondern auch Kleidung, Möbel oder Kosmetik (vgl. ebd.).

[359] Circular Economy beschreibt das Modell der Kreislaufwirtschaft, indem beispielsweise Abfälle wieder als Rohstoff verwendet werden. Hiermit werden nicht nur ökologische sondern auch ökonomische Ziele verfolgt (vgl. Zukunftsinstitut (o. J.b)).

[360] Bewusstes und achtsames Verzichten wird als Minimalismus bezeichnet. Hiermit soll einerseits das Konsumverhalten verändert werde. Andererseits steht ein bewusster Umgang mit dem Überangebot und der Verfügbarkeit von Produkten und Dienstleistungen im Vordergrund (vgl. ebd.).

Rohstoffen optimiert, da mit einer höheren Abnutzung und damit einer geringeren Nutzungsdauer gerechnet werden muss.[361]

Weltweit interessieren sich immer mehr Menschen für die Grundidee von Sharing Economy und das Konzept findet auch in Unternehmen vermehrt Anwendung. Insbesondere im Hinblick auf die Gestaltung von Arbeitsplätzen gewinnt der Gedanke des Teilens an Bedeutung. In diesem Zusammenhang werden gemeinschaftlich zu nutzende Arbeitsbereiche gestaltet, in der verschiedene Arbeitszonen zur Verfügung gestellt werden. Der einzelne Mitarbeiter verliert so zwar seinen eigenen festen Arbeitsplatz, gewinnt aber gleichzeitig eine Vielzahl an unterschiedlichen Arealen, wie beispielswiese Ruhezonen, Lounge-Bereiche oder Gruppenarbeitsräume, hinzu, welche er entsprechend seiner jeweiligen Arbeitsaktivität aussuchen kann.

Organisationen nutzen sogenannte Open Space Konzepte,[362] um flexibel auf Belegungskapazitäten reagieren zu können und um unterschiedlichen Anforderungen an Arbeitsplätze gerecht zu werden. Das Teilen der Ressource „Arbeitsplatz" folgt somit dem Konzept der Sharing Economy, bei dem vorhandene Kapazitäten besser ausgelastet werden können. Hierdurch kann verhindert werden, dass Büroräume ungenutzt und damit ökologisch und ökonomisch ineffizient sind. Die Nutzung unterschiedlicher Arbeitsflächen bietet der Belegschaft zudem die Möglichkeit, in einer inspirierenden Arbeitsumgebung mit wechselnden Kollegen (bereichsübergreifend) an Themen zu arbeiten und kreative Lösungen zu entwickeln. Weiterhin wird Mitarbeitern ermöglicht, eigenständig über ihre Arbeitsgestaltung zu entscheiden und dem Bedürfnis der Vereinbarkeit von Familie, Beruf und Freizeit gerecht zu werden. Zur Etablierung eines Open Space Konzeptes ist neben einer vertrauensvollen Zusammenarbeit im gemeinsamen Arbeitsbereich auch eine

---

[361] vgl. Bouncken, Ricarda B.; Reuschl, Andreas J. (2018): Coworking-spaces: how a phenomenon of the sharing economy builds a novel trend for the workplace and for entrepreneurship. In: *Review of Managerial Science* 12 (1). S. 317–334. Online verfügbar unter https://doi.org/10.1007/s11846-016-0215-y. Letzter Zugriff am 24.06.2019, S. 319; Haese, Michael (2015): Aktueller Begriff: Sharing Economy. Online verfügbar unter https://www.bundestag.de/re-source/blob/377486/21fc4300787540e3881dbc65797b2cde/sharing-economy-data.pdf. Letzter Zugriff am 27.05.2019; Zukunftsinstitut (o. J.b).

[362] Es existiert zu den hier beschriebenen kollaborativen Arbeitsplätzen in der Literatur keine einheitliche Definition. Verschiedenen Konzepte werden nach den persönlichen Vorstellungen ihrer Begründer gestaltet und richten sich dabei an unterschiedliche Zielgruppen (vgl. Meissner, Ellen; Chang-Gusko, Yong-Seun (2019): Arbeitsplatz der Zukunft - vom Eckbüro zum Digital Village. In: Hermeier, Burghard; Heupel, Thomas; Fichtner-Rosada, Sabine (Hrsg.): Arbeitswelten der Zukunft. Wie die Digitalisierung unsere Arbeitsplätze und Arbeitsweisen verändert. Wiesbaden: Springer Fachmedien. S. 163–180, S. 167ff.).

Adaptierung von Unternehmenswerten notwendig. Dabei werden Anwesenheitskontrolle und Präsenzkultur durch Ergebnisorientierung und Zielvereinbarungen ersetzt.[363]

Neben dem Trend der Sharing Economy verändert das gestiegene Bewusstsein für Umwelt- und Klimaschutz Arbeitspraktiken auch insofern, als dass auf den Einsatz von Arbeitsmaterialien oder auf Dienstreisen verzichtet wird. Die Nutzung von Kommunikationstechnologien ermöglicht eine Vernetzung von Menschen, die ortsunabhängig zur Erarbeitung von Problemstellungen oder in virtuellen Projektteams eingesetzt werden können (siehe Kapitel 5.6). Bei der Gestaltung von Laufbahnmodellen wird somit deutlich, dass auch ökologische Trends wie die Sharing Economy eine individuelle Ausrichtung von Karriereverläufen unterstützen. Mitarbeiter können Open Space Konzepte nutzen, um ihrem Streben nach Individualisierung gerecht zu werden und sich beruflich zu entfalten. Durch den Kontakt zu Kollegen des eigenen sowie anderer Fachbereiche können Mitarbeiter bereichsübergreifende Netzwerke aufbauen und Karrierewege einschlagen, die unabhängig von ihrem ursprünglichen fachlichen und persönlichen Hintergrund verlaufen.[364] Hieraus entwickelt sich eine neue Nachfrage nach alternativen Karriere- und Entwicklungsperspektiven, auf die Unternehmen entsprechend reagieren müssen.

6.8 Herausforderungen der VUCA-Welt für Unternehmen und Beschäftigte

Die VUCA-Welt mit ihrer Vielzahl an unterschiedlichen Entwicklungen stellt Unternehmen und deren Beschäftigte vor Herausforderungen. Aus den in Abbildung 8 zusammenfassend dargestellten Einflussfaktoren lassen sich verschiedene Handlungsfelder ableiten, die in den vorhergehenden Abschnitten bereits teilweise thematisiert wurden.

---

[363] vgl. Bouncken, Reuschl (2018), S. 320ff.; Kohlert, Christine (2016): Büro-Flächen-Gestaltung - Trends und Ansätze. In: Klaffke, Martin (Hrsg.): Arbeitsplatz der Zukunft. Gestaltungsansätze und Good-Practice-Beispiele. Wiesbaden: Springer Fachmedien. S. 119–139, S. 128f.; Meissner, Chang-Gusko (2019), S. 167ff.; Zukunftsinstitut (o. J.b).

[364] vgl. Meissner, Chang-Gusko (2019), S. 168.

Politisch-rechtliche Faktoren
•Handelskonflikt, Brexit
•Arbeitsrechtliche Entscheidungen

Ökonomische Faktoren
•Positive Arbeitsmarktentwicklung
•Verschlankung von
  Organisationsstrukturen
•Globalisierung

Sozio-kulturelle Faktoren
•demografischer Wandel
•Individualisierung

Technologische Faktoren
•Digitalisierung

Ökologische Faktoren
•Neo-Ökologie

Abbildung 8: Arbeitswelten im Umbruch: Übersicht der Einflussfaktoren
(eigene Darstellung)

Unternehmen müssen ihre Arbeitsorganisation, ihre Arbeitsformen und ihre Kultur anpassen, um die Herausforderungen der VUCA-Welt bewältigen zu können (siehe Abbildung 9). Hierbei ist es entscheidend, schnell und flexibel auf externe Entwicklungen zu reagieren, sodass Tätigkeiten zunehmend in Projektarbeit oder in kleinen autonomen Teams abgewickelt werden müssen. Diese Arbeitsformen lassen sich in hierarchischen Organisationsstrukturen schwer abbilden. Folglich müssen diese durch flache Hierarchien, organisationale Netzwerke sowie die Nutzung von kollaborativen Arbeitsformen abgelöst werden. Gleichzeitig nehmen Routinetätigkeiten ab und es findet eine Verlagerung hin zu qualifikationsintensiven Tätigkeiten statt. Da ständig neue Lösungen für neue Herausforderungen gefunden werden müssen, gewinnen kreative, wertschöpfende Aufgaben an Bedeutung. Unternehmen können beispielsweise Job Rotation als Arbeitsform nutzen, um durch einen Wechsel der Arbeitsaufgaben die Kreativität und die Beschäftigungsfähigkeit ihrer Mitarbeiter zu sichern. Die Reduzierung von Hierarchiestufen sowie die Notwendigkeit, Entscheidungsprozesse zu beschleunigen, bedürfen der Etablierung eines agilen Mindsets in Unternehmen. Hierbei geht es nicht nur um die Gestaltung der Organisationsstruktur, sondern um die Verankerung der entsprechenden Werte im Denken und Handeln der Beschäftigten. Ein verändertes Führungsverständnis, das Führungskräfte zum Coach der Mitarbeiter werden lässt und diese an Entscheidungsfindung und Strategieprozessen beteiligt, kann in einer demokratischen Führungskultur abgebildet werden. Weiterhin ist die Berücksichtigung der unterschiedlichen Erwartungen der verschiedenen Generationen eine Herausforderung, der sich Unternehmen stellen müssen.[365]

Die Veränderungen der Arbeitswelten stellen auch **Beschäftigte** vor neue Herausforderungen (siehe Abbildung 10). In einer VUCA-Welt nimmt die Halbwertszeit von Wissen und Kompetenzen schnell ab, sodass Individuen sich ständig neuen Kompetenzanforderungen stellen müssen. Diese resultieren beispielsweise aus dem verstärkten Einsatz von digitalen Technologien, wodurch vernetztes Arbeiten, Medien- oder Visualisierungskompetenzen oder digitale Hard Skills (z.B. Programmierkenntnisse, Projektmanagementfähigkeiten) notwendig werden. Daneben gewinnen auch verschiedene Soft Skills, wie beispielsweise Kreativität, Kommunikationsfertigkeiten, der Umgang mit indirekter und widersprüchlicher Kommunikation oder Sozialkompetenzen an Bedeutung. In der (agilen) Zusammenarbeit sind hier vor allem Kooperationsfähigkeiten und Eigenständigkeit gefragt. In Organisationsstrukturen, die durch flache Hierarchien oder Führung auf Distanz (z.B. in internationalen Matrixfunktionen oder Netzwerkstrukturen) gekennzeichnet sind, müssen Mitarbeiter die neue Freiheit und Selbstständigkeit bewältigen und sich gleichzeitig auf gleichberechtigte Kommunikation mit ihren Führungskräften einstellen. Letztere nehmen die Rolle eines Coaches ein, der zunehmend auch Personalentwicklungsaufgaben hinsichtlich der Befähigung der eigenen Mitarbeiter einnimmt. Im Hinblick auf die Karrieregestaltung haben die verschiedenen Generationen unterschiedliche Vorstellungen von ihrem beruflichen Werdegang. Gleichzeitig erfordern externe Entwicklungen Flexibilität und Anpassungsfähigkeit von Beschäftigten, sodass Laufbahnmodelle künftig so gestaltet werden müssen, dass eine Durchlässigkeit (z.B. zwischen Fach- und Führungslaufbahn) möglich ist. Geradlinige Karriereverläufe werden in der Folge selten, vielmehr müssen sich sowohl Unternehmen als auch deren Beschäftigte in unterschiedlicher Ausprägung auf facettenreiche Lebensläufe einstellen.[366]

Die Herausforderungen, die aus den Veränderungen der Arbeitswelten resultieren, sind vielfältig. Es gibt keine allgemeingültige Lösung oder einfache Konzepte, um sie zu bewältigen. Jedoch gibt es Ansätze, die – sofern sie sorgfältig an individuelle Bedürfnisse angepasst und strukturiert etabliert werden – helfen können, in der VUCA-Welt zu bestehen. Aus den Veränderungen der Arbeitswelten ergeben sich

---

[365] vgl. Weinand, Gesa (2019): Agile Karrieregestaltung. Ein Workbook für die Karriere 4.0. 1. Auflage. Freiburg: Haufe-Lexware, S. 46ff.

[366] vgl. Weinand (2019), S. 50ff.

auch neue Anforderungen für Laufbahnmodelle und Karrierekonzepte. Unternehmen müssen ihre Konzepte entsprechend überarbeiten, um einerseits den Erwartungen der verschiedenen Generationen gerecht zu werden und um andererseits den externen Entwicklungen begegnen zu können.

Nachdem in den vorangegangenen Abschnitten die Entwicklungen dargestellt wurden, die aus einer externen Perspektive zu Veränderungen der Arbeitswelten führen, werden in den nächsten Kapiteln die Erwartungen der zukünftigen Arbeitsmarktakteure vorgestellt. Ausgehend von den Ergebnissen der Shell Jugendstudie werden aus der Perspektive der Generation Y die Erwartungen dieser im Hinblick auf ihre eigene Berufstätigkeit erörtert.

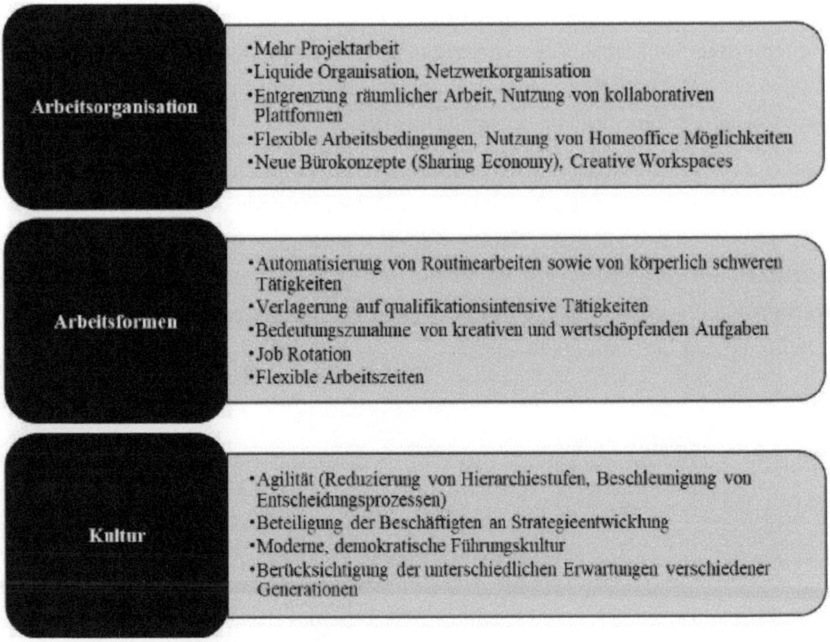

Abbildung 9: Herausforderungen für Unternehmen
(eigene Darstellung in Anlehnung an Weinand (2019), S. 47)

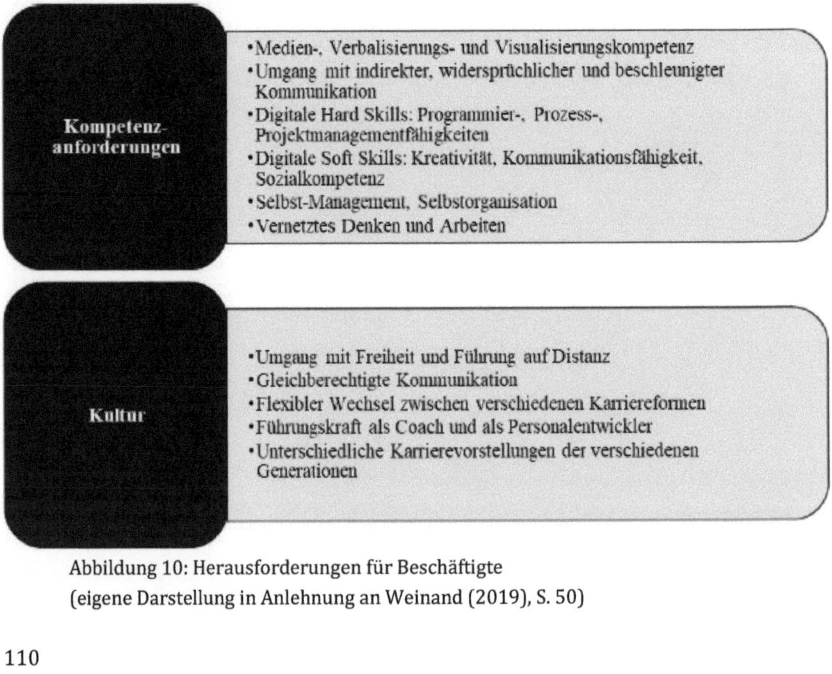

Abbildung 10: Herausforderungen für Beschäftigte
(eigene Darstellung in Anlehnung an Weinand (2019), S. 50)

7 Generation Y im Aufbruch: Erwartungen der Jugend an die Arbeitswelten

Für die Darstellung der internen Perspektive, die die Erwartungshaltung der zukünftigen Erwerbstätigen abbildet, wurde die Shell Jugendstudie 2015 ausgewählt. Die Studie ist repräsentativ angelegt, basiert auf jahrzehntelangen Erfahrungswerten und gibt neben der allgemeinen Werteorientierung auch einen Überblick über die Erwartungen an Beruf und Karriere. Folglich ist die Studie geeignet, um die Erwartungshaltung der Jugendlichen zu analysieren.[367]

Die Shell Jugendstudie ist eine Langzeitstudie im Bereich der Jugendforschung, die seit 1953 alle vier Jahre durch unabhängige Wissenschaftler und Institute im Auftrag von Shell durchgeführt und veröffentlicht wird. Ziel der Studie ist es, die heutigen politischen und sozialen Rahmenbedingungen der Jugend sowie die Bewältigung der daraus resultierenden Herausforderungen abzubilden. Zudem werden die verschiedenen Einstellungen, Werteorientierungen und Verhaltensweisen der Generation verdeutlicht, sodass eine Unterscheidung zu vorherigen Generationen möglich ist. In diesem Kapitel wird die 17. Shell Jugendstudie von 2015 vorgestellt und analysiert. Zunächst erfolgt eine Einleitung in die Studie, indem die Methodik der Datenerhebung (Kapitel 6.1) dargestellt sowie die Bewältigung der Entwicklungsaufgaben (Kapitel 6.2) erläutert werden. Danach werden die Kernaussagen der Studie (Kapitel 7.3) beschrieben und im Hinblick auf Karriere interpretiert und zusammengeführt (Kapitel 6.4). In Kapitel 6.5 folgt eine kritische Würdigung der Studie sowie des Forschungsansatzes.

---

[367] Es gilt zu beachten, dass ausschließlich die Ergebnisse der Shell Jugendstudie berücksichtigt werden. Andere Studien könnten zu anderen Ergebnissen kommen.

7.1 Methodisches Vorgehen der 17. Shell Jugendstudie

Die 17. Shell Jugendstudie stützt sich auf eine repräsentativ angelegte Stichprobe von 2558 Jugendlichen[368] im Alter von 12-25 Jahren (Jahrgänge 1989 bis 2002). Diese Jahrgänge zählen zu der sogenannten Generation Y. Die Kohorte der Generation Y lässt sich nicht eindeutig definieren, vielmehr gehen die einzelnen Generationen ineinander über und die Zeitspannen der Geburtenjahrgänge für die Generation Y[369] fallen unterschiedlich aus.[370] Die Bezeichnung **Generation Y** ist einerseits die folgende Generation für *Generation X*, anderseits steht das Y für das englische Wort *Why*. Dies verdeutlicht unter anderem die unsichere Lebenssituation und das stetige Hinterfragen dieser durch die Generationsmitglieder.[371] Synonyme für die Generation sind die *Millenials* oder *Digital Natives*.[372] Eine weitere Charakterisierung der Generation erfolgt an dieser Stelle nicht, da die Studienergebnisse die Trends erkennen lassen. Die nachfolgende Generation ist die *Generation Z*. Die Studie besteht aus einem quantitativen und einem qualitativen Teil (siehe Abbildung 11).

---

[368] Im Folgenden werden die Begriffe Jugendliche, junge Menschen und Generation Y synonym verwendet. Dies umfasst die gesamte befragte Altersgruppe von 12 bis 25 Jahren.

[369] So zählt beispielsweise Klaffke zu der Generation alle Menschen, die zwischen 1981 und 1995 geboren sind. Dahingegen zählt Sacks die Jahrgänge 1978 bis 2000 zu der Generation Y (vgl. Klaffke, Martin (2014): Millennials und Generation Z – Charakteristika der nachrückenden Arbeitnehmer-Generationen. In: Klaffke, Martin (Hrsg.): Generationen Management. Konzepte, Instrumente, Good-Practice Ansätze. Wiesbaden: Springer Fachmedien. S. 57–82, S. 59; Parment, Anders (2013): Die Generation Y: Mitarbeiter der Zukunft motivieren. Wiesbaden: Springer Fachmedien, S. 3).

[370] vgl. Ruthus, Julia (2014): Employer of Choice der Generation Y. Herausforderungen und Erfolgsfaktoren zur Steigerung der Arbeitgeberattraktivität. Wiesbaden: Springer Fachmedien, S. 18.

[371] vgl. Klaffke (2014), S. 59.

[372] Die Bezeichnung Millenials lässt sich aus dem direkten Kontakt mit der Jahrtausendwende ableiten. Die Generation Y ist die erste Generation, die in der digitalen Welt aufgewachsen ist, weswegen sie auch als Digital Natives bezeichnet wird (vgl. ebd., S. 69.

17. Shell Jugendstudie 2015

Quantitative Erhebung
Quotenstudie
Persönliche Interviews
mit standardisierten
Fragebogen
Feldarbeit: Januar - März
2015

Qualitative Erhebung
21 leitfadengestützte
Gespräche
Feldarbeit: Januar - März
2015

Repräsentativ angelegte Stichprobe (2558 Jugendliche)
Alter 12-25 Jahre (Jahrgänge 1989 bis 2002)

Abbildung 11: Die Methodik der 17. Shell Jugendstudie 1015 in der Übersicht
(eigene Darstellung)

Die quantitative Erhebung wurde anhand einer Quoten-Studie durchgeführt. Eine Quoten-Studie definiert eine exakte Anzahl von Jugendlichen aus einer bestimmten Untergruppe, die pro Interviewer befragt werden sollen. Hierfür werden Quotierungsmerkmale wie Alter, sozialer Status, Bundesland und regionale Siedlungsstrukturtypen sowie die Herkunft festgelegt. Daraufhin wird ein Quotenplan mit Anzahl der Interviewer pro Quotierung erstellt.[373] Die Quotierung basiert auf den soziodemografischen Merkmalen der Jugendlichen in Deutschland. In der Studie von 2015 werden erstmalig ausschließlich Jugendliche befragt, die nach dem Fall der Berliner Mauer geboren sind. Seit 2002 ist der Anteil der Jugendlichen aus den ostdeutschen Bundesländern kontinuierlich zurückgegangen. Ursachen hierfür sind der Geburtenrückgang in den entsprechenden Bundesländern sowie die Abwanderung vieler Jugendlicher nach Westdeutschland. Gleichzeitig ist der Anteil

---

[373] vgl. Shell Deutschland Holding GmbH; TNS Infratest Sozialforschung (2015): Jugend 2015. Eine pragmatische Generation im Aufbruch. Unter Mitarbeit von Mathias Albert, Klaus Hurrelmann und Gudrun Quenzel. Originalausgabe. Frankfurt am Main: Fischer Taschenbuch, S. 390f.

von Jugendlichen mit Migrationshintergrund von 25 % 2010 auf 27 % angewachsen. Folglich hat derzeit mehr als jeder Vierte in Deutschland lebende Jugendliche einen Migrationshintergrund.

Generell ist zu erkennen, dass der Anteil der Kinder und Jugendlichen an der Gesamtbevölkerung gering ist. Die 0 bis 25-Jährigen machen lediglich ein Viertel der Bevölkerung aus. Seit 2002 wird die soziale Herkunftsschicht[374] der Jugendlichen in der Studie durch einen Index abgebildet. Dieser ist abhängig von dem Schulabschluss des Vaters, der finanziellen Lage des Elternhauses, der Wohnform der Eltern (Wohnung/Haus, Eigentum/Miete) und der geschätzten Anzahl der Bücher im Elternhaus. Der Index lässt einen Trend zum Wachstum der oberen Schicht erkennen. Die obere Mittelschicht wächst von 22 % auf 25 %, gleichzeitig schrumpft die untere Mittelschicht von 24 % auf 22 %. Das Anwachsen des Wohlstandes in gut situierten Familien verstärkt die soziale Ungleichheit. Im Vergleich zum Jahr 2002 (16 %) befindet sich im Jahr 2015 bereits über ein Viertel der Jugendlichen im Erwerbsleben (27 %). Grund hierfür ist einerseits die sinkende Geburtenrate, sodass die jüngeren Jahrgänge weniger Jugendliche umfassen. Andererseits verkürzt sich die Jugend durch einen schnelleren Berufseinstieg im Zuge von G8, der Abschaffung von Wehrpflicht und Zivildienst sowie der positiven Arbeitsmarktentwicklung.[375] Die Zusammensetzung der soziodemografischen Merkmale der Jugendlichen in Deutschland ist Tabelle 2 zu entnehmen.

---

[374] Alle im Folgenden genannten Unterschiede zwischen den Schichten basieren auf diesem Index. Die Bezeichnungen sind nicht wertend.
[375] vgl. ebd., S. 47ff.

In Prozentangaben	2002	2006	2010	2015
Bundesländer				
Westliche Bundesländer	76	79	82	84
Östliche Bundesländer	24	21	18	16
Migrationshintergrund				
Deutsche ohne Migrationshintergrund			75	73
Deutsche mit Migrationshintergrund			14	17
Nichtdeutsche			11	10
Siedlungsstrukturtyp				
Ballungsräume über 500.000 Einwohner	37	30	34	35
Stadtregionen 100.000 Einwohner +	21	36	31	31
Mittelzentren 20.000 +	14	20	22	21
Ländliche Regionen bis 20.000	28	14	13	13
Soziale Herkunft				
Untere Schicht	10	11	10	11
Untere Mittelschicht	26	23	24	22
Mittelschicht	30	30	30	29
Obere Mittelschicht	22	24	22	25
Obere Schicht	12	12	14	13
Sozialer Status				
Hauptschüler	11	9	9	5
Realschüler	12	11	10	9
Schüler an integrativen Schulformen	6	5	5	9
Gymnasiasten	20	19	19	16
Studierende	12	11	11	11
In Berufsausbildung	17	16	16	15
Erwerbstätige	16	20	21	27
Nichterwerbstätige	4	5	4	5
Arbeitslose	2	4	5	3

Tabelle 2: Soziodemografische Merkmale der Jugendlichen in Deutschland
(eigene Darstellung in Anlehnung an Shell Deutschland Holding GmbH (2015), S. 50)

Die Ergebnisse der Shell Jugendstudie können auf die Gesamtbevölkerung hochgerechnet werden, sodass eine repräsentative Stichprobe aller Jugendlichen in Deutschland entsteht.[376] Seit 2002 wurden das Studiendesign sowie die Erhebungsinstrumente beibehalten, sodass für diesen Zeitraum belastbare Trendaussagen getroffen werden können. Folglich können die Entwicklungen in einen Gesamtzusammenhang eingeordnet werden.[377]

Im Zeitraum von Januar bis März 2015 haben 393 Interviewer die Jugendlichen anhand eines standardisierten Fragebogens in persönlichen Interviews befragt. Der Fragebogen besteht aus 99 Fragen, die in der Regel geschlossen formuliert sind. Die meisten Fragen wurden mithilfe der Einordnung auf einer Skala, häufig einer Likert-Skala,[378] beantwortet. Die Jugendlichen wurden über Bekannte, Institutionen oder Treffpunkte für Jugendliche kontaktiert. Ein Interview dauerte im Durschnitt 49 Minuten. Die Fragebögen wurden mithilfe von SPSS ausgewertet.[379] Die Auswertung erfolgte disproportional, sodass eine differenzierte Abbildung nach Ost- und Westdeutschland möglich ist. Die unterschiedliche Anzahl von Interviews in Ost- und Westdeutschland wurde durch eine Korrekturgewichtung berücksichtigt.[380]

Um die Aussagen aus der quantitativen Erhebung zu ergänzen, wurden mit 21 Jugendlichen zusätzlich leitfadengestützte Gespräche durchgeführt. Die Jugendlichen wurden zum großen Teil über die quantitative Studie, ein kleiner Teil über private Kontakte der Interviewer rekrutiert. Dieses qualitative Interview dauerte 90 bis 180 Minuten und wurde aufgenommen. In einem ersten Schritt wurden Grunddaten wie beispielsweise Alter und Ausbildungsstand des Befragten aufgenommen. Im zweiten Schritt wurde das alltägliche Leben in vier Bereiche – Freunde/Freizeit, Liebe/Partnerschaft/Sexualität, Eltern und Schule/Noten/Ausbildung/ Job – kategorisiert. Pro Bereich sollten die Jugendlichen jeweils drei Kärtchen mit zentralen Stichworten beschriften und diese gewichten. Im nächsten Durchgang haben die Jugendlichen dieses Vorgehen pro Lebensbereich für „in fünf Jahren" wiederholt. Daraufhin sollten die Jugendlichen fünf Katalysatoren und fünf Hemmnisse

---

[376] vgl. Shell Deutschland Holding GmbH, TNS Infratest Sozialforschung (2015), S. 390ff.

[377] vgl. ebd., S. 34.

[378] Die Likert-Skala ist eine mehrstufige Skala, die die Abfrage eines differenzierten Meinungsbildes ermöglicht. Der Befragte muss vorgefertigte Aussagen mithilfe der Skala einordnen.

[379] vgl. ebd., S. 394f

[380] vgl. ebd., S. 389.

notieren, die Einfluss auf die Gestaltung ihrer Lebenssituation in fünf Jahren haben. Diese wurden ebenfalls in eine Rangliste gebracht. Zudem wurden weitere Themen, wie beispielsweise gesellschaftliches Engagement und aktuelle politische Themen, diskutiert.[381]

7.2 Bewältigung der Entwicklungsaufgaben unter veränderten Lebensbedingungen

Die Phase der Jugend ist von der persönlichen Individuation und der gesellschaftlichen Integration geprägt. Die Bewältigung dieser Herausforderungen ist abhängig von der körperlichen und psychischen Konstitution sowie von sozialen, ökonomischen und kulturellen Lebensbedingungen.[382] Die Lebensbedingungen der Jugendlichen haben sich seit dem Erscheinen der davor veröffentlichten Shell Jugendstudie 2010 erheblich verändert. Aus ökonomischer Sicht ist die finanzielle Situation für junge Generationen weiter eingeschränkt, da öffentliche Haushalte verschuldet sind und wenig Budget für zukunftsweisende Investitionen zur Verfügung steht. Zu den von jungen Menschen als relevant erachteten Investitionsbereichen zählen die Bildung, Infrastruktur sowie die Familienförderung. Auch der Arbeits- und Ausbildungsmarkt unterzieht sich einem Strukturwandel. 2010 hatte noch ein Fünftel der Jugendlichen keine Möglichkeit einen Ausbildungsplatz erhalten, 2015 existieren dahingegen viele unbesetzte Ausbildungsstellen. Die Unternehmen in Deutschland leiden unter dem Fachkräftemangel und müssen sich zunehmend mehr um qualifizierte Bewerber bemühen oder diese im Ausland rekrutieren. Zudem sind die Jugendlichen vor allem mit einigen politischen Konflikten außerhalb von Deutschland konfrontiert. Hierzu zählen der arabische Frühling, die Konflikte um die Krim sowie terroristische Vereinigungen und Anschläge. Den Jugendlichen wird bewusst, dass ein friedliches Europa keine feststehende Gegebenheit, sondern vielmehr ein temporärer Zustand ist. Auch die Nuklearkatastrophe von Fukushima und der daraus resultierende Atomenergieausstieg Deutschlands haben die Politik geprägt. Hiermit geht unter anderem auch das zunehmende Interesse in der Gesellschaft und insbesondere bei der Jugend für Umweltthemen einher.[383]

---

381 vgl. ebd., S. 395ff.
382 vgl. Shell Deutschland Holding GmbH, TNS Infratest Sozialforschung (2015), S. 33.
383 vgl. ebd., S. 37ff.

Der Forschungsansatz der Studie entstammt der Sozialisationstheorie und beruht auf der Annahme, dass in jeder Lebensphase bestimmte Entwicklungsaufgaben bewältigt werden (müssen). Menschen, die sich durch ihre körperliche Entwicklung und aufgrund der altersspezifischen sozialen Erwartungen ähneln, sind mit ähnlichen Herausforderungen konfrontiert. Insbesondere in der Lebensphase der Jugend sind die Entwicklungsaufgaben essenziell, um eine Persönlichkeit herauszubilden und sich als Mitglied in der Gesellschaft zu integrieren. Dieser Prozess verläuft nicht automatisch, sondern basiert auf dem aktiven Umgang mit den Erwartungen der Gesellschaft und dem Abgleich dieser mit den persönlichen Zielen und Vorstellungen. Zu den Entwicklungsaufgaben in der Jugend gehören: qualifizieren, soziale Bindungen aufbauen, regenerieren und partizipieren. **Qualifizieren** meint, sich durch die Schule bilden und ausbilden zu lassen, um im Anschluss einen Beruf zu finden und finanziell unabhängig zu sein. **Soziale Bindungen aufbauen** umfasst das Ablösen von den Eltern, das Schließen von Freundschaften, das Aufbauen einer Partnerschaft sowie die Familiengründung. Die dritte Entwicklungsaufgabe, **regenerieren**, ist die Bildung einer eigenständigen Rolle als Konsument und Mediennutzer, um wirtschaftlich zu handeln und mit finanziellen Ressourcen angemessen umzugehen. Durch die Bewältigung der vierten Entwicklungsaufgabe, **partizipieren**, soll der Jugendliche eine eigene Werteorientierung herausbilden, die als Orientierung für das eigene Handeln gilt. Zudem übernimmt der Jugendliche die Rolle eines politischen Bürgers, indem er beispielsweise von seinem Wahlrecht Gebrauch macht. Die oben beschriebenen gesellschaftlichen und politischen Strukturen stellen den Rahmen für die Bewältigung der Entwicklungsaufgaben.[384]

Die Bewältigung der Entwicklungsaufgaben wird für die Generation Y zunehmend erschwert. Traditionelle Muster von Beruf und Karriere mit lebenslanger Perspektive stellen Ausnahmen dar. Die Leistungsanforderungen sowie der psychische Druck steigen und das Erhalten eines Ausbildungs- oder Studienplatzes ist mit höherem Zeit- und Kraftaufwand verbunden. Daneben ist vor allem die Vereinbarkeit von Beruf, Partner und Familie nach wie vor schwierig, da Karriereunterbrechungen oder flexible Arbeitszeitmodelle wenig Akzeptanz in der Gesellschaft finden. Da überwiegend Frauen die Erziehungsaufgaben übernehmen, verschlechtern sich ihre beruflichen Aufstiegschancen durch die Entscheidung für ein Kind.

---

[384] vgl. Hurrelmann, Klaus; Quenzel, Gudrun (2016): Lebensphase Jugend. Eine Einführung in die sozialwissenschaftliche Jugendforschung. 13. überarbeitete Auflage. Weinheim, Basel: Beltz Verlag, S. 26ff.

Die Durchdringung der alltäglichen Lebenswelt der Jugend durch digitale Medien bietet nicht nur neue Möglichkeiten, sondern auch viele Herausforderungen. Dazu zählen Cyber Mobbing, der Verlust von realen sozialen Kontakten durch exzessive Nutzung oder Unwissenheit durch komplexe Datenschutzfragestellungen. Bestärkt werden diese Schwierigkeiten durch die strukturelle Benachteiligung der jugendlichen Minderheit gegenüber der wachsenden älteren Bevölkerung, die mit hohen finanziellen Ausgaben beispielsweise für das Rentensystem und wenigen Investitionen in die Jugend einhergeht. Darunter leiden auch das politische Interesse und Engagement der Jugendlichen.[385]

7.3 Zusammenfassung von Kernaussagen der Studie

Dieses Kapitel dient der Darstellung der wichtigsten Ergebnisse der Studie. Hierzu zählen die allgemeine Werteorientierung (Kapitel 6.3.1), die Stellung zu Politik und Gesellschaft (Kapitel 6.3.2), Familie, Freizeit und Freunde (Kapitel 6.3.3 und 6.3.4) sowie Bildung und Beruf (Kapitel 6.3.5 und 6.3.6). Von besonderer Relevanz sind dabei die Themenfelder Beruf und Karriere. Alle anderen Ergebnisse dienen dazu, die Erwartungshaltung der Jugend im Hinblick auf ihre Berufstätigkeit einordnen zu können. Das Kapitel ist deskriptiv, eine Interpretation erfolgt in Kapitel 6.4.

7.3.1 Werteorientierung

Seit der Studie von 2010 werden den wichtigsten Wertvorstellungen eine gleichbleibende Bedeutung zugeschrieben. Nach wie vor sind Freunde, Familie und Partnerschaft die wichtigsten Werte für die Jugendlichen. Diese persönlichen Beziehungen dienen als Anker für ein erfülltes Leben. Daneben wollen die Jugendlichen eine eigene Identität herausbilden. Sie bewerten Eigenverantwortung und Unabhängigkeit sowie die Entwicklung der eigenen Phantasie und Kreativität als wichtig. Zudem wächst die Bereitschaft gesellschaftliche Regeln zu akzeptieren. 84 % der Befragten schätzen den Respekt vor Gesetz und Ordnung als wichtig ein. Hier ist seit 2010 eine steigende Tendenz zu beobachten. Weitere wichtige Werte wie Fleiß und Ehrgeiz, das Streben nach Sicherheit, das Leben in vollen Zügen genießen und gesundheitsbewusst leben zählen nach wie vor zu den wichtigsten Wertvorstellungen und zeigen eine ähnliche Einschätzung wie 2010. Eine markante Veränderung zeigt sich in der Bewertung der Aussage „viele Kontakte zu anderen Menschen haben". Im Jahr 2010 war dies noch 64 % der Jugendlichen sehr wichtig,

---

[385] vgl. Shell Deutschland Holding GmbH, TNS Infratest Sozialforschung (2015), S. 41–45.

2015 sind es jedoch lediglich noch 53 %. Eine mögliche Ursache ist eine erkennbare Abwehrhaltung gegenüber dauerhaftem Kontakt durch soziale Medien.[386] Die Jugendlichen haben zunehmend Schwierigkeiten „reale" Freundschaften aufzubauen. Diese Beurteilung der Jugend bewegt sich entgegen der technischen und gesellschaftlichen Entwicklungen und ist deshalb als Auffälligkeit zu berücksichtigen. Abbildung 12 zeigt die wichtigsten Werteorientierungen im Überblick.

Die Leitwerte der Jugendlichen zeigen wenig Veränderungen im Vergleich zur vorherigen Studie. Größere Entwicklungen sind bei den Werteorientierungen, die eine mittlere bis mäßige Bedeutung für die Jugend haben, zu verzeichnen. Am auffälligsten sind die drei Kategorien Umweltbewusstsein/gesundheitsbewusstes Leben, (politisches) Engagement und die Stärkung der traditionellen Werte. Umweltbewusstsein und gesundheitsbewusstes Leben wird 2015 von zwei Dritteln der Jugendlichen als wichtig eingestuft. Generell ist zu erkennen, dass das Engagement an Bedeutung gewinnt. Hierzu zählen nicht nur politisches oder soziales Engagement, sondern auch der steigende Respekt vor der Vielfalt der Menschen (82 %), die Toleranz gegenüber anderen Meinungen (56 %) und das Engagement für sozial Benachteiligte (60 %). Neben diesen beiden steigenden Werteorientierungen ist auch ein neues Verhältnis zu Tradition erkennbar. Die Aussage „am Althergebrachten festhalten" wird 2015 von 25 % als wichtig eingestuft, 2010 waren es nur 21 %. Dies ist zwar ein vergleichsweise geringer Prozentsatz, der aber zusammen mit kontinuierlichen oder leicht steigenden Bewertungen für die Aussagen „stolz auf die eigene Geschichte" und „an Gott glauben", eine Stärkung von Tradition manifestiert.[387] Die exakte Einstufung der Wertorientierungen ist Abbildung 13 zu entnehmen.

---

[386] Das Verhältnis von Jugendlichen zu sozialen Medien und der Digitalisierung wird im Kapitel 6.3.4 näher erläutert.

[387] vgl. Shell Deutschland Holding GmbH, TNS Infratest Sozialforschung (2015), S. 242–249.

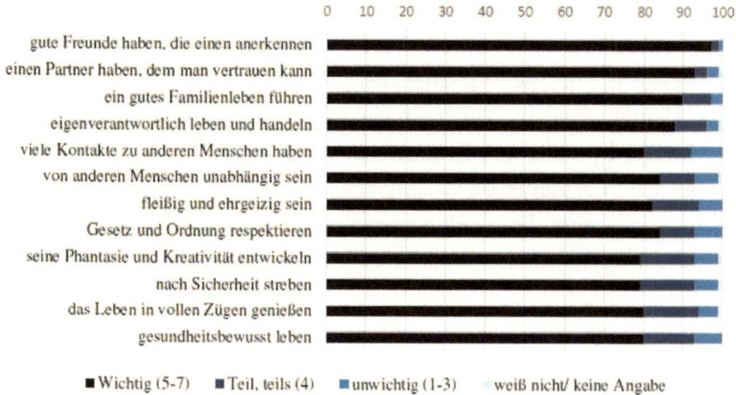

Abbildung 12: Die wichtigsten Werteorientierungen der Jugendlichen
(eigene Darstellung in Anlehnung an Shell Deutschland Holding GmbH, TNS Infratest Sozialforschung (2015), S. 239)

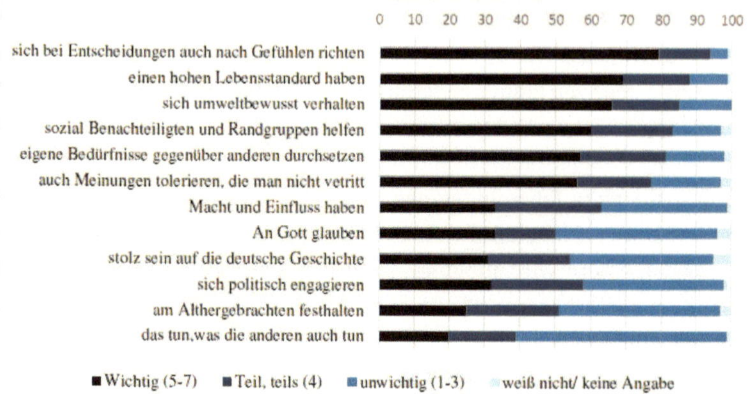

Abbildung 13: Die Werteorientierung der Jugendlichen mit mittlerer bis mäßiger Bedeutung
(eigene Darstellung in Anlehnung an Shell Deutschland Holding GmbH, TNS Infratest Sozialforschung (2015), S. 243)

Die Entwicklung zeigt zudem, dass die Bedeutung des klassischen Glaubens zurückgegangen ist. 39 % der Katholiken und 32 % der Protestanten empfinden den Glauben an Gott als wichtig. 2002 wurde der Glaube noch mit 51 % (katholisch) und 38 % (evangelisch) als wichtig wahrgenommen. Besonders wichtig ist der Glaube weiterhin für Muslime (76 %) und Christlich-Orthodoxe (64 %). Jedoch sind zwei Drittel der Jugendlichen entweder katholisch oder evangelisch, sodass sie das Meinungsbild zur Thematik Religion prägen. Eine Aufschlüsselung in ostdeutsche und westdeutsche Bundesländer zeigt deutliche Unterschiede. 63 % der Jugendlichen in Ostdeutschland sind konfessionslos, wohingegen in Westdeutschland nur 15 % keiner Konfession angehören. Für mehr als zwei Drittel (68 %) im Osten ist der Glaube an Gott sogar unwichtig. Eine mögliche Ursache hierfür ist die Unterdrückung der Religion in der DDR, die eine nachhaltige Wirkung auf die Stellung zu Religion heute hat. Dennoch schätzen zwei Drittel der Jugendlichen in Deutschland die Kirche als Institution. Die Kirche übernimmt im Auftrag des Staates soziale Aufgaben wie beispielsweise die Flüchtlingshilfe, sodass die Kirche gesellschaftlich anerkannt ist. Jedoch ist mit etwa 64 % ein Großteil der Jugendlichen der Meinung, dass die Kirche zukunftsfähiger werden muss.[388]

Für die Differenzierung der Werteorientierung sehen Kulturforscher die Unterscheidung nach Geschlecht als wichtigen Faktor. Die Shell Jugendstudie bestätigt, dass sich deutliche Unterschiede zwischen den Wertvorstellungen von Frauen und Männern wahrnehmen lassen. Frauen haben in der Regel emotional-idealistisch geprägte Wertvorstellungen, Männer hingegen eher rational-materiell geprägte. Hierfür spricht, dass Wertemuster wie *Gefühle zeigen* und *bewusst leben* sowie *soziale Beziehungen* von Frauen generell als wichtiger eingestuft werden als von Männern. Männer schätzen Wertemuster wie *Macht und Einfluss* höher ein, da diese für einen hohen Lebensstandard und Materielles stehen. Die Werteorientierungen sind in den letzten Jahrzehnten eher stabil. Eine markante Veränderung entwickelte sich durch den kulturellen Wandel in den 1970er Jahren. Der Lebensbereich Beruf und Karriere wird für junge Frauen immer wichtiger. Dabei bevorzugen Frauen aber weiterhin spezielle Berufsfelder im Sozial-, Erziehungs- und Bildungswesen, wohingegen Männer die technischen Berufe dominieren. Führungspositionen werden überwiegende von Männern eingenommen, da Karriere und Familie für Frauen nach wie vor schwierig zu vereinbaren sind. Generell ist zu erkennen,

---

[388] vgl. Shell Deutschland Holding GmbH, TNS Infratest Sozialforschung (2015), S. 251–259.

dass Frauen „wertehaltige" Orientierungen mehr schätzen und Werte stärker betonen.[389]

7.3.2 Politik und Gesellschaft

Das Interesse der Jugendlichen an politischen Themenstellungen nimmt seit 2002 deutlich zu. 46 % der Befragten bezeichnen sich als politisch interessiert (Vergleich 2002: 34 %). Vor allem ältere Jugendliche, Jugendliche aus höher gebildeten Herkunftsschichten sowie männliche Jugendliche sind besonders an Politik interessiert. Als meist genutzte Informationsquelle wird mit 29 % das Internet genannt, 28 % informieren sich über Fernsehen. Weitere Medien sind das Radio oder Tages- und Wochenzeitungen.[390] Dahingegen ist das politische Engagement rückläufig. Die Jugendlichen sind zurückhaltend gegenüber der Mitarbeit in Parteien, sodass immer noch eine ausgeprägte Politikverdrossenheit vorhanden ist. Jugendliche, die politisch aktiv werden, haben dies insbesondere durch den Verzicht auf Waren aus politischen, ethischen oder umweltschützenden Gründen getan.[391] Trotz der Politikverdrossenheit nimmt die Zufriedenheit der Jugendlichen mit der Demokratie zu. 73 % der Jugendlichen sind mit der Demokratie in Deutschland zufrieden. Die Zustimmung war über alle Studien hoch, ist im Jahr 2015 aber noch einmal gestiegen (Vergleich 2010: 63 %). Die Zufriedenheit äußert sich auch in der ausgeprägten Übereinstimmung mit den Demokratienormen. Dazu zählen laut den Jugendlichen vor allem die Meinungsfreiheit, das Wahlrecht und die Möglichkeit der Partizipation bei Entscheidungsfragen. Zudem ist auch das Vertrauen in staatliche und gesellschaftliche Institutionen gestiegen. Insbesondere Polizei, Gerichte und nicht staatliche Organisationen wie Menschenrechts- und Umweltschutzgruppen gelten als vertrauenswürdig.[392]

Im Hinblick auf das Weltgeschehen haben die Jugendlichen vor allem Sorge vor Krisen, Krieg und Terror. 73 % haben Angst vor Terroranschlägen, 62 % vor einem möglichen Krieg in Europa. Die Jugendlichen sprechen Deutschland eine besondere Rolle im Weltgeschehen zu. Rund die Hälfte der Jugendlichen (54 %) ist der Meinung, dass Deutschland eine Führungsrolle in Europa hat, wünschen sich aber, dass Deutschland moderat auftritt. Die Mehrheit (68 %) sieht Deutschland als

---

[389] vgl. Shell Deutschland Holding GmbH, TNS Infratest Sozialforschung (2015), S. 261-264.
[390] vgl. ebd., S. 158–163.
[391] vgl. ebd., S. 193–196.
[392] vgl. Shell Deutschland Holding GmbH, TNS Infratest Sozialforschung (2015), S. 173–182.

bedeutsamen Akteur der Welt. Gründe hierfür sind die Qualität der deutschen Produkte sowie die kulturelle und soziale Attraktivität. Diese Einschätzung spiegelt sich auch in der Verbundenheit mit Deutschland als Heimat- und Herkunftsland wider. 62 % der Jugendlichen sind stolz darauf, deutsch zu sein. Nur 29 % der Befragten fürchten sich vor Zuwanderung. Dahingegen fürchten sich 48 % vor wachsender Ausländerfeindlichkeit in der Bevölkerung.[393] Generell sind die Vorbehalte gegenüber anderen rückläufig. Dennoch fühlen sich 13 % der Jugendlichen im Alltag oft benachteiligt. Die Benachteiligung findet am häufigsten aufgrund des Alters, des Äußeren oder des Geschlechts statt.[394]

7.3.3 Familie

Die Familie hat seit Beginn der Befragungen einen hohen Stellenwert für die Jugendlichen. Die eigene Herkunftsfamilie gilt als notwendige positive emotionale Unterstützung bei der Bewältigung von Herausforderungen wie beispielsweise der Schule oder der beruflichen Ausbildung. Die Mehrheit der Jugendlichen hat ein gutes Verhältnis zu den eigenen Eltern, da sie durch eine spätere emotionale Abkopplung länger mit den Eltern zusammenleben. Die Beziehung ist abhängig von der finanziellen Situation und dem Bildungsstand der Eltern. Insbesondere Jugendliche aus oberen Schichten stufen das Verhältnis zu den Eltern als positiv ein (45 %). Bei der unteren Schicht sind es lediglich 21 %. Gleichzeitig reduziert sich der Wunsch nach eigenen Kindern. Der empfundene Wert von Kindern für das eigene Lebensglück sinkt von 43 % im Jahr 2010 auf 41 % in 2015. Männer stimmen der Aussage „man kann auch ohne Kinder glücklich leben" dabei mehr zu als Frauen. Dies ist vor allem mit der Herausforderung der Frauen verbunden, ihren Wunsch nach beruflichem Erfolg mit dem Kinderwunsch zu vereinbaren. In ländlichen Regionen ist eine eigene Familie wichtiger als in Ballungsräumen. Jugendliche mit Migrationshintergrund wollen eher eine eigene Familie gründen als Deutsche. Der sinkende Kinderwunsch hat jedoch keinen Zusammenhang mit der sozialen Herkunft. Der Einbruch um 13 % im Vergleich zu 2010 ist auf ein verändertes Lebensgefühl und eine neue Einschätzung der Vereinbarkeit von Beruf und Familie zurückzuführen. 74 % der Jugendlichen würden die Erziehung ihrer eigenen Kinder an dem Erziehungsstil der Eltern orientieren. In der unteren Schicht, in der die

---

393 vgl. ebd., S. 26f.
394 vgl. ebd., S. 188ff.

Beziehung zu den Eltern mit Spannungen durchzogen ist, würden lediglich 47 % ihre Kinder ähnlich erziehen.[395]

7.3.4 Freizeit

Freizeit umfasst alle Aktivitäten, die in der freien Zeit außerhalb von Schule, Berufsausbildung und Arbeitswelt, stattfinden. Die Freizeit wird von den Jugendlichen als selbstbestimmt erlebt. Sie dient der sozialen Integration, dem Ausbilden von Neigungen und Interessen sowie dem Teilhaben an der Gesellschaft. Eine wichtige Rolle in der Freizeitgestaltung nimmt zunehmend das Internet ein. Die Jugendlichen vernetzen sich untereinander und tauschen Informationen aus. Das Internet dient als sozialer (Möglichkeits-)Raum.[396] Dies spiegelt sich auch im Freizeitverhalten der Jugend wider.[397] Vorrangig ist immer noch das Treffen mit Freunden und Bekannten mit 62 % sowie Musik hören mit 54 %. Jedoch sinkt die Nennung beider Aktivitäten. Das Surfen im Internet nimmt hingegen von 26 % im Jahr 2002 auf 52 % in 2015 zu. Zusammen mit der Nutzung von sozialen Medien nehmen internetbezogene Aktivitäten zwei Drittel (70 %) der Freizeitgestaltung ein. Weitere häufig genannte Aktivitäten sind Fernsehen, Sport treiben und Unternehmungen mit der Familie. Das Freizeitverhalten ist Abbildung 14 zu entnehmen.

---

[395] vgl. Shell Deutschland Holding GmbH, TNS Infratest Sozialforschung (2015), S. 52–61.

[396] vgl. ebd., S. 111.

[397] Die Jugendlichen sollten aus einer Liste fünf Freizeitaktivtäten nennen, die am häufigsten im Wochenverlauf vorkommen.

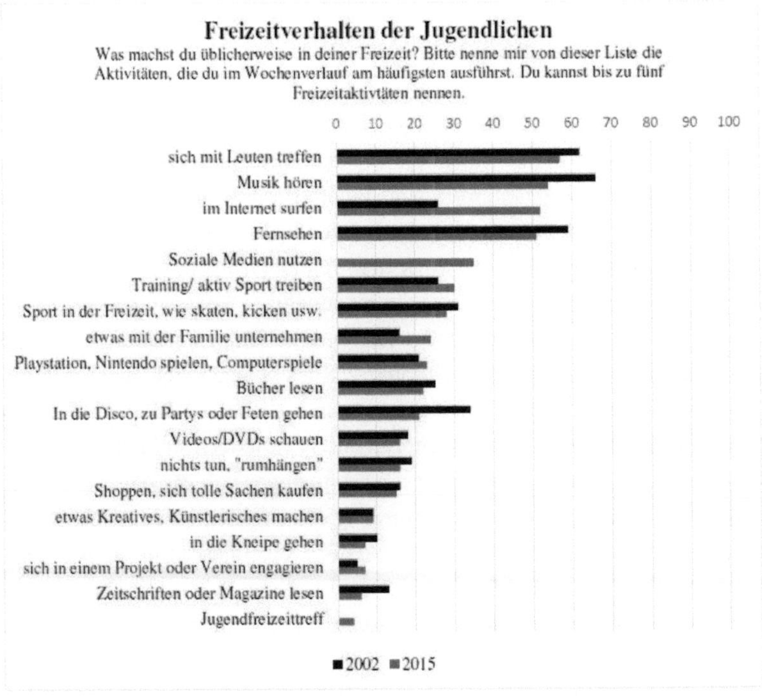

Abbildung 14: Freizeitverhalten der Jugendlichen
(eigene Darstellung in Anlehnung an Shell Deutschland Holding GmbH, TNS Infratest Sozialforschung (2015), S. 113)

Anhand des Freizeitverhalten lassen sich vier Freizeittypen entwickeln. Zu diesen Freizeittypen gehören die geselligen Jugendlichen, die Medienfreaks, die Familienorientierten sowie die kreative Freizeitelite. Der **gesellige Jugendliche** ist mit 30 % ist der am häufigsten vertretene Freizeittyp. Der Fokus dieses Typus liegt auf der Geselligkeit. Mit 77 % ist „sich mit Leuten treffen" die am häufigsten genannte Beschäftigung. Jeder Zweite (50 %) nennt zusätzlich „Feiern gehen" als wichtige Freizeitaktivität. Dieser Typus ist überwiegend älter als 15 Jahre, verteilt sich über alle Schichten und ist bei Frauen und Männern ähnlich vertreten. 27 % der Jugendlichen lassen sich den **Medienfreaks** zuordnen. Sie spielen Playstation und Computer (67 %), surfen viel im Internet (69 %) und schauen Videos und DVDs (33 %). Die Medienfreaks sind ebenfalls in allen Schichten vertreten, aber überwiegend männlich (81 %). Knapp ein Drittel von ihnen ist zwischen 12 und 14 Jahren alt. Der dritte Typ, der **Familienorientierte**, ist mit 24 % vertreten. Jugendliche, die sich diesem Typen zuordnen lassen, nennen am häufigsten „etwas mit der Familie unternehmen" (77 %) und „sich mit Leuten treffen" (60 %) als Freizeitaktivität. Zwei Drittel des Typen sind weiblich. Es sind alle Altersgruppen zu finden, die jüngsten und ältesten sind leicht überrepräsentiert. Dieser Freizeittyp hat sich erst in der Shell Jugendstudie von 2015 herauskristallisiert. 19 % der Jugendlichen bilden den Typen die **kreative Freizeitelite**. Sie sind kreativ und künstlerisch aktiv (45 %), betreiben aktiv Sport (33 %) und lesen Bücher (58 %). Zudem engagieren sie sich in Projekten und Initiativen (23 %). Auch hier sind alle Altersgruppen vertreten, jedoch sind 60 % des Typen weiblich. Besonders markant ist der soziale Hintergrund. Mehr als jeder Zweite der Gruppe gehört zur oberen Schicht oder zur oberen Mittelschicht.[398]

Das Internet nimmt im alltäglichen Leben der Jugendlichen zunehmend eine wichtigere Rolle ein. 99 % der Jugendlichen haben Zugang zum Internet und nutzen dies im Durchschnitt 18,4 Stunden pro Woche. Im Jahr 2002 waren es lediglich 7 Stunden pro Woche. Die jüngste Altersgruppe verbringt am wenigsten Zeit im Internet. Der Zugang zum Internet erfolgt überwiegend über das Smartphone (81 %), den Laptop (64 %) oder den Computer (42 %).[399] Das Nutzungsverhalten lässt sich in drei Dimensionen unterscheiden. Ein Großteil nutzt das Internet als *Medium der Unterhaltung*. Die Jugendlichen schauen Videos, Filme oder Fernsehen, hören Musik und greifen auf soziale Netzwerke zu. Eine weitere Nutzungsmöglichkeit ist das Internet als *Medium der Information*. Es wird nach Informationen gesucht, sich über Politik und Gesellschaft informiert, Recherche für die Schule, Ausbildung oder den Beruf betrieben und E-Mails versendet. Die Hälfte der Jugendlichen zwischen 22 und 25 Jahren nutzen das Internet für die Informationssuche. Zuletzt wird das Internet als *aktives Austauschmedium* genutzt. Jugendliche schreiben einen Blog, bewerten Produkte oder laden Videos, Musik und Fotos hoch.[400] Mit zunehmenden Alter differenziert sich das Nutzungsverhalten weiter aus und das Motiv der Informationsbeschaffung wird wichtiger. Trotz der häufigen Nutzung des Internets sind die Jugendlichen kritisch gegenüber seinen Strukturen. 84 % der Jugendlichen stimmen der Aussage „Konzerne wie Google und Facebook wollen Geld mit den Nutzerdaten verdienen" zu. 72 % sind zudem der Meinung, dass Konzerne wie Google und Facebook das Internet beherrschen wollen.[401] In diesem

---

[398] vgl. Shell Deutschland Holding GmbH, TNS Infratest Sozialforschung (2015), S. 116–119.
[399] vgl. ebd., S. 120–123.
[400] vgl. ebd., S. 141–146.
[401] vgl. ebd., S. 128f.

Zusammenhang haben die Jugendlichen unter anderem Sorge um ihre persönlichen Daten. Hier zeigt sich jedoch ein differenziertes Meinungsbild. Lediglich 37 % machen sich in hohem Maße Sorgen, 27 % sorgen sich dagegen überhaupt nicht. 34 % der Jugendlichen sind unentschlossen, was die Frage betrifft. Folglich ist der Meinungsbildungsprozess der Jugendlichen noch nicht abgeschlossen.[402]

7.3.5 Bildung

Ein angemessener Schulabschluss wird als relevant für die Persönlichkeitsbildung erachtet. Durch die Schulbildung sollen die privaten und beruflichen Chancen erhöht werden, sich selbst zu verwirklichen und den eigenen Lebensstil zu entfalten. Die Bildung nimmt eine Schlüsselrolle ein. Jedoch steigt auch der Leistungsdruck durch die Internationalisierung und den daraus resultierenden intensiveren Wettbewerb der Unternehmen. Zudem steigt die Nachfrage nach hoch qualifizierten Arbeitskräften, da Routinetätigkeiten durch die Automatisierung und Digitalisierung ersetzt werden (siehe dazu Kapitel 5.6). Dies erhöht die Notwendigkeit von akademischen Abschlüssen. Die schulische Bildung und die berufliche Qualifizierung beanspruchen mehr Zeit im Tagesablauf als in der Vergangenheit. Dadurch verschiebt sich die finanzielle Unabhängigkeit von den Eltern sowie die Familiengründung nach hinten. Die Entwicklungsaufgabe der Qualifizierung ist gekennzeichnet durch drei Entscheidungszeitpunkte. Zum Ende der Grundschule müssen die Kinder eine Entscheidung über die weiterführende Schulform und nach dem Schulabschluss eine Entscheidung über eine schulische bzw. betriebliche Ausbildung oder ein Studium treffen. Danach erfordert die Integration in den Arbeitsmarkt eine weitere Entscheidung. Die Entscheidungsfindung fällt mit anderen wichtigen Entwicklungsaufgaben zusammen und erfordert viel Zeit und Unterstützung durch die Eltern. Durch die steigenden Anforderungen und die eigenen Bildungsaspirationen wird das Gymnasium zur attraktivsten Schulform. 55 % der Jugendlichen streben ein Abitur oder eine fachgebundene Hochschulreife an.[403] Aus Sicht der Jugendlichen ist ein Abitur notwendig, um die Anforderungen an Nachwuchskräfte erfüllen zu können. Dies zeigt sich auch in der Anzahl der Studienanfänger. 2013 war diese erstmals höher als die Anzahl der Auszubildenden.[404] Der Schulerfolg ist im Wesentlichen abhängig von der sozialen Herkunft der Jugendlichen. Die

---

[402] vgl. Shell Deutschland Holding GmbH, TNS Infratest Sozialforschung (2015), S. 136f.
[403] vgl. ebd., S. 65ff.
[404] vgl. ebd., S. 380.

Bildungsabschlüsse in der unteren Schicht haben sich zwar erhöht, jedoch ist gleichzeitig auch der Anteil an Jugendlichen mit Abitur gestiegen, sodass die Unterschiede zwischen den Schichten ähnlich bleiben. Jugendliche, deren Vater Abitur hat, haben mehr als doppelt so hohe Chancen, selbst das Abitur zu erreichen.[405] Dies zeigt sich auch in der Zuversichtlichkeit der Jugendlichen. 81 % der oberen Schicht sind zuversichtlich, ihre beruflichen Wünsche realisieren zu können. Dahingegen sind es in der unteren Schicht nur 46 % der Jugendlichen.[406] Jugendliche ohne Schulabschluss haben deutlich schlechtere Chancen auf dem Arbeitsmarkt. Mehr als 50 % der Jugendlichen ohne Abschluss sind arbeitslos.[407]

7.3.6 Beruf und Karriere

Durch die differenzierte Berufswelt und das vielfältige Studien- und Ausbildungsangebot wird der Berufsfindungsprozess erschwert. 22 % der Befragten fehlt der erforderliche Schulabschluss für den eigenen Berufswunsch. Diese negativen Erfahrungen machen vor allem Jugendliche aus den unteren Sozialschichten. Zwar erwarten 73 % aller Jugendlichen ihre Berufswünsche verwirklichen zu können, aber rund ein Viertel (27 %) tut dies nicht. Ursächlich hierfür sind anhaltende Unzufriedenheit, Versagensängste sowie die soziale Herkunft. Abbildung 15 zeigt die Erwartungen, die Jugendliche an das Berufsleben und ihren zukünftigen Arbeitsplatz haben.

---

[405] vgl. ebd., S. 68.
[406] vgl. Shell Deutschland Holding GmbH, TNS Infratest Sozialforschung (2015), S. 75.
[407] vgl. ebd., S. 69.

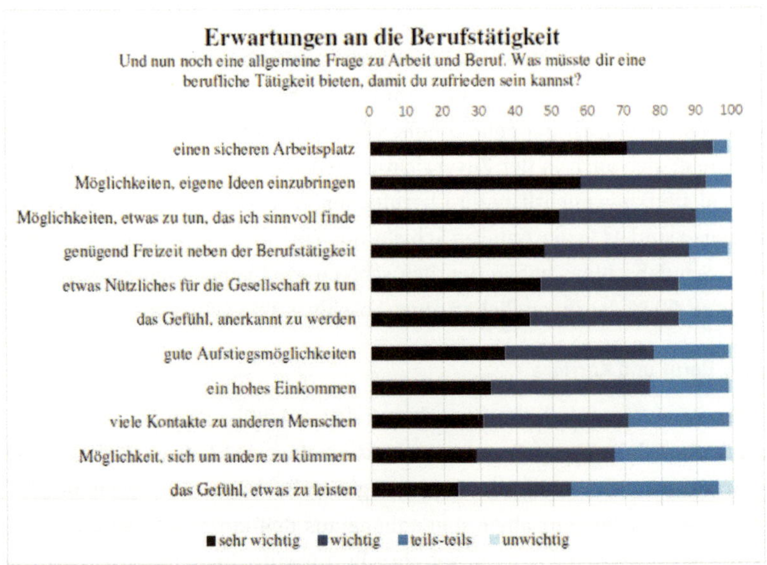

Abbildung 15: Erwartungen an die Berufstätigkeit
(eigene Darstellung in Anlehnung an Shell Deutschland Holding GmbH, TNS Infratest Sozialforschung (2015), S. 79)

Ein sicherer Arbeitsplatz ist mit 95 % Zustimmung für die Jugendlichen (sehr) wichtig. Die Verlässlichkeit der Arbeit spielt durch das dynamische und unsichere Arbeitsumfeld eine große Rolle. An zweiter Stelle finden sich ideelle Aspekte der Arbeit wieder. 93 % finden es wichtig, eigene Ideen einbringen zu können und etwas zu tun, was sie als sinnvoll erachten (90 %). Zudem erwarten die Jugendlichen vor allem genügend Freizeit neben der Berufstätigkeit. Ein Ausgleich zwischen Beruf und Freizeit steht im Fokus. Im mittleren Bereich finden sich Erwartungen mit gesellschaftlichem und kulturellem Stellenwert. Dazu gehören „etwas Nützliches für die Gesellschaft tun" (85 %) und „das Gefühl, anerkannt zu werden" (85 %). Daraufhin folgen der soziale Kontakt zu Menschen (71 %) und die Möglichkeit, sich um andere zu kümmern (67 %). Des Weiteren werden gute Aufstiegsmöglichkeiten und ein hohes Einkommen genannt.[408]

Die Erwartungen lassen sich den zwei zentralen Dimensionen Nutzen und Erfüllung zuordnen. Zu der **Nutzenorientierung** gehören ein hohes Einkommen und gute Aufstiegsmöglichkeiten sowie genügend Freizeit neben dem Berufsleben.

---

[408] vgl. Shell Deutschland Holding GmbH, TNS Infratest Sozialforschung (2015), S. 78f.

Diese Dimension ist den Jugendlichen in Ostdeutschland wichtiger als in Westdeutschland. Mit **Erfüllung** ist die Sinnhaftigkeit des eigenen Handelns im Erwerbsleben gemeint. Das Gefühl etwas zu leisten, die Möglichkeit sich um andere zu kümmern und die Möglichkeit einer sinnstiftenden Tätigkeit nachzugehen stehen im Vordergrund. In dieser Dimension sind mehr Frauen als Männer vertreten.[409] Tabelle 3 zeigt die Struktur der Erwartungen an die Berufstätigkeit. Neben den Erwartungen wurden auch die Vorstellungen zur Gestaltung der eigenen Berufstätigkeit abgefragt. Hierfür wurden sieben Aussagen formuliert, welche die Jugendlichen bewerten sollten. Die Bewertung der Aussagen ist Abbildung 16 zu entnehmen.

Auf Basis der getroffenen Bewertungen können drei Dimensionen abgeleitet werden: die Vereinbarkeit von Arbeit und Leben, die Planbarkeit der Berufstätigkeit und die Karriereorientierung. Zu der **Vereinbarkeit von Arbeit und Leben** gehören die Möglichkeit der kurzfristigen Anpassung der Arbeitszeit an die eigenen Bedürfnisse (80 %) und der Wechsel auf Teilzeit, sobald Kinder da sind (72 %). Dieser Dimension lassen sich mehr Frauen als Männer zuordnen. Die **Planbarkeit der Berufstätigkeit** umfasst die geregelte Arbeitszeit (66 %) und das Berücksichtigen von Familie und Kindern (91 %). Auch hier sind mehr Frauen als Männer wiederzufinden. In der letzten Dimension, der **Karriereorientierung**, sind mehr Männern als Frauen vertreten. Hierzu gehört die Annahme, dass Überstunden karriereförderlich sind (47 %) und Arbeit am Wochenende als Ausgleich für freie Tage in der Woche angemessen ist (63 %). Frauen möchten, mehr als Männer, ein aktives Familienleben mit der Karriere kombinieren. Sie haben oft eine hohe Karriereorientierung und investieren viel Zeit und Energie in den schulischen Erfolg, um sich auf das Berufsleben vorzubereiten. Eine Work-Life-Balance ist ihnen äußerst wichtig, um ebenfalls beruflichen Erfolg verzeichnen zu können. Generell sind die Erwartungen und Einstellungen zur Berufswelt bei Frauen und Männern unterschiedlich. Männer betonen vor allem praktische, gesellschaftliche Werte und Nutzenaspekte, wohingegen Frauen ideelle Aspekte der Arbeit wertschätzen und ihre Arbeit mit ihrem Privatleben kombinieren wollen.[410] Die Erwartungshaltung zeigt, dass die Jugendlichen eine ausgeprägte Bereitschaft zur Mobilität und Flexibilität aufweisen und gleichzeitig ein starker Wunsch nach Sicherheit vorherrscht. Diese Flexibilität erwarten die jungen Menschen jedoch auch von ihrem Arbeitgeber.

---

[409] vgl. ebd., S. 80ff.

[410] vgl. Shell Deutschland Holding GmbH, TNS Infratest Sozialforschung (2015), S. 84–88.

Hierzu gehören beispielsweise die flexible Anpassung der Arbeitszeiten an Freizeitaktivtäten und Familienbedürfnisse. Gleichzeitig ist der Wunsch nach Sicherheit durch feste Arbeitsverträge und gute Aufstiegsmöglichkeiten vorhanden. Zudem erwarten sie, dass der Beruf ihnen persönliche Entfaltung und Weiterentwicklung ermöglicht. Die Erwartungen zeigen aber auch, dass etwa 15 % der befragten Jugendlichen den Anforderungen nicht gerecht werden können und ihr Zukunftsoptimismus sinkt.[411]

	Nutzen	Erfüllung
Ein hohes Einkommen	+++	
Gute Aufstiegsmöglichkeiten	+++	
Einen sicheren Arbeitsplatz	+++	
Möglichkeiten, etwas Nützliches für die Gesellschaft zu tun	++	
Genügend Freizeit neben der Berufstätigkeit	++	+
Das Gefühl, etwas zu leisten		+++
Möglichkeit, sich um andere zu kümmern		+++
Viele Kontakte zu anderen Menschen		+++
Möglichkeiten, etwas zu tun, was ich sinnvoll finde	+	+++
Möglichkeiten, eigene Ideen einzubringen		++
Das Gefühl, anerkannt zu werden	+	++

Tabelle 3: Struktur der Erwartungen an die Berufstätigkeit
(eigene Darstellung in Anlehnung an Shell Deutschland Holding GmbH, TNS Infratest Sozialforschung (2015), S. 80)

---

[411] vgl. ebd., S. 380f.

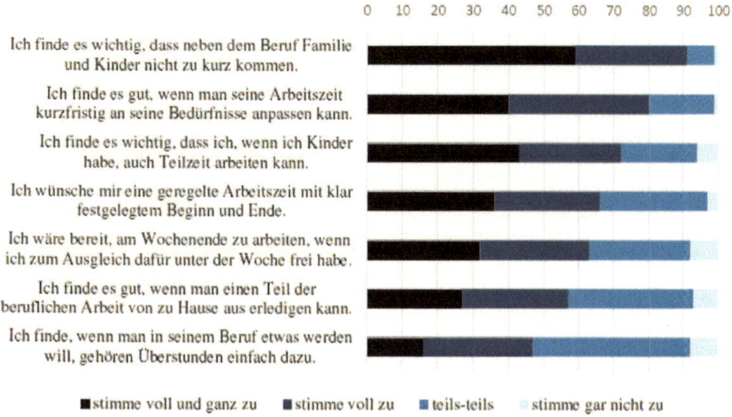

Abbildung 16: Aussagen zur Gestaltung der Berufstätigkeit
(eigene Darstellung in Anlehnung an Shell Deutschland Holding GmbH, TNS Infratest Sozialforschung (2015), S. 83)

7.4 Interpretation der Ergebnisse im Hinblick auf Karriere

Dieses Kapitel dient dazu, die Ergebnisse im Hinblick auf Karriere zusammenzuführen, neue Anforderungen an Arbeitgeber und das Berufsleben zu formulieren sowie die Auswirkungen auf traditionelle Karrierekonzepte aufzuzeigen. Für die Formulierung neuer Anforderungen werden die in der Studie entwickelten Wertetypen mit den Berufstypen kombiniert. Die Studie unterscheidet anhand der Werteorientierungen vier Wertetypen – die pragmatischen Idealisten, die unauffälligen Zögerlichen, die aufstrebenden Macher sowie die robusten Materialisten. Tabelle 4 zeigt die Werteorientierungen, die für die Typenbildung herangezogen worden sind.

Dimensionen/Einzelwerte	Pragmati-sche Idealisten	Unauffäl-lige Zögerli-che	Aufstre-bende Macher	Robuste Materia-listen
Tugend und Sicherheit				
Gesetz und Ordnung res-pektieren	+ +	- - - -	+ + + +	
Fleißig und ehrgeizig sein	+	- - - - -	+ + + +	- -
Nach Sicherheit streben	+	- - - - -	+ + + +	
Idealistische Werte				
Phantasie und Kreativität entwickeln	+ (+)	- - - -	+ + +	
Sozial Benachteiligten hel-fen	+ + +	- - -	+ + +	- - -
Andere Meinungen tolerie-ren	+ + + +	- - -	+ + +	- - -
Sich politisch engagieren	+ +	- - -	+ + +	- - -
Hedonistische und materi-elle Werte				
Das Leben voll genießen	- - -	- - -	+ +	+ + +
Hohen Lebensstandard ha-ben	- - - -	- - -	+ + + +	+ + + +
Sich gegen andere durch-setzen	- - -	- - -	+ + + +	+ +
Macht und Einfluss haben	- - - -	- - - -	+ + + +	+ + + +

Tabelle 4: Werteorientierungen, die zur Typenbildung herangezogen wurden
(eigene Darstellung in Anlehnung an Shell Deutschland Holding GmbH, TNS Infratest Sozialforschung (2015), S. 265)[412]

---

[412] Die Tabelle zeigt mithilfe der Plus bzw. Minus-Zeichen eine Abweichung von den Mittelwerten aller befragten Jugendlichen. Die Zeichen entsprechen +0,15 bzw. -0,15 Skalenpunkte auf
einer Skala von 1-5.

Die **pragmatischen Idealisten** machen 20 % der 12 bis 17-Jährigen und 28 % der 18 bis 25-Jährigen aus und sind häufig weiblich. Für sie sind idealistische Werte wie beispielsweise sozial Benachteiligten helfen, sich (politisch) engagieren und Toleranz gegenüber anderen zeigen wichtig. Gleichzeitig streben sie nach Sicherheit und respektieren Gesetze und Regeln. Die **unauffälligen Zögerlichen** sind im Altersvergleich in beiden Altersgruppen mit etwa einem Viertel ähnlich vertreten. Sie bewerten alle Werte als weniger wichtig im Vergleich zu den Mittelwerten aller Jugendlichen. Folglich lässt sich keine Wertepräferenz erkennen. Der **aufstrebende Macher** ist die am meisten verbreitete Haltung (12 bis 17 Jahre: 36 % und 18 bis 25 Jahre: 29 %). Aufstrebende Macher haben erhöhte materielle Ansprüche und akzeptieren gesellschaftliche Regeln und Sicherheit in hohem Maße. Gleichzeitig haben sie die Werteorientierung eines Idealisten. Charakteristisch für den aufstrebenden Macher ist, dass er alle Werteorientierungen im Verhältnis zu anderen Jugendlichen als wichtiger einstuft. Die **robusten Materialisten** sind mehr unter den 12 bis 17-Jährigen vertreten (20 % zu 18 %). Dieser Typ legt vor allem Wert auf einen hohen Lebensstandard sowie Macht und Einfluss. Die in Kapitel 6.3.6 vorgestellten Erwartungen an das Berufsleben lassen sich auf die Wertetypen übertragen (siehe Tabelle 5). Die Wertvorstellungen der einzelnen Typen finden sich auch in den beruflichen Vorstellungen wieder.[413]

---

[413] vgl. Shell Deutschland Holding GmbH, TNS Infratest Sozialforschung (2015), S. 265–271.

Dimensionen/Einzelwerte	Pragmatische Idealisten	Unauffällige Zögerliche	Aufstrebende Macher	Robuste Materialisten
Anerkannter Beruf				
Hohes Einkommen	- -	- -	+ +	++
Gute Aufstiegsmöglichkeiten	-	- -	+ +	+
Sicherer Arbeitsplatz		-	+	
Etwas Nützliches für die Gesellschaft tun		-	+	
Befriedigender Beruf				
Eigene Ideen einbringen		-	+	
Etwas Sinnvolles tun		- -	+ +	
Gefühl der Anerkennung		- -	+	
Genügend Freizeit neben dem Beruf		-	+	
Menschlicher Beruf				
Gefühl, etwas zu leisten	+	- -	+ +	- - -
Viele Kontakte zu anderen Menschen		-	+ +	- -
Sich um andere Menschen kümmern	+	-	+ +	- - -

Tabelle 5: Erwartungen an das Berufsleben der Wertetypen
(eigene Darstellung in Anlehnung an Shell Deutschland Holding GmbH, TNS Infratest Sozialforschung (2015), S. 271)[414]

Anhand der Erwartungshaltung lassen sich die Wertetypen mit den formulierten Berufstypen kombinieren. Es sind Überschneidungen der beiden Typen erkennbar, die aber nur bedingt eindeutige Zuordnungen ermöglichen. Tabelle 6 zeigt die vier Berufstypen in der Übersicht und ordnet ihre Einstellung den in Kapitel 6.3.6 genannten fünf Faktoren Nutzen, Erfüllung, Vereinbarkeit von Arbeit und Leben, Planbarkeit und Karriereorientierung zu.

---

[414] Bei dieser Einordnung gilt das gleiche Prinzip wie bei Tabelle 4.

Faktoren	Durchstarter	Idealisten	Boden- ständige	Distanzierte
Nutzen	+ +	- -	+ +	- -
Erfüllung	+ +	+ +	- -	- -
Vereinbar- keit Ar- beit/Leben	+ +	(+)	- -	-
Planbarkeit	+	o	+	- -
Karriereori- entierung	+	(-)	(+)	o

Tabelle 6: Berufstypen und ihre Einstellung zum Arbeitsleben
(eigene Darstellung in Anlehnung an Shell Deutschland Holding GmbH, TNS Infratest Sozialforschung (2015), S. 89)

Der *pragmatische Idealist* entspricht dem **Idealisten**, der zu etwa einem Fünftel
(18 %) bei den Jugendlichen vertreten ist. Diese Jugendlichen stellen den Aspekt
der Erfüllung in den Fokus. Zudem soll der Beruf mit dem Privatleben vereinbar
sein. Nutzen, Planbarkeit und Karriereorientierung haben eine geringere Bedeutung. Der *aufstrebende Macher* findet sich im **Durchstarter** wieder. Mehr als einem
Drittel der Jugendlichen (37 %) sind alle fünf Faktoren zugleich wichtig. Ähnlich
wie bei dem aufstrebenden Macher sind ihre Wertvorstellungen überdurchschnitt-
lich gewichtet. Dem **bodenständigen Berufstyp** ist der Nutzen des Berufes besonders wichtig. Hierzu gehören wie bei dem *robusten Materialisten* ein hohes Einkommen und gute Aufstiegsmöglichkeiten. Folglich ist seine Karriereorientierung
ebenfalls ausgeprägt. Die Erfüllung im Berufsleben spielt eine untergeordnete
Rolle. Zu diesem Typen zählen 27 % der Jugendlichen. Der letzte Berufstyp, der
Distanzierte, fühlt sich von keinem der genannten Aspekte des Berufslebens angesprochen. Er hat moderate Erwartungen an Nutzen, Erfüllung, Planbarkeit, Vereinbarkeit und Karriere. Dies ähnelt auch dem *unauffälligen Zögerlichen*. 18 % der
Jugendlichen gehören zu diesem Typen.[415]

Diese Unterscheidung in vier Werte- bzw. Berufstypen zeigt das differenzierte Er-
wartungsbild an die Erwerbstätigkeit und die Konflikte zwischen den Dimensionen. Die Jugendlichen wünschen sich einerseits einen sicheren Arbeitsplatz und
festgelegte Arbeitszeiten, andererseits möchten sie die Möglichkeit haben, auf flexible Arbeitsmodelle wie beispielsweise Homeoffice zurückgreifen zu können

---

[415] vgl. Shell Deutschland Holding GmbH, TNS Infratest Sozialforschung (2015), S. 89.

(**Sicherheit vs. Flexibilität**). Neben einem angemessenen Einkommen und guten Aufstiegsmöglichkeiten ist gleichzeitig der Wunsch nach einer sinnstiftenden Tätigkeit vorhanden (**Nutzen vs. Erfüllung**). Die Jugendlichen wollen sich selbst verwirklichen und trotzdem sozial Benachteiligten helfen und sich engagieren (**Individualität vs. Kollektiv**). Diese beispielhaft dargestellten Konflikte zeigen das Spannungsfeld, in dem sich die Generation Y bewegt. Eine eindeutige Kategorisierung ist nicht möglich. Dieses Spannungsfeld zeigt sich auch in der Erwartungshaltung an die Erwerbstätigkeit. Durch den hohen Stellenwert von Familie und Privatleben erwarten die Jugendlichen, dass beide Lebensbereiche miteinander vereinbar sind und insbesondere das (Privat-)Leben Berücksichtigung findet. Dennoch lassen die hohen Bildungsaspirationen und der Rückgang des Kinderwunsches den hohen Stellenwert von beruflichem Erfolg erkennen. Immer mehr Jugendliche sehen eine eigene Familie nicht zwangsläufig als Merkmal eines erfüllten Lebens. Jedoch ist zu erkennen, dass nur 37 % gute Aufstiegsmöglichkeiten als sehr wichtig empfinden. Des Weiteren sehen nur 16 % Überstunden als karriereförderlich und nur 32 % würden am Wochenende gegen Ausgleichstunden in der Woche arbeiten. Dies zeigt zwar, dass wenig Jugendliche eine traditionelle Karriere in Form einer Kaminkarriere verfolgen wollen, gleichzeitig wird aber deutlich, dass mit einer erfolgreichen Karriere immer noch das traditionelle Modell verbunden wird. Hervorzuheben ist der Wunsch nach einem sicheren Arbeitsplatz. Grund hierfür könnte einerseits vor allem die unsichere Arbeitsumwelt sein, in der die Arbeitsplatzsicherheit als Sicherheitsanker gilt. Andererseits sind die Jugendlichen in der Schul- und Ausbildungsphase mit einer Vielzahl an Herausforderungen und Entscheidungen konfrontiert und wünschen sich nach dieser Zeit etwas Sicheres. Diesen Wunsch nach Sicherheit zu erfüllen erweist sich als schwierig, da das dynamische Umfeld Modelle wie Employability und eine agile Haltung fordern. Neben der Arbeitsplatzsicherheit stehen ideelle Werte, wie beispielsweise eigene Ideen einzubringen oder einer sinnstiftenden Tätigkeit nachzugehen, im Fokus. Diese Erwartungen sprechen für die Entwicklung eines individuellen Berufsweges. Zusammenfassend ist erkennbar, dass die traditionelle Karriere wenig Zustimmung durch die Jugendlichen findet. Dennoch ist der Wunsch nach persönlicher Entfaltung und Weiterentwicklung gleichbleibend hoch, sodass ein anderes Konzept von Karriere notwendig wird. Insbesondere für junge Frauen ist ein flexibles Karrieremodell sinnvoll, da so dem Wunsch nach Vereinbarkeit von Karriere und Privatleben entsprochen werden kann. Durch zeitliche und örtliche Flexibilität kann dem Familienwunsch nachgegangen werden, ohne dass sich Karrierechancen verringern. Die Studie zeigt jedoch auch, dass die Kluft zwischen Jugendlichen aus den oberen und den unteren Sozialschichten größer wird. Nur 32 % der Jugendliche aus unteren Schichten erreichen das Abitur oder streben es an. Ein Teil dieser Schichten erreicht keinen Schulabschluss und hat damit deutlich schlechtere Chancen auf dem Arbeitsmarkt. Diese Jugendlichen leiden unter dem beschriebenen Leistungsdruck und können den Anforderungen der Berufswelt nur schwer gerecht werden.

7.5 Kritische Würdigung der Studie und des Forschungsansatzes

Die Studie wird seit einigen Jahren von Klaus Hurrelmann durchgeführt und betreut. Hurrelmann verfolgt einen sozialisationstheoretischen Forschungsansatz und hat hier unter anderem das Modell der reproduktiven Realitätsverarbeitung entwickelt. Die **Sozialisationstheorie** ist eine Metatheorie aus den 1970er Jahren, die verschiedene Ansätze integriert und damit interdisziplinär ausgerichtet ist. Die Theorie bietet somit einen strukturierten konzeptionellen Rahmen für verschiedene Einzeltheorien.[416]

> „Sozialisation bezeichnet die Persönlichkeitsentwicklung eines Menschen, die sich aus der produktiven Verarbeitung der inneren und der äußeren Realität ergibt. Die körperlichen und psychischen Dispositionen und Eigenschaften bilden für einen Menschen die innere Realität, die Gegebenheiten der sozialen und physischen Umwelt die äußere Realität. Die Realitätsverarbeitung ist produktiv, weil ein Mensch sich stets aktiv mit seinem Leben auseinandersetzt und die damit einhergehenden Entwicklungsaufgaben zu bewältigen versucht. Ob die Bewältigung gelingt oder nicht, hängt von den zur Verfügung stehenden personalen und sozialen Ressourcen ab. Durch alle Lebens- und Entwicklungsphasen zieht sich die Anforderung, die persönliche Individuation mit der gesellschaftlichen Integration in Einklang zu bringen, um die Ich-Identität zu sichern."[417]

Nach der Definition von Hurrelmann wird Sozialisation als lebenslange Persönlichkeitsentwicklung verstanden. Eine Persönlichkeit ist eine individuell einmalige Struktur der körperlichen und psychischen Merkmale und Eigenschaften eines Menschen. Das Modell basiert auf einer Einteilung des Lebens in Lebensphasen. In jeder Lebensphase muss das Individuum Entwicklungsaufgaben bewältigen. Entwicklungsaufgaben beschreiben typische Anforderungen an Menschen, die sich in derselben Lebensphase befinden. Besonders die Jugendphase ist für die Persönlichkeitsentwicklung entscheidend. Die Erfüllung der in Kapitel 6.2 vorgestellten

---

[416] vgl. Hurrelmann, Quenzel (2016), S. 95.
[417] Hurrelmann und Bauer (2015), S.97 in ebd., S. 95f.

Entwicklungsaufgaben sind Voraussetzung für die Sicherung der persönlichen Individuation und der sozialen Integration.[418]

Ein Kritikpunkt an der Sozialisationstheorie nach Hurrelmann ist die Einteilung in Lebensphasen. Ein linearer Verlauf von Jugend, Erwerbs- sowie Familienphase und Ruhestand verliert zunehmend an Gültigkeit. Es entstehen neue Lebensphasen wie beispielsweise die Post-Adoleszenz oder Phasen werden übersprungen. Zudem werden lebensverändernde Entscheidungen, wie beispielsweise Kinder zu bekommen, vergleichsweise spät getroffen, um sich eine Optionenvielfalt zu erhalten.[419] Dementsprechend ist es auch fraglich, inwieweit die Abgrenzung zwischen Jugendlichen und Erwachsenen sinnvoll ist. Dies zeigt sich auch in der erschwerten Zusammenfassung von Jugendgenerationen. Durch die Vervielfältigung der Lebensoptionen ist die Abbildung einer homogenen Generation mit ähnlichen Biografien nicht mehr möglich. Zudem ist die Charakterisierung der Jugend- und Adoleszenzphase abhängig von den sozio-politischen und sozio-ökonomischen Bedingungen.[420] Ein eindeutiger Abschluss einer Lebensphase ist somit individuell anhand der sozialen und psychischen Merkmale zu bestimmen und lässt sich nicht (mehr) generalisieren.[421] Diese Verwischung der Lebensphasen hat auch Konsequenzen für das Modell der Entwicklungsaufgaben. Eine eindeutige Zuordnung von bestimmten Entwicklungsaufgaben zu einer Lebensphase ist nicht mehr möglich. Außerdem verändern sich die Entwicklungsaufgaben auch durch externe Einflüsse wie beispielsweise demografischer Wandel, Digitalisierung oder Individualisierung. Zudem ist es kritisch zu sehen, dass die Aufgaben keiner geschlechterspezifischen Einordnung unterliegen.

Ein weiterer Kritikpunkt ist die Definition einer gelungenen Sozialisation von Hurrelmann. Gelingende Sozialisation wird daran gemessen,

---

[418] vgl. ebd., S. 24–28.

[419] vgl. Zukunftsinstitut (2012).

[420] vgl. King, Vera (2010): Adoleszenz und Ablösung im Generationenverhältnis. Theoretische Perspektiven und zeitdiagnostische Anmerkungen. In: *Diskurs Kindheits- und Jugendforschung* (1). S. 9–20, S. 11f.

[421] vgl. ebd., S. 15.

> „wie angemessen die individuellen Handlungskompetenzen, das Selbstbild und die
> Identitätsbildung für die jeweiligen situations- und lebensgeschichtlichen Hand-
> lungsanforderungen sind".[422]

Folglich ist laut Hurrelmann kein autonomes und zielorientiertes Handeln möglich
(dieses Handeln wird als Idealzustand gesehen), wenn diese Faktoren unzureichend entfaltet sind. Ein Handeln wird als auffällig oder abweichend angesehen,
wenn es

> „gesetzlich verboten oder sozial unerwünscht oder inakzeptabel ist – sei es, weil es
> vorherrschenden Konventionen widerspricht, sei es, weil es ein geordnetes und
> friedliches Zusammenleben der Gesellschaftsmitglieder beeinträchtigt oder unmög-
> lich macht – und /oder solches Verhalten, welches die eigene Persönlichkeitsent-
> wicklung stört oder behindert."[423]

Die Autonomie eines Individuums ist also laut dem Modell nur gegeben, wenn es
mit den vorherrschenden Normen der Gesellschaft konform geht. Hurrelmann un-
terstellt somit, dass die Entwicklungsaufgaben erfüllt werden müssen, um eine
Persönlichkeit herauszubilden. Folglich übt das Modell keinerlei Kritik an den gesellschaftlichen Anforderungen, sondern nimmt diese vielmehr als gegeben hin.

Die Shell Jugendstudie ist repräsentativ angelegt und hat aufgrund ihrer jahrzehntelangen Erfahrungswerte eine hohe Aussagekraft über die Trends in der Jugendphase. Dennoch spiegeln sich auch einige der Kritikpunkte in der Studie wider. Das
Studiendesign (Querschnittsstudie) ermöglicht leidglich eine Befragung zu einem
bestimmten Zeitpunkt einer Gruppe von Jugendlichen. Jedoch kann keine Aussage
über die Entwicklung der Befragten gegeben werden. Auch die Auswahl der Zielgruppe ist kritisch zu sehen, da erstens die Kohorte von 12 bis 25 Jahre sehr groß
ist, andererseits insbesondere jüngere Jugendliche wie beispielsweise die 12-Jäh-
rigen stärker unter dem Einfluss der Eltern stehen und die geäußerten Meinungen
nicht der tatsächlichen Einstellung entsprechen könnten. Daneben ist die Stichprobe von 2.500 Jugendlichen relativ gering für eine ganzheitliche Betrachtung der
Jugend in Deutschland. Des Weiteren sind die Ergebnisse der Studie wenig differenziert zwischen den Sichtweisen und Perspektiven unterschiedlicher Gruppie-
rungen. Es wird beispielsweise lediglich auf die Unterscheidungen zwischen West-

---

[422] Hurrelmann, Klaus (1995): Einführung in die Sozialisationstheorie. Über den Zusammenhang von Sozialstruktur und Persönlichkeit. 5. überarbeitete und ergänzte Auflage. Weinheim, Basel: Beltz Verlag, S. 178.
[423] ebd., S. 179.

und Ostdeutschland und den Geschlechtern zurückgegriffen. Eine ausführliche Differenzierung auf Basis der Wertetypen erfolgt nicht. Zudem verfälscht die persönliche Gesprächssituation mit einem Interviewer die Meinungsäußerung. Viele Jugendliche geben eher das Meinungsbild ab, von dem sie meinen, dass es von der Gesellschaft oder dem Gesprächspartner erwartet wird. Die eigene Meinung ist entweder noch nicht stark genug herausgebildet oder wird an dieser Stelle nicht ausgesprochen. Ein weiterer Kritikpunkt ist die Konzeptionierung des Fragebogens. Dieser basiert größtenteils auf vorgegebenen Antwortmöglichkeiten. Dadurch wird die Perspektive der Jugendlichen eingeschränkt und vielfältigere oder andere Antworten sind nicht möglich. Neue Trends können dadurch gegebenenfalls erst spät erkannt werden. Zudem sind die Fragen generalistisch gestellt. Die Befragungsergebnisse bleiben damit oberflächlich und vorhersehbar. Teilweise fehlt eine Beschreibung der abgefragten Aussagen, da die Formulierungen unterschiedliche Interpretationen zulassen. So sind beispielsweise „gute Aufstiegsmöglichkeiten" oder ein „hohes Einkommen" relativ.

Teil III: Interpretation der Analyseergebnisse mithilfe der Karriereanker

Der dritte Teil dieser Arbeit dient der Zusammenführung der bis hierhin erarbeiteten Inhalte. Hierzu werden die Analyseergebnisse des zweiten Teils bewertet und dem Konzept der Karriereanker (siehe Kapitel 4.6) zugeordnet. Ziel dieses Kapitels ist die Identifizierung von Themenfeldern, die bei der Entwicklung eines neuen Karrierekonzeptes berücksichtigt werden sollen. Zudem soll aufgezeigt werden, dass die klassischen Laufbahnmodelle einer Überarbeitung bzw. Ergänzung bedürfen, um den Ansprüchen der VUCA-Welt und den Erwartungen der zukünftigen Erwerbsgenerationen gerecht zu werden.

Die Darstellung der Übertragung der Analyseergebnisse erfolgt dabei in Form von Netzdiagrammen, um die Ausprägungen der acht Karriereanker deutlich zu machen. Für die Übertragung wurde ein Verfahren entwickelt, das die Entwicklungen der Arbeitswelten sowie die Erwartungen der Generation Y den Karriereankern zuordnet, sie gewichtet und anschließend eine Gesamtbewertung erstellt. Die Kritik an den Karriereankern wird bei der Bewertung nicht berücksichtigt. Es werden zunächst die Faktoren der PESTE-Analyse bewertet, welche die Veränderungen der Arbeitswelten widerspiegeln (Kapitel 7). Anschließend werden die Erwartungen der Jugendlichen aus der Shell Jugendstudie 2015 auf das Konzept der Karriereanker übertragen (Kapitel 8). Die darauffolgende Zusammenführung (Kapitel 9) beider Netzdiagramme ermöglicht einen Vergleich der zuvor bewerteten Faktoren. Sie zeigt die Übereinstimmungen und Differenzen zwischen den Erwartungen der Jugendlichen an die Berufstätigkeit und den Erkenntnissen aus der PESTE-Analyse. Die herausgearbeiteten Diskrepanzen stellen die Handlungsfelder für die Entwicklung des Karrierekonzeptes dar. Abschließend werden die organisational gesteuerten Laufbahnmodelle (Kapitel 10) anhand ihrer Charakteristika ebenfalls den Karriereankern zugeordnet und mittels Netzdiagramm dargestellt. Die Ergebnisse dieser Betrachtung werden mit den Ergebnissen aus Kapitel 9 abgeglichen, um aufzuzeigen, inwieweit die klassischen Laufbahnmodelle den Anforderungen der Umwelt und den Erwartungen der Jugendlichen gerecht werden können.

8 Interpretation der externen Entwicklungen aus der PESTE-Analyse

Die in Kapitel 5 herausgestellten externen Entwicklungen haben auch einen Einfluss auf die Erwartungen bzw. Werteinstellungen, die den Karriereankern zugrunde liegen. Zur Übertragung der Ergebnisse aus der PESTE-Analyse wurden zunächst acht relevante Faktoren identifiziert (siehe Abbildung 17).

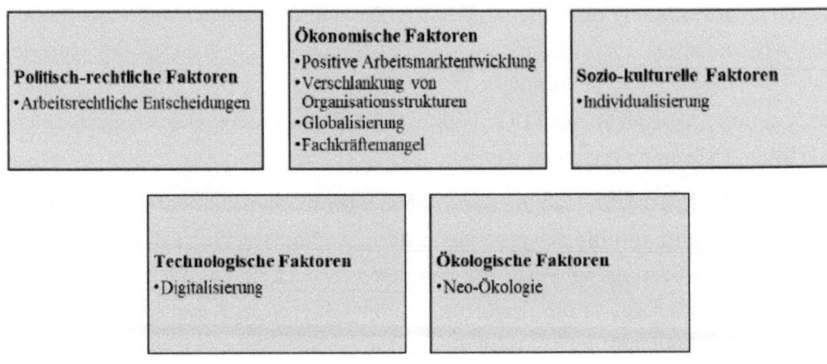

Abbildung 17: Ausgewählte Faktoren zur Übertragung der externen Entwicklungen auf das Konzept der Karriereanker
(eigene Darstellung)

Die *außenpolitischen Entwicklungen*, die im Kapitel 6.3 dargestellt werden, wurden bei der Bewertung der Ergebnisse nicht berücksichtigt. Ein möglicherweise daraus resultierender Arbeitsplatzabbau ist aktuell nicht im großen Umfang zu erwarten, vielmehr ist derzeit noch eine positive Arbeitsmarktentwicklung zu verzeichnen. Letztere wird in die Bewertung der Faktoren mit einbezogen, die Auswirkungen des Handelskonfliktes jedoch nicht. Zudem wurde der *demografische Wandel* bei der Übertragung der Erkenntnisse aus der PESTE-Analyse nicht berücksichtigt. Mit dieser Entwicklung geht eine Reduzierung der Gesamtbevölkerung und folglich auch der Erwerbspersonen einher. Ein bedeutender Einfluss auf die Erwartungen, die den Karriereankern zugrunde liegen, war im Rahmen dieser Arbeit nicht feststellbar. Vielmehr ist davon auszugehen, dass sich Anzahl und Verteilung der Personen je Karriereanker durch den demografischen Wandel verändern, nicht aber die Ausprägung der jeweiligen Einstellungen oder Verhaltensweisen. Stattdessen wurde mit dem *Fachkräftemangel* eine Folge des demografischen Wandels aufgenommen, der hier als ökonomischer Faktor dargestellt ist. Wie in den Abschnitten 5.4 und 5.6 dargestellt, haben auch die positiven Arbeitsmarktentwicklungen, die

Globalisierung sowie die Digitalisierung Auswirkungen auf den Bedarf und die Verfügbarkeit von Fachkräften. Vor diesem Hintergrund wurde diese Entwicklung bei der Bewertung der Ergebnisse mit inkludiert. Der Faktor *Digitalisierung* umfasst alle in Kapitel 5.6 erläuterten Entwicklungen (z.B. digitaler Wandel, Vernetzung, Automatisierung, etc.). Die Darstellung der Digitalisierung als Sammelbegriff der vielfältigen Subtrends ist bewusst so gewählt, da eine differenzierte Darstellung der einzelnen Themenfelder für die Übertragung der Faktoren auf die Karriereanker keine zusätzliche Aussage zugelassen hat. Vielmehr wird die jeweilige Bedeutung der Digitalisierung je Karriereanker differenziert betrachtet.

Die acht Faktoren wurden im nächsten Schritt hinsichtlich ihrer Relevanz für die Entwicklungen der Arbeitswelten bewertet. Auf einer Skala, die von acht (höchster Einfluss mit weitreichenden Konsequenzen) bis eins (geringster Einfluss mit begrenzten Konsequenzen) wurde jedem Faktor ein Wert zugeordnet, der aus Sicht der Autoren deren Relevanz widerspiegelt. Das Themenfeld Digitalisierung wurde aufgrund seiner weitreichenden Auswirkungen auf alle Arbeits- und Lebensbereiche mit der höchsten Gewichtung bewertet. Der Faktor Fachkräftemangel hat ebenfalls weitreichende Auswirkungen, diese sind aber nicht für alle Branchen und Berufsfelder gleichbedeutend. Folglich wird dem Fachkräftemangel mit einer Gewichtung von sieben die zweithöchste zugeordnet. Die Verschlankung von Organisationsstrukturen, die in der Regel mit einer agilen Ausrichtung einher geht, hat ebenfalls weitreichende Auswirkungen. Dieser Faktor folgt daher auf den Fachkräftemangel. Weniger deutliche Folgen für die Arbeitswelten oder für Karriereverläufe haben die Faktoren Individualisierung und Globalisierung, welche daher im Mittelfeld der Gewichtungen eingeordnet sind. Eher begrenzte bzw. weniger weitreichende Konsequenzen ergeben sich aus der positiven Arbeitsmarktentwicklung, der Neo-Ökologie und arbeitsrechtlichen Entscheidungen, sodass diese Faktoren die geringste Gewichtung aufweisen. Für die acht identifizierten Faktoren ergibt sich die folgende Gewichtung (siehe Tabelle 7).

Faktor	Gewichtung
Digitalisierung	8
Fachkräftemangel	7
Verschlankung von Organisationsstrukturen	6
Individualisierung	5
Globalisierung	4
positive Arbeitsmarktentwicklung	3
Neo-Ökologie	2
Arbeitsrechtliche Entscheidungen	1

Tabelle 7: Gewichtung der Faktoren
(eigene Darstellung)

Im nächsten Schritt wurden die acht Faktoren den Karriereankern gegenübergestellt. Auf Basis der Einschätzung der Autoren wurden je Anker drei Faktoren ausgewählt, die den größten Einfluss auf die zugrunde liegenden Erwartungen und
Werteinstellungen haben (siehe Tabelle 8). Die Zuordnung erfolgte hier unabhängig von der Tendenz der Auswirkungen, also ob die Faktoren positive oder negative
Auswirkungen haben.

Karriereanker	Digitalisierung	Fachkräftemangel	Verschlankung von Organisationsstrukturen	Individualisierung	Globalisierung	positive Arbeitsmarktentwicklung	Neo-Ökologie	Arbeitsrechtliche Entscheidungen
Sicherheit/Beständigkeit	1					1		1
Selbstständigkeit/Unabhängigkeit	1		1	1				
Technisch-Funktionale Kompetenz	1	1	1					
Befähigung zum General Management			1	1	1			
Unternehmerische Kreativität	1			1	1			
Hingabe für eine Idee oder Sache		1		1			1	
Totale Herausforderung	1			1	1			
Lebensstilintegration	1			1				1

Tabelle 8: Zuordnung der Faktoren zu den Karriereankern (eigene Darstellung)

Auf den Karriereanker **Sicherheit/Beständigkeit** haben die Faktoren *Digitalisierung, positive Arbeitsmarktentwicklungen* und *arbeitsrechtliche Entscheidungen* die größten Auswirkungen. Während durch die Entwicklungen des digitalen Wandels, den Einsatz von neuen Technologien und die Automatisierungstendenzen das Streben nach Sicherheit und Beständigkeit eher gebremst wird, führt die positive Entwicklung auf dem Arbeitsmarkt zu einem höheren Sicherheitsgefühl. Auch wenn branchen- oder berufsfeldabhängige Arbeitsplätze wegfallen, ist insgesamt kein Rückgang zu verzeichnen, sodass hieraus eine relative Sicherheit entsteht. Die Verabschiedung des Gesetzes zur systematischen Arbeitszeiterfassung bietet Menschen mit diesem Karriereanker ebenfalls ein Gefühl der Sicherheit, da zu erwarten ist, dass sie ihre geleisteten Arbeitsstunden vergütet bekommen.

Der Karriereanker **Selbstständigkeit/Unabhängigkeit** wird am stärksten durch die Faktoren *Digitalisierung, Verschlankung von Organisationsstrukturen* und die *Individualisierung* beeinflusst. An dieser Stelle sind dem digitalen Wandel positive Konsequenzen zuzuschreiben, da beispielsweise durch Vernetzung eine größere Selbstständigkeit und Unabhängigkeit (z.B. durch ortsunabhängiges Arbeiten) ermöglicht wird. Eine Verschlankung von Organisationsstrukturen setzt voraus, dass Mitarbeiter sich in Netzwerken oder Arbeitsgruppen selbstständiger organisieren. Folglich wird das Streben nach Selbstständigkeit durch diese Entwicklung unterstützt. Der Trend der Individualisierung eröffnet Menschen größere Chancen, sich selbst zu verwirklichen und das Leben nach den eigenen Präferenzen zu gestalten. Folglich werden auch Eigenschaften wir Selbstständigkeit und Unabhängigkeit von der Individualisierung verstärkt.

Die Themenfelder *Digitalisierung, Fachkräftemangel* und *Verschlankung von Organisationsstrukturen* wirken sich auf den Karriereanker der **Technisch-Funktionalen Kompetenz** aus. Menschen mit diesem Anker wollen sich fachlich vertieft mit Themenfeldern auseinandersetzen und sich entsprechend weiterentwickeln. Im Zuge der mit dem digitalen Wandel einhergehenden Automatisierung werden einfache Routinetätigkeiten abgelöst und der Anteil an qualifikationsintensiven Tätigkeiten nimmt zu. Gleichzeitig entsteht auf dem Arbeitsmarkt ein Mangel an Fachkräften, da aufgrund des demografischen Wandels die Erwerbspersonenanzahl abnimmt. Zudem benötigen Unternehmen, die ihre Strukturen verschlanken, mehr Fach- als Führungskräfte. Folglich sehen sich Individuen mit diesem Anker bestärkt, sich weiterhin fachlich zu qualifizieren.

Für den Karriereanker **Befähigung zum General Management** haben die Faktoren *Verschlankung von Organisationsstrukturen, Individualisierung* und *Globalisierung* entscheidende Auswirkungen. Während Fachkräfte von einer Verschlankung von Organisationsstrukturen profitieren, sehen sich Individuen, die aufgrund ihrer Befähigung zum General Management eine Führungsfunktion bevorzugen, mit negativen Konsequenzen konfrontiert. Weniger Führungspositionen machen es für sie notwendig, dass sie ihre Kompetenzen in anderen Funktionen einsetzen und verantwortungsvolle Aufgaben als Fachkraft wahrnehmen. Aus dem Trend der Individualisierung und aus der Globalisierung entstehen für Menschen mit dem Anker Befähigung zum General Management neue Herausforderungen. Einerseits verändern sich die Anforderungen an Führungskräfte, da Mitarbeiter die Art und Weise der Ausübung der übertragenen Aufgaben selbst bestimmen wollen und vermehrt nach sinnstiftenden Arbeitsinhalten suchen. Andererseits entstehen als Folge aus der Globalisierung internationale Teams, die sich durch interkulturelle Besonderheiten unterscheiden und teilweise virtuell geführt werden müssen.

Aus den Faktoren *Digitalisierung, Individualisierung* und *Globalisierung* ergeben sich Konsequenzen für die Werthaltungen der Menschen mit dem Karriereanker **Unternehmerische Kreativität.** Während aus der Digitalisierung neue Themenfelder für die Entwicklung und Distribution von Produkten oder Dienstleistungen hervorgehen, begünstigt die mit der Globalisierung einhergehende weltweite Mobilität eine flexible Standortwahl und die Erschließung neuer Kundengruppen. Beide Faktoren haben somit einen positiven Einfluss auf den Anker Unternehmerische Kreativität. Zudem fördert die zunehmende Individualisierung mit ihrer stärkeren Ausdifferenzierung von individuellen Lebensstilen die Nachfrage nach vielfältigen Produkten und Dienstleistungen, woraus sich Möglichkeiten ergeben, eigene Ideen zu verwirklichen, Produkte zu entwickeln und Unternehmen zu gründen. Gleichzeitig wird das Streben nach Selbstverwirklichung durch die aus der Individualisierung resultierende Start-Up Kultur unterstützt.

Der Karriereanker **Hingabe für eine Idee oder Sache** wird von den Faktoren *Fachkräftemangel, Individualisierung* und *Neo-Ökologie* beeinflusst. Menschen mit diesem Karriereanker arbeiten mit dem Ziel, für die Gesellschaft oder für andere Menschen etwas Sinnvolles zu tun. Hierzu gehören beispielsweise auch die Ausübung von Pflegeberufen oder ein Engagement für Klima- und Naturschutz. Auch wenn nicht alle in entsprechenden Berufen tätige Personen diesen Karriereanker aufweisen, kann davon ausgegangen werden, dass sowohl der Megatrend Neo-Ökologie als auch der demografische Wandel diese Personen in ihrer Berufswahl bestärkt.

Der demografische Wandel verschärft zudem den Fachkräftemangel in der Pflege-
branche, da immer mehr alte Menschen immer weniger Fachkräften gegenüberste-
hen. Vor diesem Hintergrund wurde der Faktor Fachkräftemangel diesem Anker
zugeordnet. Da es vor dem Hintergrund einer zunehmenden Individualisierung
nicht mehr unüblich ist, sich gemäß seiner eigenen Präferenzen zu verwirklichen,
bestärkt auch dieser Trend Menschen, die sich einer Idee oder Sache hinzugeben.

Mit den Faktoren *Digitalisierung, Individualisierung* und *Globalisierung* wird der
Karriereanker **Totale Herausforderung** von den gleichen Entwicklungen beeinflusst, wie der Anker Unternehmerische Kreativität. In beiden Fällen erweitern Digitalisierung und Globalisierung die Tätigkeitsfelder, wobei sich hier für Menschen
mit dem Anker Totale Herausforderung neue Möglichkeiten eröffnen, mit Konkur-
renten in den Wettbewerb zu treten und die eigenen Leistungen unter Beweis zu
stellen. Gleichzeitig birgt der digitale Wandel für nach Herausforderungen strebende Menschen auch die Gefahr zu scheitern, denn wenn sie ihre Fähigkeiten
nicht an den neuen Anforderungen ausrichten, können sie im Wettbewerb nicht
bestehen. Während Digitalisierung und Globalisierung neue Wettbewerbsfelder erschließen, wird dies durch die Individualisierung eher eingeschränkt. Konkurrenz-
kampf und Wettbewerb sind dann möglich, wenn ein Vergleich zwischen Leistungen oder Ergebnissen möglich ist. Dies wird durch den Trend individuelle Lebensstile auszuleben, begrenzt.

Für die Einstellungen der Personen mit dem Karriereanker **Lebensstilintegration**
haben die Faktoren *Digitalisierung, Individualisierung* und *arbeitsrechtliche Entscheidungen* Auswirkungen. Die Integration des Berufes in den persönlichen Lebensstil wird durch den digitalen Wandel unterstützt, indem z.B. Kommunikationstechnologien genutzt werden, um aus dem Homeoffice arbeiten zu können. Aus der
Individualisierung entwickeln sich vielfältige Lebensstile, sodass in der Lebensstilintegration verankerte Menschen von einer Offenheit der Gesellschaft hinsichtlich
ihrer Werteinstellung profitieren können. Darüber hinaus werden arbeitsrechtliche Entscheidungen voraussichtlich die Anzahl von Überstunden reduzieren, sodass eine bessere Vereinbarkeit von Arbeit und Familie möglich ist.

Die Zuordnung der Faktoren zu den Ankern wird im folgenden Schritt mit der eingangs vorgenommenen Gewichtung bewertet und anschließend aufsummiert
(siehe Tabelle 9). Die Gesamtsumme je Karriereanker dient als Grundlage für eine
Gesamtbewertung, wobei der Anker mit der höchsten Bewertung acht Punkte und
der mit der geringsten Bewertung einen Punkt erhält (siehe Tabelle 9: Finale Bewertung der Karriereanker (eigene Darstellung)

Karriereanker	Digitalisierung	Fachkräftemangel	Verschlankung von Organisationsstrukturen	Individualisierung	Globalisierung	positive Arbeitsmarktentwicklung	Neo-Ökologie	Arbeitsrechtliche Entscheidungen	Gesamtsumme
Sicherheit/Beständigkeit	8					3		1	12
Selbstständigkeit/Unabhängigkeit	8		6	5					19
Technisch-Funktionale Kompetenz	8	7	6						21
Befähigung zum General Management			6	5	4				15
Unternehmerische Kreativität	8			5	4				17
Hingabe für eine Idee oder Sache		7		5			2		14
Totale Herausforderung	8			5	4				17
Lebensstilintegration	8			5				1	14

Tabelle 9: Finale Bewertung der Karriereanker (eigene Darstellung)

Die Analyse der externen Entwicklungen macht deutlich, dass Personen mit den Karriereankern der Technisch-Funktionalen Kompetenz und Selbstständigkeit/Unabhängigkeit am besten den Anforderungen der sich verändernden Arbeitswelten gerecht werden können. Hier findet sich der steigende Bedarf an Fachkräften und die Notwendigkeit, sich ständig den veränderten Gegebenheiten anzupassen, wieder. Zudem zeigt sich, dass die Veränderungen der Arbeitswelten ein hohes Maß an Unabhängigkeit und Selbstständigkeit einerseits voraussetzen, andererseits aber auch unterstützen. Ähnlich ist die Bewertung der Anker Unternehmerische Kreativität und Totale Herausforderung zu verstehen: einerseits sind die zugrunde liegenden Eigenschaften notwendig, um in der VUCA-Welt kreative Lösungen für neue Herausforderungen zu entwickeln, andererseits bieten die Veränderungen neue Wettbewerbssituationen und Spielraum für die Kreierung von Produkten und Leistungen. Der Karriereanker Befähigung zum General Management hat eine vergleichsweise geringe Relevanz, was sich mit der zunehmenden Verschlankung von Organisationsstrukturen erklären lässt. Jedoch fällt die Einordnung dieses Karriereankers ins Mittelfeld aller Anker, da Führungsfunktionen auch trotz der Abflachung von Hierarchien weiterhin benötigt werden und sich aus den aufgezeigten Entwicklungen auch neue Anforderungen für Führungskräfte ergeben. Im Gegensatz dazu werden die Werthaltungen der Anker Hingabe für eine Idee oder Sache und Lebensstilintegration nicht so stark gefordert bzw. unterstützt, sodass diese beiden Anker eine geringe Bewertung erhalten. Die Einordnung des Karriereankers Sicherheit/Beständigkeit macht deutlich, dass in der VUCA-Welt sichere Arbeitsplätze in einem beständigen Umfeld seltener werden. Die unterschiedlich starken Ausprägungen der Karriereanker werden in Abbildung 18 veranschaulicht.

Punkte	Karriereanker	Gesamtsumme
8	Technisch-Funktionale Kompetenz	21
7	Selbstständigkeit/Unabhängigkeit	19
5	Unternehmerische Kreativität	17
5	Totale Herausforderung	17
4	Befähigung zum General Management	15
2	Hingabe für eine Idee oder Sache	14
2	Lebensstilintegration	14
1	Sicherheit/Beständigkeit	12

Tabelle 10: Punkteverteilung der Karriereanker
(eigene Darstellung)

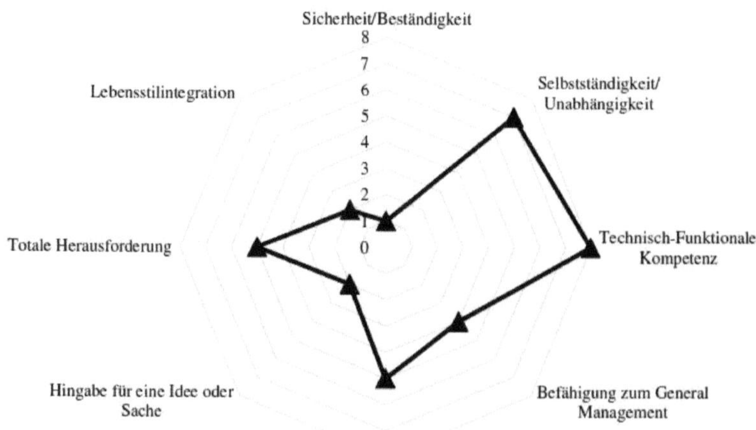

Abbildung 18: Die Ausprägungen der Karriereanker auf Basis der externen Entwicklungen aus der PESTE-Analyse
(eigene Darstellung)

9 Interpretation der Erwartungen der Generation Y

In diesem Abschnitt werden die Erwartungen der Jugendlichen auf das Konzept der Karriereanker übertragen. Die acht vorgestellten Karriereanker werden den elf Erwartungen der Generation Y an ihre Berufstätigkeit, die in der Shell Jugendstudie abgefragt worden sind, gegenübergestellt. Jedem Karriereanker werden dabei drei Erwartungen zugeordnet, die den Karriereanker am ehesten definieren.[424] Anschließend werden die jeweiligen Erwartungen pro Karriereanker mit den Befragungsergebnissen der Jugendlichen (Prozentsumme aus „sehr wichtig" und „wichtig") multipliziert. Die gewichteten Erwartungen werden danach für jeden Karriereanker aufsummiert. Der Karriereanker mit der höchsten Endsumme erhält in der Gesamtbewertung acht Punkte, der Karriereanker mit der niedrigsten Endsumme einen Punkt. Tabelle 11 zeigt die Zuordnung der Erwartungen der Jugendlichen zu den Karriereankern. Tabelle 12 enthält die Gewichtung der Faktoren.

---

[424] Die Definition der Karriereanker ist eingeschränkt, da lediglich auf die 11 formulierten Erwartungen zurückgegriffen wird.

Karriereanker	sicherer Arbeitsplatz	eigene Ideen einbringen	etwas Sinnvolles tun	genug Freizeit neben dem Beruf	etwas Nützliches tun	anerkannt werden	gute Aufstiegsmöglichkeiten	hohes Einkommen	Kontakte zu anderen Menschen	sich um andere kümmern	das Gefühl, etwas zu leisten
Sicherheit/Beständigkeit	1						1	1			
Selbstständigkeit/Unabhängigkeit		1				1					1
Technisch-Funktionale Kompetenz		1				1					1
Befähigung zum General Management							1	1	1		
Unternehmerische Kreativität		1	1								1
Hingabe für eine Idee oder Sache			1		1					1	
Totale Herausforderung			1			1					1
Lebensstilintegration	1			1					1		

Tabelle 11: Zuordnung der Erwartungen zu den Karriereankern (eigene Darstellung)

Faktor	Gewichtung
sicherer Arbeitsplatz	95
eigene Ideen einbringen	93
etwas Sinnvolles tun	90
genug Freizeit neben dem Beruf	88
etwas Nützliches tun	85
anerkannt werden	85
gute Aufstiegsmöglichkeiten	78
hohes Einkommen	77
Kontakte zu anderen Menschen	71
sich um andere kümmern	67
das Gefühl, etwas zu leisten	55

Tabelle 12: Gewichtung der Faktoren
(eigene Darstellung)

Dem ersten Karriereanker **Sicherheit/Beständigkeit** werden die Erwartungen „sicherer Arbeitsplatz", „gute Aufstiegsmöglichkeiten" und „hohes Einkommen" zugeordnet. Wie in Kapitel 6.3.6 beschrieben, ist der Karriereanker durch das Streben nach einem sicheren Arbeitsplatz, einer dauerhaften Beschäftigung sowie einer Entlohnung in Form eines angemessenen Gehaltes gekennzeichnet. Aufstiegsmöglichkeiten und Beförderungen unterstützen diese Beschäftigungsgarantie.

Der zweite Karriereanker **Selbstständigkeit/Unabhängigkeit** wird in diesem Bewertungsschema durch die Erwartungen „eigene Ideen einbringen", „anerkannt werden" und „das Gefühl, etwas zu leisten" definiert. Individuen mit diesem Karriereanker wollen selbstbestimmt arbeiten, indem sie eigene Ideen einbringen und umsetzen. Zudem wollen sie aufgrund ihrer Leistungen anerkannt werden.

Der Karriereanker der **Technisch-Funktionalen Kompetenz** beruht auf den gleichen Erwartungen wie der vorherige Anker, die jedoch in diesem Kontext anders zu verstehen sind. Bei diesem Karriereanker stehen die fachlichen Kompetenzen im Vordergrund. Mitglieder dieses Karriereankers wollen sich fachlich einbringen und hierfür auch anerkannt werden. Anerkennung wird bevorzugt von Personen angenommen, die die fachlichen Fähigkeiten durch einen ähnlichen Hintergrund wertschätzen können. Durch neue fachliche Herausforderungen möchte dieser Karrieretyp etwas leisten.

Im Gegensatz zu dem Technisch-Funktionalen Karriereanker strebt der Karriereanker **Befähigung zum General Management** nach „guten Aufstiegsmöglichkeiten", „hohem Einkommen" und „Kontakten zu anderen Menschen". Dieser Karriereanker spiegelt sich vor allem in den drei genannten Erwartungen wider, da er mit dem Wunsch nach einer Führungsposition einhergeht. Individuen mit diesem Karriereanker erwarten hierarchischen Aufstieg, ein damit einhergehendes hohes Einkommen und treten durch ihre Personalverantwortung vermehrt mit den unterstellten Mitarbeitern in Kontakt.

Der Karriereanker **Unternehmerische Kreativität** ist vor allem durch das Bedürfnis etwas Eigenes zu schaffen gekennzeichnet. Häufig ist hiermit eine Unternehmensgründung oder eine Produktentwicklung verbunden. Personen mit dieser Verankerung entwickeln immer wieder neue Ideen und erhoffen sich Bestätigung für deren Verwirklichung. Folglich sind hier die Erwartungen „eigene Ideen einbringen", „etwas Sinnvolles tun" und „das Gefühl, etwas zu leisten" zuzuordnen.

Der sechste Karriereanker **Hingabe für eine Idee oder Sache** verfolgt idealistische Werte. Ziel ist es, mit seiner Arbeit etwas Sinnvolles für die Gesellschaft oder für andere Menschen zu tun. Für die Definition dieses Ankers wurden die Erwartungen „etwas Sinnvolles tun", „etwas Nützliches tun" und „sich um andere kümmern" ausgewählt.

Der siebte Karriereanker **Totale Herausforderung** ist durch die Erwartungen „etwas Sinnvolles tun", „anerkannt werden" und „das Gefühl etwas zu leisten" dargestellt. Personen dieses Karriereankers stellen sich immer neuen schwierigen Herausforderungen und schätzen die Konkurrenz zu anderen. Für diesen Karrieretyp ist es wichtig, diese Aufgaben zu bewältigen, etwas zu leisten und sich vor der Konkurrenz zu beweisen.

Der letzte Karriereanker **Lebensstilintegration** beschäftigt sich mit der Integration des Berufes in den persönlichen Lebensstil. Dies findet sich in den Erwartungen „sicherer Arbeitsplatz", „genug Freizeit neben dem Beruf" und „Kontakte zu anderen Menschen" wieder. Insbesondere die Werteorientierung der Jugendlichen in der Studie zeigt den besonderen Stellenwert von Familie, Freunden und Partnerschaft, der diesen Karriereanker hervorhebt. Tabelle 13 ist die Gewichtung der Erwartungen sowie die Gesamtsumme je Karriereanker zu entnehmen. Auf Grundlage dieser Summen wurde dann eine Gesamtbewertung erstellt, die in Tabelle 13: Die Gewichtung der Erwartungen je Karriereanker (eigene Darstellung) dargestellt ist.

Karriereanker	sicherer Arbeitsplatz	eigene Ideen einbringen	etwas Sinnvolles tun	genug Freizeit neben dem Beruf	etwas Nützliches tun	anerkannt werden	gute Aufstiegsmöglichkeiten	hohes Einkommen	Kontakte zu anderen Menschen	sich um andere kümmern	das Gefühl, etwas zu leisten	Gesamtsumme
Sicherheit/Beständigkeit	95						78	77				250
Selbstständigkeit/ Unabhängigkeit		93				85					55	233
Technisch-Funktionale Kompetenz		93				85					55	233
Befähigung zum General Management							78	77	71			226
Unternehmerische Kreativität		93	90								55	238
Hingabe für eine Idee oder Sache			90		85					67		242
Totale Herausforderung			90			85					55	230
Lebensstilintegration	95			88					71			254

Tabelle 13: Die Gewichtung der Erwartungen je Karriereanker (eigene Darstellung)

Nach dem Bewertungsschema sind die Erwartungen der Jugendlichen vor allem mit den Karriereankern Lebensstilintegration und Sicherheit/Beständigkeit gleichzusetzen. Ein sicherer Arbeitsplatz und die Vereinbarkeit von Berufs- und Privatleben stehen für sie im Fokus. Zudem stehen idealistische Beweggründe hinter der Berufstätigkeit. Wie in Kapitel 6.4 erläutert, steigt die Zahl der Idealisten unter den Jugendlichen an. Der Wunsch nach Selbstverwirklichung und Weiterentwicklung zeigt sich in dem Karriereanker Unternehmerische Kreativität. Die niedrige Bewertung des Karriereankers Selbstständigkeit/Unabhängigkeit ist zunächst ein Widerspruch zu dem Trend der Individualisierung. Jedoch ist der Wunsch nach Sicherheit aufgrund der Vielzahl an Herausforderungen in der Jugendphase stärker ausgeprägt als die Unabhängigkeit. Es ist zu vermuten, dass sich der Karriereanker der Selbstständigkeit/Unabhängigkeit stärker entwickelt, sobald die Jugendlichen Berufserfahrungen sammeln. Die Bewertung der Technisch-Funktionalen Kompetenz mit drei Punkten kommt einer Bewertung im Mittelfeld gleich. Insbesondere dieser Karriereanker war schwierig zu bewerten, da in der Studie kein Meinungsbild zu einer Fachkarriere abgefragt wurde. Die Totale Herausforderung und der damit einhergehende Wettbewerb werden aufgrund der Herausforderungen in der Jugendphase von den Jugendlichen abgelehnt. Die Befähigung zum General Management nimmt den letzten Platz ein. Die Studie hat gezeigt, dass die Jugendlichen weniger nach einem hierarchischen Aufstieg und einer Führungsposition streben. Abbildung 19 stellt die Ausprägungen der Karriereanker auf Basis der Erwartungshaltung der Jugendlichen dar.

Punkte	Karriereanker	Gesamtsumme
8	Lebensstilintegration	254
7	Sicherheit/ Beständigkeit	250
6	Hingabe für eine Idee oder Sache	242
5	Unternehmerische Kreativität	238
3	Selbstständigkeit/ Unabhängigkeit	233
3	Technisch-funktionale Kompetenz	233
2	Totale Herausforderung	230
1	Befähigung zum General Management	226

Tabelle 14: Gesamtbewertung der Karriereanker
(eigene Darstellung)

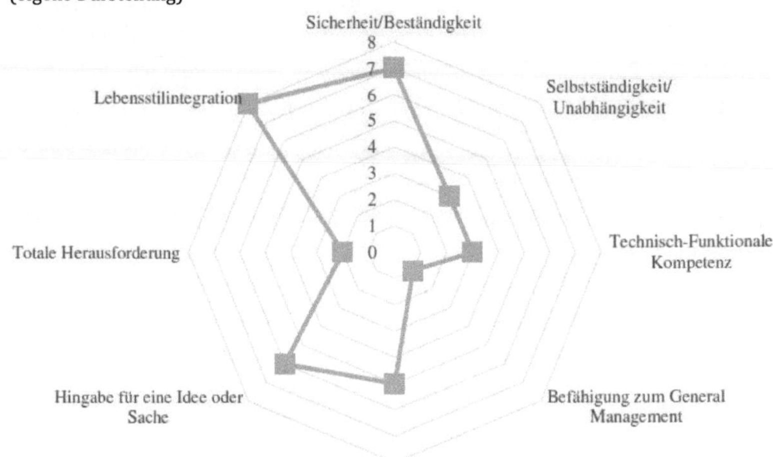

Abbildung 19: Die Ausprägungen der Karriereanker auf Basis der Erwartungshaltung
der befragten Jugendlichen
(eigene Darstellung)

10 Identifikation von potenziellen Handlungsfeldern für ein neues Karrierekonzept

In diesem Kapitel werden die Übertragungen der Ergebnisse aus der PESTE-Analyse sowie der Erwartungshaltung der Jugendlichen auf die Karriereanker zusammengeführt. Hierfür werden die erstellten Netzdiagramme aufeinandergelegt, um die Einordnung der Karriereanker vergleichen zu können (siehe Abbildung 20).

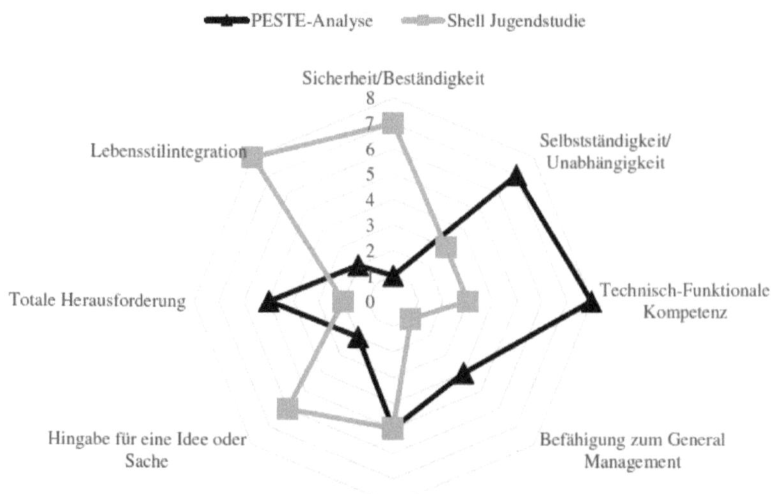

Abbildung 20: Zusammenführung der Einordnung der Karriereanker
(eigene Darstellung)

Die Abbildung zeigt eine deutliche Diskrepanz zwischen der Einordnung der Erwartungshaltung und der Einordnung der externen Entwicklungen. Der Karriereanker **Sicherheit/Beständigkeit** ist für die Jugend von großer Relevanz (7 Punkte). Jedoch können die Arbeitswelten durch Trends wie beispielsweise die Digitalisierung oder Internationalisierung keine Sicherheit (mehr) bieten, sondern ist vielmehr durch eine hohe Dynamik und stetige Veränderungen gekennzeichnet, mit denen Unsicherheiten einhergehen (1 Punkt). Um in diesem Arbeitsumfeld bestehen zu können, gewinnen Konzepte wie Employability an Relevanz, um die Beschäftigungsfähigkeit unabhängig vom Arbeitsplatz zu sichern.

Eine Diskrepanz zeigt sich auch bei dem Karriereanker **Selbstständigkeit/Unabhängigkeit**. Die Individualisierung und auch die Digitalisierung der Arbeitswelten eröffnen eigene Wege und Perspektiven, fordern aber gleichzeitig selbstständiges Arbeiten (7 Punkte). Die Jugendlichen möchten sich selbst verwirklichen und entwickeln, jedoch ist davon auszugehen, dass sie nach den herausfordernden Entwicklungsaufgaben ihrer Jugendphase vorrangig ein hohes Sicherheitsbedürfnis haben. Das Streben nach Selbstständigkeit und Unabhängigkeit findet derzeit (noch) keine hohe Berücksichtigung in den Erwartungen an die Berufstätigkeit (3 Punkte).

Die Bewertung der Bedeutung des Karriereankers **Technisch-Funktionale Kompetenz** erweist sich als schwierig. Der hohe Fachkräftemangel und die flachen Hierarchien begünstigen einerseits Fachkarrieren und erhöhen andererseits den Bedarf nach fachlich kompetenten Mitarbeitern, die ihre Arbeit selbst organisieren (8 Punkte). Jedoch ist die Einordnung der Erwartung der Jugendlichen schwierig, da den Jugendlichen der Unterschied zwischen Fach- und Führungsaufgaben in der derzeitigen Lebensphase vermutlich noch nicht bewusst ist (3 Punkte). Obwohl die Bewertung schwierig ist, wird die Diskrepanz als mögliches Handlungsfeld für die Entwicklung eines alternativen Karrierekonzeptes angesehen.

Für beide Gruppen ist die **Befähigung zum General Management** weniger relevant als die anderen Karriereanker. Die Jugendlichen wünschen sich keine klassische Kaminkarriere. Gute Aufstiegsmöglichkeiten und ein hohes Einkommen verlieren an Bedeutung (1 Punkt). Zudem werden aufgrund der zunehmenden Verschlankung von Organisationen andere Führungskompetenzen notwendig. Führungskräfte übernehmen die Rolle eines Coaches, der sein Team dazu befähigt, Verantwortung zu übernehmen und Entscheidungen selbst zu treffen. Die Teams organisieren sich häufiger selbst, sodass weniger Führungsfunktionen notwendig sind (4 Punkte).

Eine Übereinstimmung zeigt sich bei dem Karriereanker Unternehmerische Kreativität. Flache Hierarchien, die Internationalisierung und Digitalisierung ermöglichen viel Raum für eigene Ideen und deren Umsetzung. Es bildet sich eine Start-Up Kultur heraus (5 Punkte). Bei den Jugendlichen steigt der Wunsch, eigene Ideen einzubringen und diese aktiv umzusetzen (5 Punkte).

Der Karriereanker **Hingabe für eine Idee oder Sache** gewinnt bei den Jugendlichen an Bedeutung. Ihnen ist es wichtig, etwas Sinnstiftendes zu tun und ihre Arbeit mit idealistischen Werten zu verknüpfen (6 Punkte). Das Arbeitsumfeld erachtet diesen Karriereanker als weniger wichtig, da er nur bedingt entscheidend für den Unternehmenserfolg ist (2 Punkte). Es bietet sich an, ehrenamtliches Engagement und besondere Leistungen sowie idealistische Wertehaltungen umfassender zu würdigen, um dem Bedürfnis der Jugend nach Hingabe für eine Idee oder Sache nachzukommen. Zudem sollte im Unternehmen Transparenz darüber geschaffen werden, inwieweit die Arbeit eines jeden Mitarbeiters dem Unternehmenserfolg dient.

Die Erwartungen der Jugendlichen stimmen nicht mit den Werteinstellungen des Karriereankers **Totale Herausforderung** überein, da sie Wettbewerb oder Konkurrenz zu anderen ablehnen (2 Punkte). Im Arbeitsumfeld entwickelt sich jedoch durch Digitalisierung und Globalisierung ein zunehmender Wettbewerb, der sowohl für Unternehmen als auch für deren Mitarbeiter mit steigendem Konkurrenzdruck einhergeht (5 Punkte). Junge Menschen müssen durch stetige Weiterentwicklung der Kompetenzen befähigt werden, in diesem Wettbewerb zu bestehen. Dies kann durch das Konzept der Employability gewährleistet werden.

Der Karriereanker der **Lebensstilintegration** ist für Jugendliche sehr wichtig. Dies lässt sich anhand des besonderen Stellenwertes der Work-Life-Balance in den Studienergebnissen erkennen (8 Punkte).[425] Für das Arbeitsumfeld ist die Lebensstilintegration der Mitarbeiter zunächst nicht von großer Bedeutung, da der Erfolg des Unternehmens im Vordergrund steht (2 Punkte). Dennoch werden stetig neue Maßnahmen etabliert, um dem Streben der Mitarbeiter nach Work-Life-Balance gerecht zu werden und diese zu unterstützen.

Aus den vorhergehenden Ausführungen wird deutlich, dass es Diskrepanzen zwischen der Erwartungshaltung der Jugendlichen hinsichtlich ihrer Berufstätigkeit und den Ergebnissen der PESTE-Analyse gibt. Die Integration der Jugendlichen in die Arbeitswelten unter der gleichzeitigen Berücksichtigung ihrer Ansprüche und der externen Entwicklungen birgt Herausforderungen für Unternehmen. Daneben ist der Start in das Berufsleben auch für Jugendliche mit Schwierigkeiten verbunden. Es bedarf geeigneter Konzepte, um dieser herausfordernden Situation zu

---

[425] Der Karriereanker Lebensstilintegration umfasst mehr als die Work-Life-Balance. Dieser in der Studie aufgezeigte Faktor lässt sich jedoch eindeutig diesem Karriereanker zuordnen, weshalb er hier stellvertretend genannt wird.

begegnen. Da Individuen mit Beginn ihrer Erwerbstätigkeit ihre individuelle Berufskarriere beginnen, bietet es sich an, im Rahmen vom Karrieremanagement Konzepte zu etablieren, die den verschiedenen Anforderungen gerecht werden. Vorhandene Modelle müssen zudem auf ihre Zukunftsfähigkeit überprüft und bei Bedarf entsprechend angepasst werden. Im folgenden Abschnitt 10 wird zunächst erarbeitet, inwieweit die in Kapitel 3.3 vorgestellten Laufbahnmodelle den Erwartungen der Jugendlichen und den externen Entwicklungen entsprechen. Die Erkenntnisse dieser Untersuchung werden dann gemeinsam mit den Überlegungen dieses Kapitels im nachfolgenden Teil IV der Arbeit verwendet, um ein Konzept zu entwickeln, das im Rahmen von Karrieremanagement eingesetzt werden kann.

11 Überprüfung der Eignung bestehender Laufbahnmodelle in Bezug auf die Handlungsfelder

Nachdem im letzten Abschnitt dargestellt wurde, dass es Diskrepanzen zwischen den Erwartungen der Generation Y an das Arbeitsleben und den externen Entwicklungen gibt, wird in diesem Kapitel untersucht, inwieweit die organisational gesteuerten Laufbahnmodelle diesen Anforderungen gerecht werden. Hierzu erfolgt zunächst eine Zuordnung der Laufbahnmodelle zu den Karriereankern, bevor diese mit den Erwartungen der Jugendlichen und den externen Entwicklungen verglichen werden. Die in Abschnitt 4.5 in Tabelle 1 dargestellten Charakteristika werden im Folgenden auf die Führungs-, Fach- und Projektlaufbahn heruntergebrochen. Die Laufbahnen werden anschließend dahingehend überprüft, inwiefern sie die Werteinstellungen, die den Karriereankern zugrunde liegen, unterstützen. Die Bewertung der Übereinstimmung erfolgt auf einer achtstufigen Skala, wobei ein Punkt die geringste und acht Punkte die höchste Übereinstimmung bedeuten. Die Einschätzung der Zuordnung basiert auf den Annahmen und persönlichen Erfahrungen der Autoren. Eine empirische Erhebung hierzu hat nicht stattgefunden. Es wurden vielmehr die Eigenschaften der Laufbahnmodelle mit den Merkmalen der Karriereanker verglichen und ausführlich diskutiert, um einen Konsens hinsichtlich der Bewertung herzustellen. Dabei wurde auch Wert darauf gelegt, dass einerseits die prägnantesten Charakteristika der Laufbahnen ersichtlich werden und andererseits die Abstufungen die Unterschiede zwischen den verschiedenen Modellen deutlich machen. Für die Zuordnung der Führungslaufbahn wurden dabei die Eigenschaften herangezogen, die dem traditionellen Bild dieses Karriereverlaufs zugrunde liegen und die insbesondere kennzeichnend für die Kaminkarriere sind. Im Folgenden werden zunächst die Charakteristika der einzelnen Laufbahnen wiederholt. Im Anschluss daran werden jeweils die Karriereanker mit den höchsten und den niedrigsten Übereinstimmungen erläutert. Die übrigen Bewertungen werden abschließend in einer Tabelle dargestellt. Eine ausführliche Erläuterung hierzu erfolgt nicht, da hier nur die generelle Abstufung relevant ist. Hiernach werden die Einordnung der Laufbahnmodelle und die Zusammenführung der Analyseergebnisse gemeinsam in einem Netzdiagramm dargestellt, um die Übereinstimmungen und Abweichungen deutlich zu machen.

Die traditionelle **Führungslaufbahn**, die durch einen vertikalen Aufstieg gekennzeichnet ist, verläuft in der Regel entlang vorhersagbarer Positionsabfolgen. Entscheidend für eine Beförderung ist dabei eine hohe Loyalität seitens des Mitarbeiters gegenüber dem Arbeitgeber, in der sich auch seine Verpflichtung gegenüber dem Unternehmen widerspiegelt. Der Aufstieg geht mit einer höheren Entlohnung, Statussymbolen (z.B. Dienstwagen, größeren Büro) sowie einer zunehmenden Verantwortung (z.B. steigende Anzahl unterstellter Mitarbeiter, höhere Budget- oder Ergebnisverantwortung) einher. Hierdurch wird der Karriereerfolg auch für andere sichtbar. Die Verantwortung für die Gestaltung der Laufbahn liegt beim Unternehmen (siehe Kapitel 3.3.1).

Die Merkmale einer Führungslaufbahn finden sich vor allem in den Werteinstellungen des Karriereankers **Befähigung zum General Management** wieder. Menschen mit diesem Anker streben danach, als Führungskraft Verantwortung zu übernehmen und an Entscheidungsprozessen beteiligt zu werden. Zudem entsprechen die Vorstellungen, die dem Anker **Sicherheit/Beständigkeit** zugrunde liegen, den Eigenschaften der traditionellen Führungslaufbahn. Das Sicherheitsbedürfnis, das Menschen mit diesem Anker verspüren, wird durch die Vorhersagbarkeit der Positionsabfolge bedient. Darüber hinaus entspricht ein System, das die Dauer der Betriebszugehörigkeit in den Fokus stellt, ihren Anforderungen. Die geringste Übereinstimmung wurden zu dem Anker der **Technisch-Funktionalen Kompetenz** festgestellt. Führungslaufbahnen richten sich vorrangig an die Mitarbeiter, die sich eher generalistisch mit Themenfeldern auseinandersetzen. Diese Eigenschaft findet sich im Technisch-Funktionalen Karriereanker nicht wieder. Weiterhin haben die Karriereanker **Unternehmerische Kreativität** und **Lebensstilintegration** geringe Übereinstimmung mit den Merkmalen der Führungslaufbahn. Erstere streben danach, sich mit eigenen Ideen zu verwirklichen und damit unabhängig zu werden und letztere wollen ihren Beruf in den eigenen Lebensstil integrieren. Beides wird durch die Führungslaufbahn, die von unternehmerischen Regelungen und Verpflichtungen geprägt ist, nicht unterstützt. Die vollständige Bewertung der Führungslaufbahn kann Tabelle 15 entnommen werden.

Abbildung 21 zeigt anhand der Darstellung im Netzdiagramm die Übereinstimmungen und Abweichungen zwischen der Führungslaufbahn und den Ergebnissen der PESTE-Analyse sowie der Shell Jugendstudie. Da die Führungslaufbahn insbesondere den Merkmalen des Ankers Befähigung zum General Management entspricht und diese wiederum weder von den Jugendlichen erwartet noch von externen Entwicklungen vorausgesetzt werden, liegt hier die größte Abweichung vor. Hinsichtlich der Anker Sicherheit/Beständigkeit und Selbstständigkeit/Unabhängigkeit findet sich die größte Übereinstimmung mit den Erwartungen der Jugendlichen. Dagegen stimmen die Anker Hingabe für eine Idee oder Sache, Totale

Herausforderung und Lebensstilintegration am besten mit den externen Entwicklungen überein.

Karriereanker	Punkte
Befähigung zum General Management	8
Sicherheit/Beständigkeit	7
Totale Herausforderung	4
Selbstständigkeit/Unabhängigkeit	3
Hingabe für eine Idee oder Sache	3
Unternehmerische Kreativität	2
Lebensstilintegration	2
Technisch-Funktionale Kompetenz	1

Tabelle 15: Übereinstimmung der Merkmale der Führungslaufbahn mit den Werteinstellungen der Karriereanker
(eigene Darstellung)

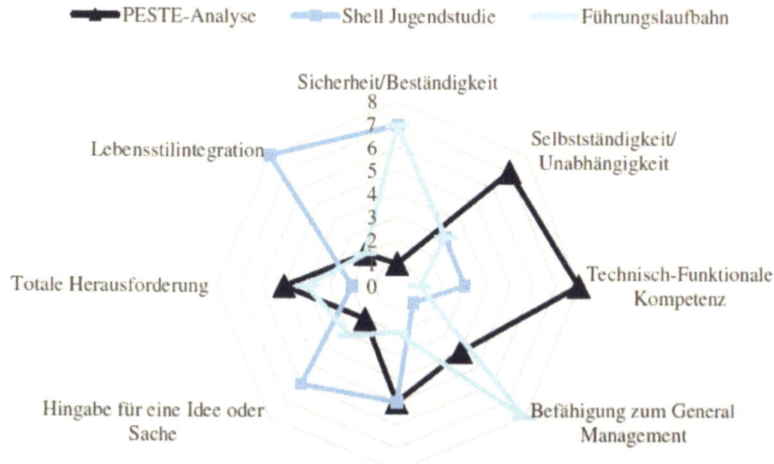

Abbildung 21: Vergleich der Analyseergebnisse mit der Führungslaufbahn
(eigene Darstellung)

Es wird deutlich, dass die Führungslaufbahn nicht dafür geeignet ist, die Erwartungshaltungen der Jugendlichen und die externen Veränderungen abzubilden. Insbesondere vor dem Hintergrund der Verschlankung von Organisationen wird dieses Laufbahnmodell an Bedeutung verlieren. Jedoch werden Unternehmen derzeit nicht gänzlich ohne Führungspositionen auskommen, sodass dieses Konzept weiterhin zur Förderung von Führungsnachwuchskräften Anwendung finden wird.

Die **Fachlaufbahn**, die einen horizontalen Karriereverlauf nimmt, ist im Gegensatz zur Führungslaufbahn eher mäßig vorhersagbar. Für organisational gesteuerte Fachlaufbahnen existiert zwar ein Rahmen, der sich jedoch deutlich von der Führungslaufbahn unterscheidet. Während die Führungslaufbahn durch eine geringe Anzahl an Führungspositionen in vorhersagbaren Karrierewegen verläuft, stehen bei der Fachlaufbahn eine Vielzahl an Fachpositionen zur Verfügung. Hierdurch wird die Positionsabfolge Vorhersagbarkeit eingeschränkt. Zudem sind jeder Rangstufe der Laufbahn spezifische Anforderungsprofile zugeordnet. Jedoch erreicht ein Mitarbeiter die nächste Rangstufe, sobald er diesem Profil in fachlicher Hinsicht entspricht und nicht, wenn er sich durch besondere Loyalität auszeichnet. Folglich steht für eine erfolgreiche Fachlaufbahn die Leistung im Vordergrund. Zudem ist der fachliche Aufstieg für andere weniger sichtbar, als bei der Führungslaufbahn, da er zwar mit einer höheren Entlohnung, nicht aber mit entsprechenden Statussymbolen verbunden ist. Der Mitarbeiter ist verantwortlich für den Karriereerfolg, indem er sich durch Qualifizierung befähigt, eine höhere Rangstufe zu erreichen. Durch die vertiefte fachliche Auseinandersetzung mit ausgewählten Themenfeldern fühlt sich ein Mitarbeiter der Fachlaufbahn eher seiner Tätigkeit und nicht dem Unternehmen gegenüber verpflichtet (siehe Kapitel 3.3.2).

Die Charakteristika der Fachlaufbahn stimmen am meisten mit den Vorstellungen überein, die dem Karriereanker der **Technisch-Funktionalen Kompetenz** zugrunde liegen. Personen mit diesem Anker streben nach einer vertieften fachlichen Auseinandersetzung mit ihrem Sachgebiet, sodass diesem Anker der höchste Wert beigemessen wird. Weiterhin lassen sich die Bedürfnisse, die mit dem Karriereanker **Selbstständigkeit/Unabhängigkeit** einhergehen, gut durch diese Laufbahnform berücksichtigen. Fachexperten können sich stärker unabhängig von Vorschriften oder Regeln in ihrem Arbeitsumfeld bewegen, als Führungskräfte. Letztere müssen sich mit den Anforderungen ihrer Mitarbeiter und gleichzeitig mit denen ihrer eigenen Vorgesetzten auseinandersetzen, wodurch sie in ihrer Selbstständigkeit eingeschränkt sind. Die Fachlaufbahn weist am wenigsten Übereinstimmung mit dem Karriereanker **Befähigung zum General Management** auf.

Obwohl die zugrunde liegenden Eigenschaften zunehmend auch von Fachkräften gefordert werden, richtet sich die Fachlaufbahn am wenigsten an Menschen mit diesem Karriereanker. Weiterhin finden auch die Werthaltungen des Ankers **Hingabe für eine Idee oder Sache** nicht bzw. begrenzt Berücksichtigung in diesem Laufbahnmodell. Menschen, die ihre Arbeit in den Dienst einer Sache stellen, versuchen auch Einfluss auf ihren Arbeitgeber oder dessen Sozialpolitik zu nehmen, um zur Verwirklichung ihrer eigenen Werte beizutragen. In der Regel haben Fachkräfte einen eingeschränkten Einfluss, weshalb dieser Anker wenig Übereinstimmung mit dieser Laufbahnform hat. Die vollständige Zuordnung der Fachlaufbahn zu den Karriereankern ist Tabelle 16 zu entnehmen.

Abbildung 22 zeigt die Übereinstimmungen bzw. Abweichungen der Fachlaufbahn mit den Analyseergebnissen. Es ist ersichtlich, dass dieses Laufbahnmodell insbesondere den externen Entwicklungen entspricht und dass es hier mehr Übereinstimmungen gibt, als bei der Führungslaufbahn. Speziell der Anker Technisch-Funktionale Kompetenz, in dem sich auch der Bedarf nach qualifizierten Fachkräften niederschlägt, weist die größte Übereinstimmung auf. Weiterhin zeigen die durch die Digitalisierung oder die Individualisierung verstärkte Selbstständigkeit sowie die Eigenschaften des Ankers Totale Herausforderung ähnliche Tendenzen. Dagegen stimmen die Charakteristika dieses Laufbahnmodells nur im Hinblick auf den Karriereanker Befähigung zum General Management mit den Erwartungen der Jugendlichen überein.

Karriereanker	Punkte
Technisch-Funktionale Kompetenz	8
Selbstständigkeit/Unabhängigkeit	6
Sicherheit/Beständigkeit	5
Totale Herausforderung	5
Lebensstilintegration	4
Unternehmerische Kreativität	3
Hingabe für eine Idee oder Sache	2
Befähigung zum General Management	1

Tabelle 16: Übereinstimmung der Merkmale der Fachlaufbahn mit den Werteinstellungen der Karriereanker
(eigene Darstellung)

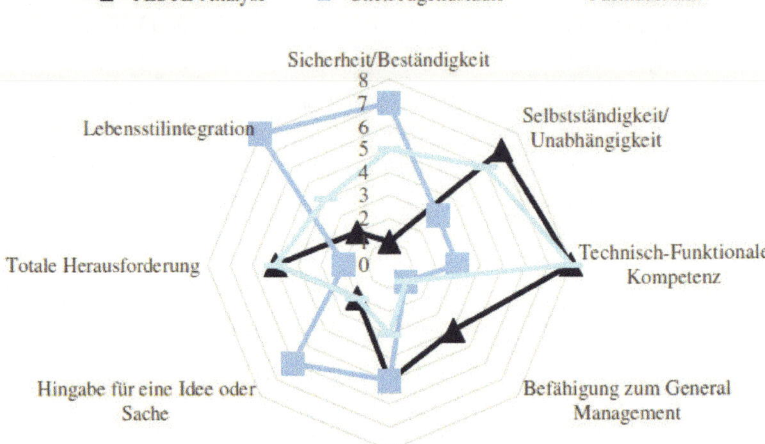

Abbildung 22: Vergleich der Analyseergebnisse mit der Fachlaufbahn
(eigene Darstellung)

Es kann davon ausgegangen werden, dass die Fachlaufbahn zwar ein geeignetes Modell ist, um auf die veränderten Rahmenbedingungen zu reagieren. Jedoch fühlen sich Jugendliche von dieser Laufbahnform (noch) nicht angesprochen. Hierbei muss jedoch berücksichtigt werden, dass die Einordnung der Erwartungen der Jugendlichen im Hinblick auf den für die Fachlaufbahn prägenden Anker Technisch-Funktionale Kompetenz, am schwierigsten war. Dieser Anker kann sich im weiteren Karriereverlauf der Jugendlichen noch herausbilden, sodass diese ihre Erwartungshaltung mit zunehmender Berufserfahrung auch in der Fachlaufbahn erfüllt sehen können. Aufgrund des zunehmenden Bedarfs an hochqualifizierten Fachkräften wird auch dieses Laufbahnmodell weiterhin zur Entwicklung von Fachkräften in Unternehmen genutzt werden.

Die **Projektlaufbahn** zeichnet sich dadurch aus, dass sie eine Mischform aus Führungs- und Fachlaufbahn ist. In Projekten ist sowohl ein Aufstieg als Projektleiter als auch ein Aufstieg als Fachkraft möglich. Obwohl Unternehmen zunehmend Projektarbeit als Arbeitsform nutzen, ist die projektunabhängige Arbeit nach wie vor vorherrschend. Dadurch wird der Verlauf einer Projektlaufbahn wenig vorhersagbar – einerseits müssen entsprechende Fach- bzw. Führungskompetenzen erworben werden, andererseits müssen passende Projekte angeboten werden. Der Karriereerfolg wird von anderen deutlicher wahrgenommen, als bei der Fachkarriere, da die Sonderstellung von Projekten die entsprechende Tätigkeit stärker hervorhebt. Für den Erfolg einer Projektlaufbahn sind aufgrund der Mischform sowohl das Unternehmen als auch der Mitarbeiter verantwortlich (siehe Kapitel 3.3.3).

Aufgrund der Eigenschaften von Projekttätigkeiten, die befristet und vor allem losgelöst von der üblichen Geschäftstätigkeit sind, weist die Projektlaufbahn die höchste Übereinstimmung mit dem Anker **Selbstständigkeit/Unabhängigkeit** auf. Im Rahmen von Projekten können Projektmitarbeiter unabhängig von ihren eigentlichen Fachgebieten an der Realisierung von Aufträgen arbeiten. Dabei haben sie je nach Ausgestaltung der Projekttätigkeit auch die Möglichkeit, als „Unternehmer im Unternehmen" eigene Ideen und Vorschläge umzusetzen, weshalb der Anker **Unternehmerische Kreativität** auch eine entsprechend hohe Bewertung erhält. Obwohl Projekte zunehmend zur Realisierung von Arbeitsaufträgen genutzt werden, ist deren Existenz nach wie vor nicht gesichert. Vielmehr wird individuell entschieden, ob die Tätigkeiten im Rahmen eines Projektes oder in der regulären Arbeitsorganisation erledigt werden. In diesem Zusammenhang können die Bedürfnisse, die dem Anker **Sicherheit/Beständigkeit** zugrunde liegen, von der Projektlaufbahn nur bedingt erfüllt werden. Zudem erfordert die zeitliche Befristung der Projekttätigkeit eine rechtzeitige Realisierung von Ergebnissen, sodass auch davon ausgegangen werden musss, dass die angestrebte Integration des Berufs in den eigenen Lebensstil im Rahmen von Projektlaufbahnen schwer realisiert werden kann. Folglich lassen sich die Einstellungen des Ankers **Lebensstilintegration** schwer in den Merkmalen der Projektlaufbahn wiederfinden. Die Übereinstimmung der Merkmale der Projektlaufbahn mit den Werthaltungen des Ankers **Hingabe für eine Idee oder Sache** lässt sich nur schwer beurteilen. Hier kommt es eher auf die Inhalte der bearbeiteten Projekte an, als auf die Projekttätigkeit selbst. In der Annahme, dass Projekte in Wirtschaftsunternehmen vorrangig zur Realisierung von ökonomischen Zielen genutzt werden und dabei deren Ergebnisse weniger hinsichtlich ihrer Sinnhaftigkeit für die Gesellschaft oder für andere Menschen bewertet werden, wird diesem Anker in dieser Arbeit ebenfalls eine geringe Übereinstimmung mit der Projektlaufbahn beigemessen. Tabelle 17 zeigt die vollständige Zuordnung der Projektlaufbahn zu den Karriereankern.

Abbildung 23 zeigt, dass die Projektlaufbahn eine noch höhere Übereinstimmung mit den externen Entwicklungen aufweist, dagegen aber den Erwartungen der Jugendlichen weniger entspricht. Insbesondere die Karriereanker Selbstständigkeit/Unabhängigkeit und Unternehmerische Kreativität, die kennzeichnend für die Projektlaufbahn sind, weisen eine hohe Übereinstimmung mit den externen Entwicklungen auf. Zudem lassen sich die Ausprägungen der Anker Hingabe für eine Idee oder Sache und Totale Herausforderung mit den Entwicklungen der Arbeitswelten gleichsetzen. Während die Projektlaufbahn gleichermaßen die Werteinstellungen der Anker Technisch-Funktionale Kompetenz und Befähigung zum General Management fördert, wird ersterer durch die Umwelt eine etwas höhere und letzterer eine etwas niedrigere Bedeutung zugemessen. Im Gegensatz dazu können die Erwartungen der Jugendlichen, die vor allem die Themen Lebensstilintegration, Sicherheit/Beständigkeit und Hingabe für eine Idee oder Sache betonen, durch die Projektlaufbahn nicht erfüllt werden.

Karriereanker	Punkte
Selbstständigkeit/Unabhängigkeit	8
Unternehmerische Kreativität	7
Technisch-Funktionale Kompetenz	6
Befähigung zum General Management	6
Totale Herausforderung	5
Sicherheit/Beständigkeit	3
Lebensstilintegration	3
Hingabe für eine Idee oder Sache	2

Tabelle 17: Übereinstimmung der Merkmale der Projektlaufbahn mit den Werteinstellungen der Karriereanker
(eigene Darstellung)

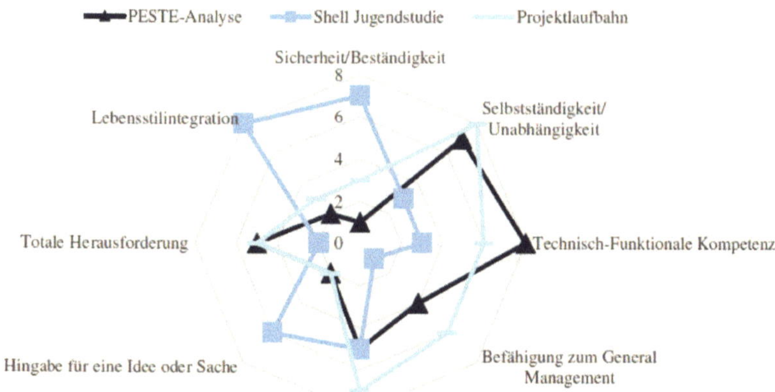

Abbildung 23: Vergleich der Analyseergebnisse mit der Projektlaufbahn
(eigene Darstellung)

Auch hier zeigt sich, dass Unternehmen durch die Etablierung der Projektlaufbahn auf die veränderten Rahmenbedingungen reagiert haben. Durch eine zielgerichtete Projektorganisation lassen sich Herausforderungen kurzfristiger und flexibler bewältigen, sodass hier auch dem Trend der Agilität nachgegangen wird. Diese Laufbahnform bietet Unternehmen folglich die Möglichkeit, sich den wandelnden Herausforderungen zu stellen. Im Gegensatz dazu können Jugendliche ihre Erwartungen im Rahmen dieses Laufbahnmodells kaum verwirklichen.

Insgesamt wird kein Laufbahnmodell gleichzeitig alle Erwartungen und alle veränderten Rahmenbedingungen berücksichtigen können. Je nach individueller Situation werden alle bisher vorgestellten Laufbahnmodelle auch weiterhin den Karriereverlauf für jeweils ausgewählte Zielgruppen prägen. Jedoch lässt sich feststellen, dass bisher insbesondere die externen Entwicklungen sowie die Bedürfnisse von Unternehmen bei der Entwicklung von Laufbahnmodellen zugrunde gelegt wurden. Die Erwartungen der zukünftigen Erwerbstätigen wurden dahingegen kaum berücksichtigt, vielmehr wird vorausgesetzt, dass diese sich im Laufe ihres Berufslebens an den vorgegebenen Rahmenbedingungen orientieren und sich ihre Karriere innerhalb der bestehenden Laufbahnmodelle entwickelt. Aufgrund der sich weiter verändernden Rahmenbedingungen wird eine Erweiterung der bestehenden Laufbahnmodelle notwendig. Hierbei sollten nicht nur die externen Einflussfaktoren, sondern auch die Erwartungen der Jugendlichen berücksichtigt werden.

Teil IV: Entwicklung und Bewertung des agilen Karrierekonzeptes

Die in Teil III erfolgte Analyse hat aufgezeigt, dass es Diskrepanzen zwischen den Entwicklungen der Umwelt und den Erwartungen der Jugendlichen gibt. Auch die bisherigen organisational gesteuerten Laufbahnmodelle werden den Erwartungen nur bedingt gerecht. Folglich ist ein neues Karrierekonzept notwendig.

Dieser Teil der Arbeit dient der Entwicklung dieses Karrierekonzeptes. Hierbei werden die Elemente der Karriereanker berücksichtigt, bei der der Abgleich in Teil III eine Differenz von wenigstens vier Punkten zwischen den Erwartungen der Jugendlichen und den Faktoren der PESTE-Analyse ergeben hat. Die übrigen Karriereanker stimmen entweder überein oder weichen weniger stark voneinander ab, sodass diese Aspekte bei der Entwicklung des Karrierekonzeptes nicht berücksichtigt werden. Das Karrierekonzept muss insbesondere den sich stetig verändernden Rahmenbedingungen gerecht werden. Agilität als neues Mindset ermöglicht eine Anpassung an diese Veränderungen, sodass das Karrierekonzept agil sein soll. In Anlehnung an den Begriff Arbeit 4.0 wird das Konzept als Teil von Karriere 4.0 betrachtet.

Nachfolgend wird zunächst der Ansatz des Konzeptes vorgestellt (Kapitel 11), indem unter anderem die agilen Leitsätze und Karriere zusammengeführt werden. Zudem werden der vorgesehene Prozess (Kapitel 12) sowie beispielhaft potenzielle Bausteine vorgestellt (Kapitel 13), mit denen das agile Karrierekonzept ausgestaltet werden kann. In Kapitel 14 werden allgemeine Voraussetzungen und Rahmenbedingungen für die Etablierung sowie in Kapitel 15 ein mögliches Vorgehen bei der Implementierung des agilen Karrierekonzeptes erläutert. Ferner wird das Konzept hinsichtlich seiner inhaltlichen Ausgestaltung bewertet (Kapitel 16) bevor abschließend potenzielle Restriktionen des Konzeptes aufgezeigt werden (Kapitel 17).[426]

---

[426] Das agile Karrierekonzept ist bewusst allgemein gehalten und auf kein konkretes Unternehmen bezogen. Eingearbeitete Methoden sowie das Vorgehen bei der Implementierung sind als Anreiz zu verstehen, müssen aber bei der Umsetzung hinsichtlich der spezifischen Rahmenbedingungen angepasst werden.

12 Agile Kompetenzentwicklung als Ansatz des Karrierekonzeptes

Als Grundlage für das Konzept dient die Karrieredefinition nach Kels et al., die in Anlehnung an Halls Auslegung von Karriere erstellt wurde (siehe Kapitel 3.1).

> „Mit dem Begriff Karriere bezeichnen wir vor diesem Hintergrund das individuell einzigartige Muster arbeitsbezogener Erfahrungen und Stationen in der Lebensspanne einer Person. Es schließt alle Formen arbeitsbezogener Ereignisse wie etwa den Wechsel von Aufgaben und Positionen, Organisationszugehörigkeiten, Berufen oder auch Phasen der Erwerbsunterbrechung mit ein."[427]

Folglich wird Karriere nicht als hierarchischer Aufstieg in einem Unternehmen, sondern vielmehr als individueller Weg durch das gesamte Berufsleben verstanden. Dieser Weg ist durch immer wieder neu entstehende einzelne Arbeitszyklen gekennzeichnet, die zusammenfassend als Portfoliokarriere gesehen werden können. Das entwickelte Konzept bezieht sich jedoch ausschließlich auf den beruflichen Kontext von Karriere. Die vier agilen Leitsätze sind die Grundlage für den Ansatz des Konzeptes. Im Folgenden werden sie auf Karriere übertragen. Hierzu erfolgt zunächst eine Erläuterung der Kernbestandteile des agilen Karrierekonzeptes. Abschließend wird die Übertragung in einer Abbildung dargestellt.

Kern des Konzeptes ist ein kompetenzorientierter Ansatz. Kompetenzen sind die Fähigkeiten und das Know-How der Mitarbeiter und dienen nicht nur als erfolgskritische Ressource für das Individuum auf dem Arbeitsmarkt, sondern tragen auch zum Unternehmenserfolg bei. Bei dem agilen Karrierekonzept gewinnt der Erwerb von branchen-, fachspezifischen, sozialen und methodischen Kompetenzen an Bedeutung, wohingegen das Erreichen einer bestimmten (hierarchischen) Position in einem Unternehmen als weniger wichtig erachtet wird. Hierdurch kann das Individuum seine Employability insofern stärken, als dass unternehmensunabhängige Arbeitsplatzperspektiven erschlossen werden.

Im Fokus des Konzeptes steht das Individuum. Der Mitarbeiter ist der „Kunde" des Karrierekonzeptes, sodass seine Bedürfnisse besondere Berücksichtigung finden. Entsprechend wird der Karriereerfolg individuell gemessen. Jeder Mitarbeiter stellt subjektive Kriterien auf, anhand derer der Karriereerfolg und die damit einhergehende Zufriedenheit bewertet werden (siehe auch subjektive Karriere in

---

[427] Kels et al. (2015), S. 34.

Kapitel 3.1). Der Karriereerfolg wird nicht an der Positionslaufbahn gemessen, es sei denn, dies zählt zu den subjektiven Kriterien eines Mitarbeiters. Um den persönlichen Bedürfnissen des Mitarbeiters gerecht zu werden, kann der eigene Karriereweg stetig angepasst werden. Persönliche Bedürfnisse können beispielsweise private Erlebnisse wie das Kinderkriegen und die damit verbundene Elternzeit sein, aber auch das Streben nach Veränderungen und Weiterentwicklung. Dementsprechend setzt sich die Karriere aus verschiedenen Bausteinen zusammen, die überwiegend im Rahmen des Karrierekonzeptes vom Unternehmen angeboten werden. So wird ermöglicht, dass jedes Individuum jederzeit einen Karrierebaustein beenden, einen neuen anfangen oder eine Zeitlang pausieren kann. Jeder Schritt im Karrierekonzept ist Teil der individuellen Karriere.[428] Hierzu gehören auch Phasen der Selbstständigkeit oder der Erwerbslosigkeit. Der Verlauf der individuellen Karriere kann somit vertikal, horizontal, spiralförmig oder transitorisch sein (siehe hierzu auch Kapitel 3.4.1 und 3.4.2). Dadurch erhält der Mitarbeiter mehr Freiraum bei der Karrieregestaltung. Zudem entspricht dies dem Prinzip der Grenzenlosigkeit von Karrieren, wie es beim Konzept der Boundaryless Career (Kapitel 3.4.3) beschrieben wird. Das agile Karrierekonzept ermöglicht vielfältige Wege. Einerseits kann die Karriere unabhängig von organisational gesteuerten Laufbahnmodellen und Unternehmensgrenzen gestaltet werden. Andererseits kann eine Karrieremöglichkeit auch aus persönlichen Gründen abgelehnt werden. Dabei wird die Kompetenzentwicklung von spezifischen Positionsabfolgen entkoppelt. Auch außerhalb des Berufslebens erworbene Kompetenzen, wie beispielsweise durch ehrenamtliches Engagement, sollen wertgeschätzt werden.

Festgelegte Positionsabfolgen mit entsprechenden Anreizen und Statussymbolen werden reduziert. Jedoch kann die Führungslaufbahn mit spezifischen Positionsabfolgen nach wie vor ein Karrierebaustein sein. Hierfür muss eine Durchlässigkeit zwischen den Laufbahnmodellen sichergestellt werden. Dies bedeutet, dass Bausteine losgelöst von festgelegten Reihenfolgen erreicht werden können. Dabei bauen die verschiedenen Bausteine nicht aufeinander auf, sodass sie unabhängig voneinander absolviert werden können. Demzufolge existieren lediglich Anforderungsprofile je Baustein und nicht für das gesamte Karrierekonzept.

Die Übernahme von bestimmten Positionen sowie das Absolvieren von Karrierebausteinen trägt zur Kompetenzentwicklung bei. So durchleben Mitarbeiter in

---

[428] Diese selbstverantwortliche Gestaltung lässt sich mit dem Pull Prinzip aus der agilen Methode Kanban vergleichen.

jedem Karrierebaustein wiederholt Lernzyklen. Zu Beginn eines neuen Karrierebausteins beginnt ein neuer Lernzyklus, in dem aufgrund der gesammelten Erfahrungen auf entsprechendes Wissen zurückgegriffen werden kann, wodurch der Lernzyklus auf einem höheren Leistungsniveau beginnt. Dieses der Protean Career entnommene Element ist kennzeichnend für das Konzept der agilen Karriere, in dem die kontinuierliche Kompetenzerweiterung in stetig neuen Lernzyklen stattfindet (siehe Kapitel 3.4.4).

Die Kompetenzentwicklung wird durch die Interaktionen und den Aufbau von Netzwerken, auch außerhalb des eigenen Unternehmens, gefördert. Dabei verändert sich die Interaktion mit der Führungskraft, da diese die Rolle eines Coaches oder Personalentwicklers einnimmt und bei der Kompetenzentwicklung unterstützt. Daneben werden sich auch Richtlinien und Regelwerke verändern. Die Beurteilung eines Mitarbeiters erfolgt weniger anhand von Tarifverträgen, die eine höhere Entlohnung aufgrund von steigender Betriebszugehörigkeit bieten, sondern vielmehr auf Basis der erbrachten Leistung.

Die Entlohnung im Rahmen der agilen Karriere könnte durch ein Vergütungssystem, das einen höheren variablen Anteil enthält, gestaltet werden. Mitarbeiter erhalten weiterhin entsprechend ihrer Positionen und den damit einhergehenden Aufgabenprofilen ein Grundgehalt. Zudem besteht die Möglichkeit, Sonderzahlungen für besondere Leistungen und die Weiterentwicklung von eigenen Kompetenzen zu verdienen. Diese Weiterentwicklung kann durch regelmäßige Zielgespräche und entwickelte Zielvorgaben beurteilt werden.[429] Bei den Sonderzahlungen handelt es sich nicht zwingend um monetäre Prämien. Vielmehr können Mitarbeiter aus einer Vielzahl an Anreizen in Form eines Cafeteria-Systems eine Entlohnung auswählen. Hierzu gehören beispielsweise mehr Urlaubstage, ein Sabbatical, die Mitgliedschaft im Fitnessstudio oder eine (befristete) Mobilitätspauschale für öffentliche Verkehrsmittel. Durch das vorgestellte System fördern Unternehmen die Weiterentwicklung der eigenen Mitarbeiter. Hierfür werden auch kostenintensivere Weiterbildungen vom Unternehmen finanziert und die Arbeitszeit für Weiterentwicklungsmöglichkeiten und das Lernen freigegeben.[430]

---

[429] Der Prozess wird in Kapitel 12 erläutert.

[430] Das skizzierte Vergütungssystem ist eine Möglichkeit, wie die individuelle Entlohnung aufgebaut werden kann. Es wird nicht näher auf das Vergütungssystem eingegangen, da es einerseits individuell im Unternehmenskontext entwickelt werden muss und andererseits nicht

Abbildung 24 zeigt die Übertragung der agilen Leitsätze auf Karriere im Überblick. Ähnlich wie bei dem Grundgedanken des agilen Manifests, stehen auf der linken Seite die Bestandteile des Karrierekonzeptes, die höher geschätzt werden. Die Aspekte auf der rechten Seite sind zwar ebenfalls wichtig, für den Ansatz des agilen Karrierekonzeptes jedoch nicht essenziell.

Schwerpunkt des Konzeptes ist. Auch andere Vergütungsmodelle wie beispielsweise eine variable Vergütung auf Basis von Teamzielen können parallel eingesetzt werden.

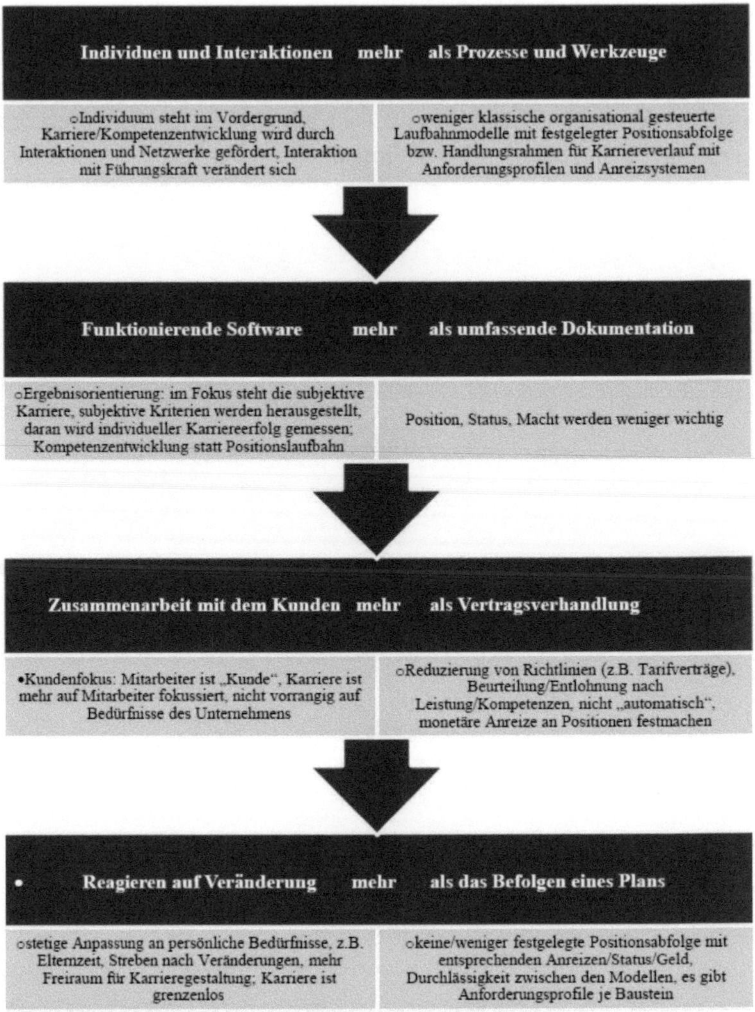

Abbildung 24: Die Übertragung der agilen Leitsätze auf Karriere (eigene Darstellung)

13 Prozessuale Ausgestaltung des Karrierekonzeptes unter Anwendung agiler Methoden

Dem agilen Karrierekonzept liegt ein Prozess zugrunde, der ähnlich wie bei der Scrum Methode, einen Rahmen für die Umsetzung bildet. In diesem Kapitel wird das grundsätzliche Vorgehen erläutert. Abbildung 25 zeigt die verschiedenen Phasen des agilen Karrierekonzeptes im Überblick.[431]

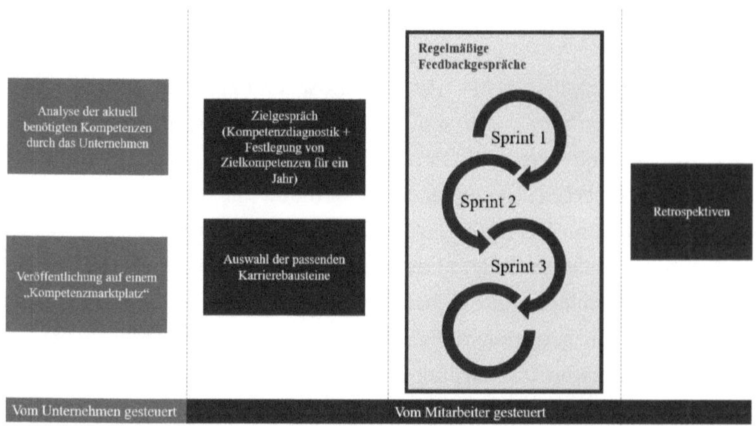

Abbildung 25: Das Vorgehen im agilen Karrierekonzept
(eigene Darstellung)

Der Prozess besteht aus verschiedenen Phasen, die entweder vom Unternehmen oder vom Mitarbeiter selbst gesteuert werden. Zunächst findet durch das **Unternehmen** eine umfangreiche Analyse der erforderlichen Kompetenzen statt, die als Ausgangspunkt für das Individuum dient. Diese Analyse kann durch Mitarbeiter der Personalentwicklung durchgeführt werden. Darauf aufbauend kann das Unternehmen benötigte Kompetenzen pro Fachbereich auf einem „Kompetenzmarktplatz" veröffentlichen. Anhand dieser veröffentlichten Kompetenzen kann das Individuum einschätzen, ob und inwieweit es diese bereits besitzt oder noch erwerben möchte.

Das **Individuum** bewegt sich im Rahmen des Karrierekonzeptes in einem Prozess, der sich an den agilen Methoden Scrum (siehe Kapitel 4.4.1) und Kanban (siehe Kapitel 4.4.2) orientiert. Die Verantwortung für die Kompetenzentwicklung liegt

---

[431] Das Kapitel beschreibt das jährliche Vorgehen nach der Etablierung des Konzeptes.

hierbei beim Individuum. Der Mitarbeiter nimmt sowohl die Rolle des Development Teams als auch die des Product Owners ein, indem er die Verantwortung für den individuellen Karriereerfolg übernimmt und ihn selbst entwickelt. Die Rolle der Führungskraft gleicht der des Scrum Masters. Der Vorgesetzte schafft die entsprechenden Rahmenbedingungen und befähigt den Mitarbeitern, damit dieser seine Karriereziele verfolgen kann. Zu Beginn eines Geschäftsjahres wird bei einem ersten Zielgespräch gemeinsam mit der Führungskraft und bei Bedarf mit einem Mitarbeiter der Personalentwicklung zunächst der aktuelle Kompetenzstand diagnostiziert.

Für die Kompetenzdiagnostik wird ein Selbst- und Fremdeinschätzungsverfahren genutzt. Die Mitarbeiter schätzen anhand von Fragebögen zunächst ihre eigenen Kompetenzen ein.[432] Wenn ein Mitarbeiter neu in ein Unternehmen eintritt, erfolgt eine weitere Einschätzung anhand der Methode der Kompetenzbiografie. Dieses von Erpenbeck und Heys entwickelte Tool ist eine Kombination aus Fragebogenverfahren und tiefergehendem Interview zur eigenen Biografie. Ziel ist es, anhand der biografischen Merkmale gemeinsam mit dem Mitarbeiter weitere vorhandene Kompetenzen und gegebenenfalls Entwicklungspotenzial zu identifizieren.[433] Nach etwa sechs Monaten Onboarding-Prozess erfolgt eine erste Fremdeinschätzung mithilfe eines 360 Grad Feedbacks, bei dem die Kompetenzen des Mitarbeiters von sich selbst, seiner Führungskraft sowie seinen Kollegen eingeschätzt wird. Diese Kombination aus Selbst- und Fremdeinschätzung ermöglicht eine realistische Einschätzung, aus der sich Ansätze zur individuellen Kompetenzentwicklung ableiten lassen.[434] Das Verfahren erfolgt nach jedem Jahr, das aus verschiedenen Sprints zur Kompetenzentwicklung besteht, um den aktuellen Kompetenzstand erneut zu bestimmen. Die Ergebnisse der Einschätzungen werden auf das Kompetenzrad übertragen.

Auf Grundlage der festgestellten Fähigkeiten und durch den Abgleich mit den benötigten Kompetenzen des Unternehmens können Zielkompetenzen festgelegt werden. Mitarbeiter können zur Realisierung ihres subjektiven Karriereerfolgs aus den veröffentlichten Kompetenzen diejenigen auswählen, die sie sich aneignen wollen. Zudem können sie eigene Wünsche einbringen und Fertigkeiten erlangen,

---

[432] vgl. Sauter, Werner; Staudt, Anne-Kathrin (2016): Kompetenzmessung in der Praxis. Mitarbeiterpotenziale erfassen und analysieren. Wiesbaden: Springer Fachmedien, S. 17.

[433] vgl. ebd., S. 11f.

[434] vgl. ebd., S. 18.

die über den Bedarf des Unternehmens hinaus gehen. Hierdurch entsteht eine Sammlung an zu entwickelnden Kompetenzen, die mit einem Product Backlog zu vergleichen ist.

Für neue Mitarbeiter ist zunächst ein ausführlicher Onboarding Prozess vorgesehen. Bevor diese Mitarbeiter reguläre Karrierebausteine auswählen, durchlaufen sie ein Programm, das sie einerseits mit dem Unternehmen und dem Arbeitsumfeld vertraut macht und andererseits das agile Karrierekonzept und das Vorgehen erläutert. Dies dient dazu, neuen Mitarbeitern den Nutzen des Konzeptes aufzuzeigen, damit diese ihre individuellen Ziele verwirklichen können.

Der Zeitraum, in dem der Erwerb einer neuen Kompetenz umgesetzt werden soll, kann als Sprint bezeichnet werden. Ein Jahr besteht somit je nach Auswahl der Kompetenzen aus mehreren unterschiedlich langen Sprints. Pro Sprint wird im Sprint Backlog festgehalten, wie ein Karrierebaustein bzw. der Kompetenzerwerb erfolgen soll. Während des Durchlaufs finden regelmäßige Gespräche mit der Führungskraft statt, in denen der Status Quo reflektiert wird. Hierbei können auch neue Kompetenzen aufgenommen oder bisherige verworfen werden. Diese Gespräche ähneln durch ihre Regelmäßigkeit einem Daily Scrum oder einem Stand up.[435] Am Ende eines Karrierebausteins sowie am Ende eines Jahres werden Retrospektiven durchgeführt, um den Kompetenzerwerb zu reflektieren und zukünftige Karrierebausteine zu planen.

Für die Visualisierung der bereits vorhandenen sowie der angestrebten Kompetenzen eignet sich beispielsweise ein individuelles Kompetenzrad (siehe Abbildung 26). Dieses Kompetenzrad wirkt ähnlich wie ein Kanban Board. Es dient dazu, die individuellen Fortschritte darzustellen und Ziele festzulegen. Die Anzahl der zu erwerbenden Kompetenzen pro Jahr sind, ähnlich wie durch den Work in Progress am Kanban Board, begrenzt, damit der Mitarbeiter fokussiert an dem Erwerb arbeiten kann. Mithilfe des Kompetenzrades können auch die in bestimmten Fachbereichen benötigten Kompetenzen durch das Unternehmen abgebildet werden. Das Kompetenzrad setzt sich aus verschiedenen Bereichen, wie beispielsweise persönliche, fachliche, methodische, soziale sowie Branchenkompetenzen, zusammen. Diese Kategorien sind wiederum in verschiedene einzelne Kompetenzen oder Kompetenzgruppen unterteilt. Jedem Kompetenzbaustein sind entsprechende

---

[435] Daily Scrum ist ein Event der Methode Scrum, Stand up ähnelt dem Daily Scrum und findet in der Methode Kanban Anwendung.

Weiterbildungsmöglichkeiten oder Karrierebausteine zugeordnet. Folglich kann der Mitarbeiter das eigene Kompetenzrad mit dem eines gewünschten oder des eigenen Fachbereiches abgleichen und gezielt Potenziale identifizieren. Auf dieser Basis können entsprechende Kompetenzen durch die zugeordneten Maßnahmen erworben werden.

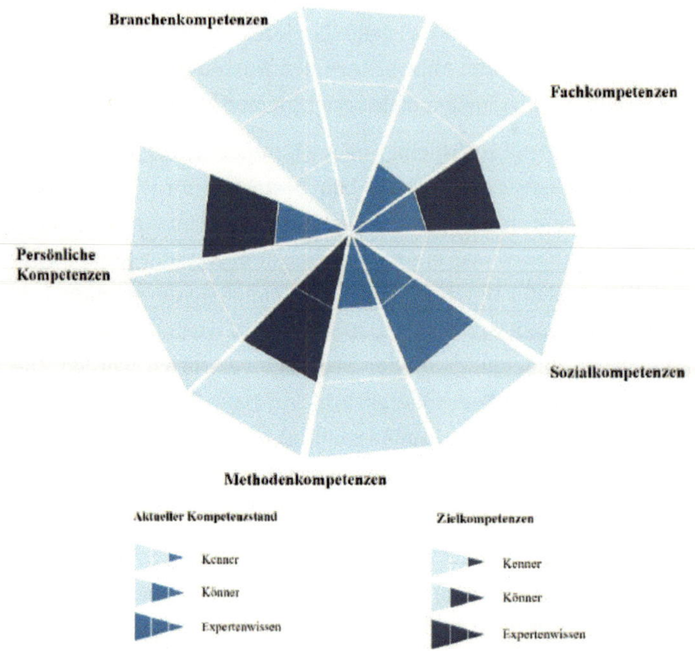

Abbildung 26: Skizzierung eines Kompetenzrades
(eigene Darstellung)

14 Potenzielle Bausteine zur Modellierung von Karriereverläufen

Das agile Karrierekonzept besteht aus verschiedenen Karrierebausteinen, die unabhängig voneinander existieren. Es gleicht somit einer Portfolio- bzw. Mosaikkarriere. Im Folgenden werden fünf mögliche Karrierebausteine vorgestellt, mit denen ein solches Karrierekonzept gestaltet werden kann. Alle Bausteine ermöglichen entweder eine berufliche Weiterentwicklung, um neue Kompetenzen zu erwerben oder/und eine stärkere Vereinbarkeit der individuellen Karriere mit dem Privatleben. Folglich unterstützen sie die Zielsetzung des agilen Karrierekonzeptes. Weiterhin können auch die bisherigen Laufbahnmodelle wie Führungs-, Fach- und Projektlaufbahn Karrierebausteine darstellen. Abbildung 27 zeigt eine beispielhafte Darstellung einer Mosaikkarriere mit darin enthaltenen Karrierebausteinen.

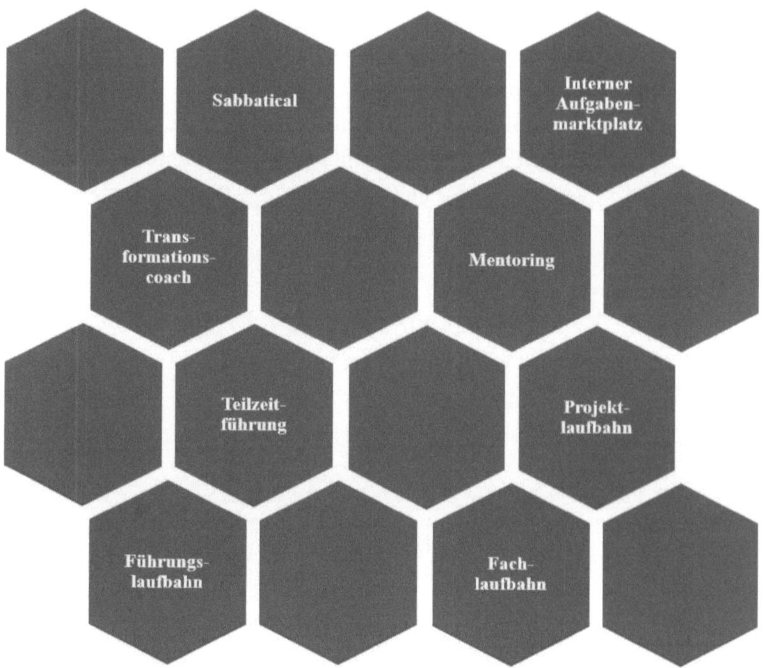

Abbildung 27: Skizzierung einer Mosaikkarriere und darin enthaltene Karrierebausteine (eigene Darstellung)

Der erste mögliche Karrierebaustein des Konzeptes ist ein **(Forschungs-)Sabbatical**. Sabbatical ist ein Anglizismus, der vom hebräischen Wort *Shabbath* abstammt. Shabbath bedeutet übersetzt Ruhe und gilt im religiösen Kontext als Ruhetag. Im Jahr 1980 wurden US-amerikanischen Professoren an der Harvard University erstmals nach einer bestimmten Anzahl von Dienstjahren eine Ruhezeit als Möglichkeit zur Weiterentwicklung durch Reisen, Forschung oder Studium eingeräumt.[436] Im beruflichen Kontext meint Sabbatical eine berufliche Auszeit, die über den üblichen Urlaub hinausgeht. Das Sabbatical soll eine umfangreiche Erholung oder Neuorientierung ermöglichen und dauert in der Regel drei bis 12 Monate.[437]

Ein Sabbatical kann verschiedenen Zwecken dienen. Hierzu zählen einerseits längere Erholungsreisen und die Förderung der eigenen Gesunderhaltung, insbesondere um psychische Erkrankungen wie beispielsweise Burnout zu vermeiden. Andererseits dient ein Sabbatical der Konzentration auf familiäre Aufgaben z.B. die Pflege eines Angehörigen, die Übernahme von zeitlich anspruchsvolleren Aufgaben im sozialen Bereich oder eine Auszeit zur beruflichen oder privaten Neuorientierung nach einer Sinnkrise. In wenigen Fällen kann ein Mitarbeiter bei Auftragsrückgängen auf diese Weise begrenzt freigestellt werden. Eine besondere Rolle spielt das Forschungssabbatical. Viele Mitarbeiter nutzen die berufliche Auszeit dabei, um sich umfangreich fortzubilden oder einen neuen Themenbereich zu erforschen. Dies entspricht dem ursprünglichen Gedanken des Sabbaticals.[438] Abbildung 28 zeigt ein Cluster für Anlässe eines Sabbaticals.

---

[436] vgl. Pearl, Nadine; Schabel, Alexander (2019): Sabbaticals erfolgreich planen und für sich nutzen. Hrsg. von Sabbatic. Online verfügbar unter https://www.sabbatic.com/wp-content/uploads/2019/03/Sabbaticals-erfolgreich-planen-und-f%C3%BCr-sich-nutzen-Sabbatic_190317.pdf. Letzter Zugriff am 15.07.2019, S. 5.

[437] vgl. Hillebrecht, Steffen W. (2018): Sabbaticals für die Personalentwicklung. Arbeitshilfen für Arbeitnehmer und Personalabteilung. Wiesbaden: Springer Fachmedien, S. 6.

[438] vgl. ebd.

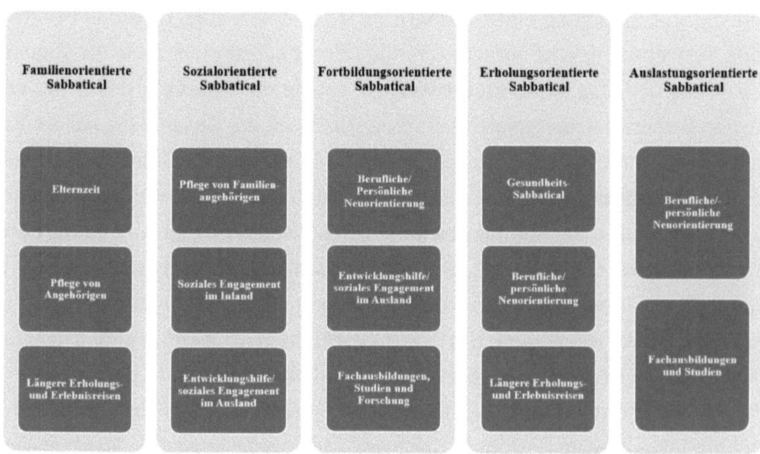

Abbildung 28: Anlässe für Sabbaticals
(eigene Darstellung in Anlehnung an Hillebrecht (2018), S. 7)

Es existieren drei gängige Modelle für die Regelung von Sabbaticals. Der Mitarbeiter kann ohne weitere Bezüge *grundsätzlich freigestellt* werden, sodass er sich im „unbezahlten Urlaub" befindet. Die Zielgruppe umfasst hierbei vor allem Mitarbeiter mit familiären Aufgaben wie beispielsweise der Pflege eines Angehörigen, die sich nicht zeitlich begrenzen lassen. Zu beachten ist, dass der Mitarbeiter größtenteils von eigenen finanziellen Reserven leben muss und sein bisheriger Arbeitsplatz häufig nach der Rückkehr nicht mehr zur Verfügung steht. Eine weitere Form ist die *Freistellung über Arbeitszeitkonten*. Entweder kann der Mitarbeiter für Auszeiten unter drei Monaten Überstunden einbringen (Kurzzeitkonten) oder über Lebensarbeitszeitkonten eine bestimmte Anzahl an Arbeitsstunden gegen eine Freistellung eintauschen (Langzeitkonten). Daneben gibt es *Teilzeitmodelle.* Auf Basis der gesetzlichen Regelungen wechseln die Mitarbeiter offiziell auf eine Teilzeitstelle, arbeiten aber weiterhin in Vollzeit. Durch Modelle wie *Teilzeit Invest* arbeitet der Mitarbeiter neun Monate auf einer 75 % Stelle in Vollzeit, um dann drei Monate ein Sabbatical nehmen zu können. Bei dem Modell *Teilzeit Invest Geldguthaben* arbeitet der Mitarbeiter weiterhin in Vollzeit, bekommt aber nur 75 % des Gehaltes ausgezahlt, um nach einer gewissen Zeit freigestellt zu werden und dafür den Rest des Gehaltes über die weiteren Monate ausgezahlt zu bekommen.[439]

---

[439] vgl. Hillebrecht (2018), S. 8.

Für die Durchführung eines Sabbaticals ist es notwendig, dass das Unternehmen eine Vertretung des Arbeitnehmers für seine Abwesenheit benennt. Zudem muss ein neuer Arbeitsplatz definiert werden, sofern die Rückkehr des Arbeitnehmers an den früheren Arbeitsplatz nicht möglich erscheint. Gleichzeitig sollten Kontakthalteprogramme initiiert werden, um dem Mitarbeiter die Teilnahme an betrieblichen Veranstaltungen oder die Kommunikation über moderne Technologien zu ermöglichen und so den Kontakt zu halten. Des Weiteren ist es notwendig, den Status und die gegenseitigen Rechte und Pflichten vertraglich zu fixieren. Bei der Umsetzung gilt es zu beachten, dass die Freistellung eines Arbeitnehmers Neid bei den Kollegen hervorrufen kann. Um dies zu vermeiden, ist es notwendig, den Sinn und Zweck der Freistellung transparent darzustellen. Eine weitere Herausforderung ist die erschwerte Reintegration eines Mitarbeiters nach längeren Sabbatical Zeiten. Der alte Arbeitsplatz besteht in der Regel nicht mehr wie zuvor. In einer Vereinbarung sollten die Modalitäten für die Rückkehr festgehalten werden.[440]

Dennoch hat ein Sabbatical viele Vorteile für das Individuum und das Unternehmen. Der Mitarbeiter kann sich weiterentwickeln, neue Fähigkeiten entdecken, das eigene Engagement stärken und seine eigene Work-Life-Balance verbessern. Dies führt zu einer höheren Motivation und Zufriedenheit nach der Rückkehr. Das Unternehmen wiederum fördert seine Arbeitsplatzattraktivität, revitalisiert die eigenen Mitarbeiter, senkt die Fluktuationsraten und stärkt die Mitarbeiterbindung.[441]

Als Instrument der Personalentwicklung können mit einem Sabbatical auch verschiedene Kompetenzen gefördert werden. Zu diesen Kompetenzen zählen beispielsweise persönliche Kompetenzen wie Stressresistenz, Selbstorganisation und Resilienz. Zudem werden soziale Kompetenzen wie Empathie oder interkulturelle Kompetenzen sowie Führungsfähigkeiten gestärkt. Fachliche Kompetenzen werden eher im begrenzten Maße erworben. Eine Ausnahme ist ein fortbildungsorientiertes Sabbatical. Hier können arbeitsbezogene Fähigkeiten oder beispielsweise auch Fremdsprachenkenntnisse erlangt werden.[442]

---

[440] vgl. ebd., S. 9–12.
[441] vgl. Pearl, Schabel (2019), S. 19.
[442] vgl. Hillebrecht (2018), S. 16f.

Ein weiterer möglicher Karrierebaustein ist die **Führung in Teilzeit oder Teilzeitführung**. Unter diesem Karrierebaustein wird die Teilzeitbeschäftigung von Führungskräften verstanden.[443] Die Teilzeitführung beruht auf keiner festgelegten Arbeitszeit. *„Jeder Arbeitnehmer, dessen Arbeitsverhältnis länger als sechs Monate bestanden hat, kann verlangen, dass seine vertraglich vereinbarte Arbeitszeit verringert wird."* (§8 TzBfG). Somit hat jeder Mitarbeiter in einem Unternehmen mit 15 oder mehr Mitarbeitern einen Rechtsanspruch auf Teilzeitarbeit. Dies gilt auch für Führungskräfte.[444] Dennoch sind Führungskräfte, die in Teilzeit beschäftigt sind, in Deutschland eine Ausnahme. Bisher arbeiten etwa 5 % der Führungskräfte in einem Teilzeitführungsmodell, in der Niederlande sind es bereits 12 %.[445] In der Praxis existieren drei häufig vertretene Teilzeitführungsmodelle.

Hierzu zählt zunächst das **vollzeitnahe Führungsmodell**. Die jeweilige Führungskraft reduziert ihre wöchentliche Arbeitszeit auf 75 bis 90 %. Eine wöchentliche Arbeitszeit von mindestens 30 Stunden wird als vollzeitnahe Teilzeit bezeichnet. Vorteil des Modells ist, dass für die Führungskraft ein geringer Änderungsaufwand besteht, sodass ein fast unverändertes Aufgabenfeld besetzt wird. Zudem steht die Führungskraft durch die weiterhin hohe Anwesenheit als Ansprechpartner zur Verfügung. Nachteil ist, dass in der Regel zwar die Arbeitszeit reduziert wird, nicht aber das Arbeitspensum. Dadurch verdichtet sich das Arbeitspensum und die Führungskraft hat ein höheres Ausmaß an Überstunden.[446]

Das zweite Modell ist das **Kadermodell**, auch Vertretermodell genannt. Der Begriff Kader wird für außerordentlich qualifizierte und erfahrene Führungskräfte benutzt. Ihnen wird ein Vertreter an die Seite gestellt, mit dem sie eng zusammenarbeiten. Die Führungskraft bildet gemeinsam mit ihrem Vertreter ein Tandem. Der erfahrene, meistens kostenintensivere Mitarbeiter, reduziert Arbeitszeit und Gehalt und der günstigere Vertreter übernimmt Aufgaben und leistet Unterstützung.

---

[443] vgl. Karlshaus, Anja; Kaehler, Boris (2017): Führen in Teilzeit – Zum Stand der Dinge in Theorie und Praxis. In: Karlshaus, Anja; Kaehler, Boris (Hrsg.): Teilzeitführung. Rahmenbedingungen und Gestaltungsmöglichkeiten in Organisationen. Wiesbaden: Springer Fachmedien. S. 3–30, S. 6.

[444] vgl. Preedy, Kara (2017): Arbeitsrechtliche Rahmenbedingungen der Teilzeitführung. In: Karlshaus, Anja; Kaehler, Boris (Hrsg.): Teilzeitführung. Rahmenbedingungen und Gestaltungsmöglichkeiten in Organisationen. Wiesbaden: Springer Fachmedien. S. 57–68, S. 62.

[445] vgl. Katterbach, Silke; Stöver, Kerstin (2019): Effektiver und besser Führen in Teilzeit. Hintergründe und zeitgemäße Maßnahmen für ein flexibles Führungsmodell. Wiesbaden: Springer Fachmedien, S. 105.

[446] vgl. Karlshaus, Kaehler (2017), S. 7.

So entsteht keine Wissens- oder Auskunftslücke in Urlaubszeiten und das Wissen wird weitergegeben, auch wenn ein Tandempartner das Unternehmen verlässt. Zudem dient dieses Modell der Nachwuchsförderung, indem junge talentierte Mitarbeiter eine erfahrene Führungskraft langfristig begleiten, Kompetenzen erwerben und sich selbst auf eine Führungsposition vorbereiten.[447]

Das dritte Modell basiert auf dem Prinzip des **Job Sharings.** Eine Führungsposition wird auf zwei oder mehrere Personen der gleichen Hierarchiestufe aufgeteilt. Im Top-Management spricht man dabei auch von Top Sharing. Jeder Mitarbeiter übernimmt zu etwa 50 bis 60 % die mit der Stelle verbundenen Fach- und Führungsaufgaben. Beide tragen gemeinsam die Verantwortung und arbeiten gleichberechtigt. Dieses Modell bringt für die beiden Job Partner einen hohen Abstimmungsbedarf über Arbeitszeiten und -inhalte mit sich. Zudem kann es zu Konflikten über den Führungsstil kommen und eine Neubesetzung erschweren. Jedoch ermöglicht das Modell gleichzeitig einen permanenten Wissenstransfer durch die enge Kommunikation sowie mehr Kapazitäten bei erhöhtem Arbeitsaufkommen. Die Führungskräfte selbst haben eine erhöhte Motivation und Zufriedenheit, da sie die Aufgaben je nach Interesse aufteilen können.[448] Eine andere Art des Job Sharings ist das **Job Splitting.** Hier teilen sich zwei teilzeitbeschäftigte Führungskräfte die Führungsaufgaben auf und nehmen diese unabhängig voneinander wahr. So entstehen kaum Schnittstellen innerhalb der geteilten Vollzeitstelle. Der Nachteil dieses Modells ist, dass Wissen nicht ausgetauscht wird und keine Vertretungsregelung existiert, da die Arbeitsbereiche getrennt sind.[449]

Durch die Möglichkeit der Teilzeitführung kann die Motivation der Führungskräfte gestärkt werden, da sie in Bezug auf ihre Arbeitszeit flexibel und unter Entscheidungsfreiheit handeln können. Zudem kann Stress reduziert und die Work-Life-Balance gefördert werden. Durch weniger Stress sind Menschen widerstandsfähiger und weniger anfällig für psychische Belastungssymptome wie beispielsweise Burnout. Eine größere Ausgeglichenheit senkt auch die Fluktuationsraten. Einen besonderen Vorteil bietet das Modell dabei auch für ältere Arbeitnehmer, die weniger arbeiten möchten.[450]

---

447 vgl. Katterbach, Stöver (2019), S. 108f.
448 vgl. Karlshaus, Kaehler (2017), S. 7f.
449 vgl. Katterbach, Stöver (2019), S. 110.
450 vgl. Katterbach, Stöver (2019), S. 117f.

Besondere Herausforderung für die Teilzeitführungskraft ist es, das eigene Führungsverständnis auf Delegation und Verantwortungsübergabe anzupassen. Sie müssen sich auf die wesentlichen Aspekte der Position zu konzentrieren, um mit geringerer Arbeitszeit der Führungsrolle gerecht werden zu können. Das bedeutet auch, dass die eigene Arbeit strukturiert und geplant und die Eigenverantwortung des Teams gestärkt werden muss. Das Modell der Teilzeitführung wird zudem von anderen Mitarbeitern häufig kritisch wahrgenommen. Eine Teilzeitführung wird durch die geringere Präsenz vor Ort häufig mit weniger Engagement für die Position gleichgesetzt. Relativ gesehen machen Teilzeitführungskräfte jedoch mehr Überstunden als ihre Vollzeitkollegen. Dennoch befürchten sie negative Folgen wie Statusverlust oder Karriereeinbußen. Arbeitsrechtlich gesehen gilt es zu klären, was mit Leistungsprämien oder der hohen Anzahl an Überstunden passiert.[451]

Ein weiterer Karrierebaustein ist die **Coachinglaufbahn als Transformationscoach**. Unternehmen bilden in dieser Laufbahn Mitarbeiter zu internen Transformationscoaches aus, um Veränderungsprojekte zu begleiten. Der auszubildende Mitarbeiter kommt aus der Organisationseinheit, in der die Veränderung stattfinden soll. Dadurch wird er vom entsprechenden Fachbereich akzeptiert. Im Rahmen der Ausbildung erlangt er Expertenwissen zu Change Management und Veränderungsprozessen. Auf dieser Basis kann er die Führungskräfte des Bereiches entlasten, wodurch ihre originäre Rolle gewahrt werden kann. Der Transformationscoach handelt allparteilich im Sinne der Veränderung. Die Laufbahn ist geeignet für Mitarbeiter, die Spaß an der (Weiter-)Entwicklung haben und sich stetig neuen Aufgaben widmen wollen. Ziel des Konzeptes ist das Sensibilisieren und Befähigen der Fachbereiche für den Umgang mit potenziellen Problemfeldern und Umsetzungsschwierigkeiten im Rahmen von Veränderungsprozessen. Zudem kann der Transformationscoach Veränderungsprozesse professionell begleiten und initiieren und die bereichs- und hierarchieübergreifende Zusammenarbeit fördern. Zu den Inhalten der Ausbildung zählen Grundlagen des Change Managements, Konfliktmanagement und Kommunikation sowie die nachhaltige Sicherung der Veränderung. Es handelt sich bei der Ausbildung zum Transformationscoach um ein fluides Modell. Mitarbeiter bleiben in ihrem Aufgabenbereich und werden zu bestimmten Zeitphasen als Coach eingesetzt und dafür freigestellt.[452]

---

[451] vgl. ebd., S. 120ff.
[452] vgl. Blessin (2017), S. 156f.

Der vierte Karrierebaustein ist ein **interner „Aufgabenmarktplatz".** Durch eine agilere Organisationsstruktur verschwinden Bereichsstrukturen, sodass die bereichsübergreifende Zusammenarbeit an Bedeutung gewinnt. Dennoch ist nicht jeder Bereich zu jedem Zeitpunkt mit einer gleichen Menge an Aufgaben beschäftigt. Insbesondere durch saisonale Auftragsschwankungen, kurzfristige Ausfälle von Mitarbeitern oder während der Urlaubszeit entstehen bereichspezifische Bedarfe. Folglich sind einige Mitarbeiter des Unternehmens einer höheren Arbeitsbelastung ausgesetzt als andere. Um diese Aufgaben adäquat erfüllen zu können, bietet sich eine Online-Plattform im Intranet an, um Aufgaben auf einem internen „Aufgabenmarktplatz" umzuverteilen. Ein Fachbereich kann beispielsweise entsprechende Aufgaben oder Tätigkeiten auf der Plattform veröffentlichen. Zudem werden die benötigten Kompetenzen und der Zeitaufwand in Wochenstunden angegeben. Mitarbeiter, die sich für den entsprechenden Bereich interessieren, können sich auf die Tätigkeit „bewerben", um dort mitzuarbeiten. Durch die Plattform wird das Silodenken im Unternehmen aufgelöst und die bereichsübergreifende Zusammenarbeit gefördert. Zudem können Unternehmen flexibler auf interne Bedarfe reagieren und Mitarbeiter entlasten. Gleichzeitig bietet der Aufgabenmarktplatz eine kostengünstige Weiterbildungsmaßnahme, indem Mitarbeiter sich bereichsübergreifend weiterentwickeln und neue Aufgaben kennen lernen. So können alle Potenziale im Unternehmen ausgeschöpft werden. Eine Schwierigkeit bei diesem Modell stellt die Einarbeitung in bereichsspezifische Aufgabengebiete dar, wodurch die Entlastung des Bereiches eingeschränkt wird. Zudem ist es wichtig, dass die Aufgaben im eigenen Bereich nicht vernachlässigt werden. Eine weitere Herausforderung ist eine zu hohe Anzahl von „Bewerbungen" auf eine Aufgabe. Hierfür müsste ein komplexes Auswahlverfahren entwickelt werden, das den Nutzen des Aufgabenmarktplatz beeinträchtigen könnte.

Ein fünfter Baustein für das Konzept ist ein **Mentoring-Programm.** Der Begriff Mentoring hat seinen Ursprung in der griechischen Mythologie. Odysseus zieht in den trojanischen Krieg und beauftragt seinen Freund Mentor die Erziehung für seinen Sohn Telemachos zu übernehmen.[453] Dabei agiert Mentor als Vaterfigur,

---

[453] vgl. Romahn, Anne (2017): Mentoring – traditionsreicher Begriff und bewährtes Konzept. In: Petersen, Renate; Budde, Mechthild; Brocke, Pia Simone; Doebert, Gitta; Wollert-Rudack, Helga; Wolf, Henrike (Hrsg.): Praxishandbuch Mentoring in der Wissenschaft. Wiesbaden: Springer Fachmedien. S. 7–16, S. 7.

Ratgeber und Beschützer für Telemachos.[454] Seit 1980 hat sich Mentoring auch als effektives Personal- und Organisationsentwicklungsinstrument in deutschen Unternehmen etabliert.[455] Mentoring lässt sich wie folgt definieren:

> „Als Personalentwicklungsinstrument, insbesondere im Unternehmen, aber auch beim Wissenstransfer in persönlichen Beziehungen bezeichnet Mentoring die Tätigkeit einer erfahrenen Person (Mentor/in), die ihr fachliches Wissen oder ihr Erfahrungswissen an eine unerfahrenere Person (Mentee oder Protegé) weitergibt. […]“[456]

Im klassischen Mentoring unterstützt ein Mentor einen Mentee für einen bestimmten Zeitraum in einer *one-to-one* Beziehung.[457] Dieser Baustein kann als Karrierebaustein für ältere Mitarbeiter dienen, unterstützt aber auch die Karriere eines jungen Mitarbeiters. Der erfahrene Mitarbeiter kann Wissen weitergeben und der jüngere Mitarbeiter kann im Rahmen der Nachwuchsförderung von den Erfahrungen profitieren, bestimmte Kompetenzen erwerben und sich auf einen neuen Aufgabenbereich vorbereiten. Eine besondere Form des Mentoring ist das Reverse-Mentoring. Bei dem **Reverse-Mentoring** geht es darum, ein *Cross-Generationen-Lernen* zu stärken. Dabei hilft ein jüngerer Mitarbeiter einem älteren Mitarbeiter beispielsweise bei der Aktualisierung von technischem Wissen. Neben der Wissenserweiterung wird das organisationale Lernen und der Aufbau eines Generationsmanagement gestärkt.[458] Sowohl das klassische Mentoring als auch das Reverse-Mentoring fördern einen generationsübergreifenden Kompetenz- und Erfahrungsaustausch.

---

[454] vgl. Ziegler, Albert (2009): Mentoring: Konzeptuelle Grundlagen und Wirksamkeitsanalyse. In: Stöger, Heidrun; Ziegler, Albert; Schimke, Diana (Hrsg.): Mentoring: Theoretische Hintergründe, empirische Befunde und praktische Anwendungen. 1. Auflage. Lengerich: Pabst Science Publishers. S. 7–29, S. 8.

[455] vgl. Peters, Sibylle (2004): Mentoring - Aussichten und Zukunft: eine Zusammenfassung. In: Peters, Sibylle; Schmicker, Sonja; Weinert, Sybille (Hrsg.): Flankierende Personalentwicklung durch Mentoring. München, Mering: Rainer Hampp Verlag. S. 125–131, S. 125.

[456] Edelkraut, Graf (2011) in Graf, Nele; Edelkraut, Frank (2017): Mentoring. Das Praxishandbuch für Personalverantwortliche und Unternehmer. 2. aktualisierte und erweiterte Auflage. Wiesbaden, S. 6.

[457] vgl. Fleck, Rosemarie; Brüschke, Gitta; Brocke, Pia Simone (2017): Modul Mentoring. Die One-to-one Mentoring-Beziehung. In: Petersen, Renate; Budde, Mechthild; Brocke, Pia Simone; Doebert, Gitta; Wollert-Rudack, Helga; Wolf, Henrike (Hrsg.): Praxishandbuch Mentoring in der Wissenschaft. Wiesbaden: Springer Fachmedien. S. 73–90, S. 74.

[458] vgl. Liebhart, Ursula; Stein, Daniela (2016): Professionelles Mentoring in der betrieblichen Praxis. Entscheidungsgrundlagen und Erfolgsfaktoren. 1. Auflage. Freiburg: Haufe Verlag, S. 28.

15 Voraussetzungen und Rahmenbedingungen für eine erfolgreiche Etablierung

Zur Etablierung eines Karrierekonzeptes, das die Kompetenzentwicklung in den Mittelpunkt des beruflichen Erfolgs stellt, müssen Unternehmen verschiedene Voraussetzungen erfüllen. Insbesondere die Hervorhebung von agilen Merkmalen stellt die Organisationen, die bisher hauptsächlich traditionelle Laufbahnmodelle gefördert haben, vor Herausforderungen. In diesem Kapitel werden die wesentlichen Voraussetzungen erläutert, die erfüllt sein müssen, damit das agile Karrierekonzept in Unternehmen implementiert werden kann. Die Ansätze sind dabei allgemein gehalten und unterscheiden nicht zwischen verschiedenen Unternehmensformen.

Die agile Transformation von Unternehmen bedeutet eine Veränderung der Unternehmenskultur (siehe Kapitel 4.3), in der die Prinzipien des agilen Mindsets (siehe Kapitel 4.2) verankert werden müssen. Hierzu bedarf es einer Transformation, die tiefgreifende Veränderungen für Verhaltens- und Denkweisen mit sich bringt. Agilität kann dann erfolgreich etabliert werden, wenn unabhängig von Hierarchie oder Rolle, alle Mitarbeiter eines Unternehmens beteiligt werden. Auch zur Umsetzung des agilen Karrierekonzeptes ist eine entsprechende Neuausrichtung der Unternehmenskultur eine der wichtigsten Voraussetzung. Dabei muss durch das Management von Kontingenz (siehe Kapitel 4.3, S. 61) gewährleistet werden, dass Veränderungsbereitschaft hergestellt und Flexibilität gefördert werden.

Eine neu ausgerichtete Unternehmenskultur ist die Basis für eine neue Karrierekultur. Ziel dieser Karrierekultur ist, dass *„die richtigen Leute zur richtigen Zeit an der richtigen Stelle"*[459] eingesetzt werden. Damit das sogenannte *matching* funktionieren kann, sollten die damit einhergehenden Maßnahmen konsequent und verbindlich für alle umgesetzt werden. Das kann zur Folge haben, dass Mitarbeiter auf Positionen arbeiten, die aus objektiver Sicht einen Rückschritt im Rahmen ihres Karriereweges bedeuten. Somit ist es notwendig, ein Bewusstsein dafür zu schaffen, dass nicht geradlinig verlaufende Karrierewege nicht negativ und alle Karriereabschnitte gleichermaßen anerkannt sind.[460] Hierzu gehören auch Phasen, in

---

[459] Rump, Jutta; Eilers, Silke (2017b): Das Konzept des Employability Management. In: Rump, Jutta; Eilers, Silke (Hrsg.): Auf dem Weg zur Arbeit 4.0. Innovationen in HR. Berlin: Springer-Verlag. S. 87–126, S. 119.

[460] vgl. ebd.

denen Individuen geplant oder ungeplant ihre Berufstätigkeit unterbrechen oder eine andere Tätigkeit aufnehmen (z.B. Schwangerschaft, Erwerbslosigkeit, Auszeit). Zudem ist sicherzustellen, dass alle Laufbahnmodelle gleichwertig sind, was sich einerseits in der Werthaltung der Beschäftigten, andererseits in ausgeglichenen Anreiz- und Motivationssystemen niederschlägt.

Eine weitere Voraussetzung für den Erfolg des Karrierekonzeptes ist eine klare Darstellung der Ziele des Konzeptes sowie der verschiedenen Karrierebausteine. Insbesondere neuen Mitarbeitern bzw. Berufseinsteigern muss das Konzept verdeutlicht und die Vorteile dargestellt werden. Eine transparente Übersicht über die Inhalte der Bausteine und deren Voraussetzungen und Ziele ermöglicht den Mitarbeitern eine zielgerichtete Auswahl. Hierdurch können individuelle Karrieren den Bedürfnissen der Mitarbeiter sowie den Anforderungen des Unternehmens besser gerecht werden.

Führungskräften kommt in einem Karrierekonzept, das die Kompetenzentwicklung der Mitarbeiter in den Vordergrund stellt, eine besondere Rolle zu. Mitarbeiter setzen sich in erster Linie mit ihrem direkten Vorgesetzten auseinander, wenn es um die eigene Weiterentwicklung geht. Entsprechend müssen Führungskräfte dazu befähigt werden, ihre Mitarbeiter differenziert zu beurteilen, Potenziale zu erkennen und Feedback zu geben. Zudem unterstützen sie die Mitarbeiter durch Empowerment (siehe Kapitel 4.3, S. 62) dabei, Verantwortung zu übernehmen und Entscheidungen selbst zu treffen, um im Rahmen des agilen Karrierekonzeptes selbstgesteuert ihre Kompetenzentwicklung zu gestalten. Diese verläuft zwar im von der Organisation vorgegebenen Rahmen, wird aber durch die Mitarbeiter selbst initiiert. Folglich müssen diese ein hohes Maß an Eigenverantwortung mitbringen, um ihre Karriere erfolgreich zu realisieren.

Ein weiteres wichtiges Element des agilen Karrierekonzeptes ist die Hervorhebung des subjektiven Karriereerfolges. Um diesen identifizieren zu können, nehmen Führungskräfte die Rolle eines Coaches ein, der gemeinsam mit dem Mitarbeiter herausarbeitet, welche Karrierepräferenzen dieser hat. Auf dieser Basis wird dann ein individuelles Karrieremodell entwickelt. Weiterhin unterstützen Führungskräfte ihre Mitarbeiter bei der Entwicklung der benötigten Kompetenzen, wodurch sie neben der Rolle eines Coaches auch die eines Personalentwicklers einnehmen. Um diese neue Führungskultur zu etablieren, müssen auch Führungskräfte entsprechend qualifiziert werden. Dazu gehört auch, dass sie im Rahmen der Binnenvernetzung (siehe Kapitel 4.3, S. 61) über die Grenzen ihres Verantwortungsbereiches hinaus Karriereoptionen für ihre Mitarbeiter identifizieren, oder Mitarbeitern aus anderen Fachbereichen Einsatzmöglichkeiten bieten. Hierdurch wird auch ein Beitrag zum Management von Heterarchie (siehe Kapitel 4.3, S. 62) geleistet, indem bereichsübergreifendes Arbeiten außerhalb der formalen Strukturen ermöglicht wird.

Weiterhin wird eine unternehmensweit ausgerichtete Personalentwicklung noch bedeutsamer. Es ist vorgesehen, dass Führungskräfte die bereichsübergreifende Zusammenarbeit fördern und sich von einer Fokussierung auf den eigenen Verantwortungsbereich lösen. Eine unternehmensweite Personalentwicklung kann diese Ausrichtung des Karrierekonzeptes sicherstellen, da sie einen unabhängigen Blick auf übergreifende Bedarfe und Entwicklungen hat. Im Rahmen des Karrieremanagements wird dabei die Personalplanung und -entwicklung stärken- und talentorientiert ausgerichtet. Wichtig hierbei ist die Fokussierung der Stärken und Potenziale der Mitarbeiter, um entsprechende Entwicklungsmaßnahmen ableiten zu können. Um diese feststellen zu können, werden potenzial- und kompetenzdiagnostische Instrumente entwickelt und konsequent eingesetzt. Die systematische Erfassung von Stärken und Potenzialen von Mitarbeitern fällt unter die betriebliche Mitbestimmung. Vor diesem Hintergrund müssen auch Mitbestimmungsgremien an der Entwicklung und Implementierung[461] des agilen Karrierekonzeptes beteiligt und deren Zustimmung eingeholt werden.

Der Ansatz des Konzeptes stellt die Entwicklung von Kompetenzen in den Vordergrund. Hierbei soll gewährleistet werden, dass einerseits den Unternehmen geeignete Mitarbeiter zur Verfügung stehen und dass andererseits Mitarbeiter ihre eigene Beschäftigungsfähigkeit erhalten. Beide Parteien können von diesem Prinzip profitieren, dennoch sollten Unternehmen Lernbereitschaft fördern und ihre Mitarbeiter aktiv dazu motivieren, sich stetig weiterzuentwickeln. In diesem Zusammenhang sollte eine stärkere Wertschätzung von Kompetenzen erfolgen, unabhängig davon, ob sie formell (z.B. durch gesteuerte Weiterbildungsmaßnahmen) oder informell (z.B. durch ehrenamtliches Engagement) erworben wurden. Zudem setzt die stetige Veränderung von Arbeitsinhalten eine kontinuierliche Weiterentwicklung voraus, weshalb bei Beschäftigten ein Bewusstsein für das Konzept der Employability geschaffen werden muss. Hierbei kann eine transparente Darstellung alternativer Karriereverläufe (vgl. deskriptive Karrierepfade aus Kapitel 3.2,

---

[461] Im folgenden Abschnitt 15 werden Vorschläge zur Implementierung des agilen Karrierekonzeptes in Unternehmen gegeben.

S. 30) Mitarbeiter bei der individuellen Ausgestaltung ihrer Karriere inspirieren und ermutigen.

16 Potenzielle Vorgehensweise für die Implementierung

Anpassungen von Unternehmenskulturen bedeuten tiefgreifende Veränderungen für alle Beteiligten. Bisher verankerte Werthaltungen und Verhaltensweisen werden durch neue ersetzt und Führungskräfte sowie Mitarbeiter müssen sich mit neuen Konzepten, Regeln und Werteinstellungen vertraut machen. Um solche Veränderungsprozesse erfolgreich umzusetzen, bedarf es einer strukturierten Vorgehensweise. Hierbei muss berücksichtigt werden, dass kulturelle Anpassungen nur durch langfristig ausgerichtete Maßnahmen realisiert werden können und dass sie in der Regel nicht ohne zwischenzeitliche Widerstände und Konflikte umzusetzen sind. Ein möglicher Ablauf für die Umsetzung von Transformationsprozessen ist das **8-Phasen-Modell** von John P. Kotter (siehe Abbildung 29).[462] Nach Kotter müssen Unternehmen jede dieser acht Phasen durchlaufen, um Veränderungsprozesse erfolgreich zu realisieren.[463] Im Folgenden wird ein mögliches Vorgehen für die Implementierung des agilen Karrierekonzeptes anhand des 8-Phasen-Modells vorgestellt. Hierbei handelt es sich um einen generellen Verlauf, der basierend auf individuellen Unternehmensbelangen ergänzt bzw. abgewandelt werden muss.

---

[462] Das 8-Phasen-Modell von Kotter wurde für diese Arbeit ausgewählt, da es die verschiedenen Stufen eines Veränderungsprozesses detailliert und nachvollziehbar aufzeigt. Von der Darstellung anderer Modelle oder der kritischen Betrachtung von Kotters Modell wurde abgesehen, da hier lediglich eine beispielhafte Vorgehensweise aufgezeigt werden soll.

[463] vgl. Kotter, John P. (1995): Leading change: Why Transformation Efforts Fail. In: *Harvard Business Review* 73 (2). S. 59–67, S. 59f.

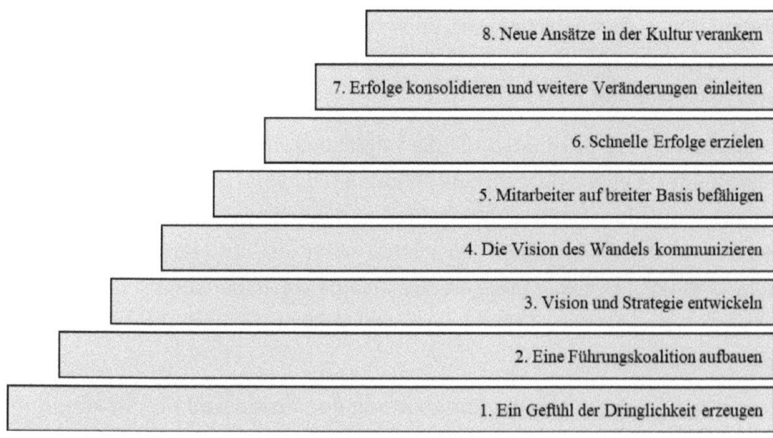

Abbildung 29: Das 8-Phasen-Modell nach Kotter
(eigene Darstellung in Anlehnung an Kotter (1995), S. 61; Schmutte, Schuller (2017), S. 89)

Die erste Phase von Transformationsprozessen ist davon gekennzeichnet, den Beteiligten die Veränderungsnotwendigkeit aufzuzeigen und **ein Gefühl der Dringlichkeit zu erzeugen.** Entscheidend dabei ist, dass die Ursachen und Beweggründe der Veränderung nachvollziehbar werden, um Mitarbeiter und Führungskräfte dazu zu motivieren, die Entwicklungen mitzutragen und Widerständen entgegenzuwirken.[464]

Für die Etablierung des agilen Karrierekonzeptes müssen folglich die Umweltveränderungen der VUCA-Welt (siehe Kapitel 5) auf die unternehmensspezifischen Belange übertragen und transparent dargestellt werden. Die Beschäftigten müssen nachvollziehen können, dass die traditionellen Laufbahnmodelle nicht mehr allen Anforderungen entsprechen. Zudem muss im gleichen Schritt ein Bewusstsein für die Relevanz von Employability geschaffen werden, da das künftige Karrierekonzept auf der stetigen Weiterentwicklung von Kompetenzen und Fertigkeiten beruht.

Im Rahmen der zweiten Phase gilt es, **eine Führungskoalition aufzubauen**, die verantwortlich für die Gestaltung des Veränderungsprozesses ist und diesen vorantreibt. Mitglieder dieser Gruppe stammen aus unterschiedlichen Fachbereichen und aus unterschiedlichen Hierarchiestufen, sodass sich eine Vielzahl der

---

[464] vgl. Kotter (1995), S. 60ff.

Beschäftigten durch diese Koalition vertreten fühlt. Zudem kann so sichergestellt werden, dass relevantes Fachwissen und notwendige Entscheidungskompetenzen verfügbar sind.[465]

In diesem Schritt wird auch für die Implementierung des Karrierekonzeptes ein Expertenteam gebildet. In diesem Team sollten neben Beschäftigten aus der Personalabteilung, der Personalentwicklung und aus dem Führungsteam auch Fachexperten aus der Fachlaufbahn oder Mitarbeiter aus der Marktforschung vertreten sein. Diese divers zusammengesetzte Gruppe soll dabei auf das notwendige Fachwissen zurückgreifen, Erfahrungswerte einbringen und Umweltentwicklungen analysieren können.

Im dritten Schritt erfolgt die **Entwicklung der Vision und der Strategie**, die richtungweisend für den Veränderungsprozess sind. Wichtig hierbei ist eine verständliche Darstellung der Zukunftsvision, um diese einfach an alle Beteiligten kommunizieren zu können und bei diesen eine Veränderungsbereitschaft herzustellen. Aus der Strategie werden zudem konkrete Ziele abgeleitet, die wegweisend für die Umsetzung des Veränderungsvorhabens sind.[466]

Das Expertenteam, das die Implementierung des agilen Karrierekonzeptes steuert, setzt sich zunächst mit den spezifischen Belangen des Unternehmens auseinander, um hieraus eine individuelle Vision abzuleiten. Da das Karrierekonzept die Relevanz von Employability, Selbstständigkeit und Agilität betont und auf den individuellen Bedürfnissen der einzelnen Mitarbeiter beruht, sollten diese Aspekte Bestandteil der Vision sein. Es bietet sich an, neue Konzepte zunächst in einem Pilotbereich zu etablieren, bevor diese im Gesamtunternehmen umgesetzt werden. Vor diesem Hintergrund werden die konkreten Ziele, die der Strategie folgen, im ersten Schritt auf den Pilotbereich bezogen. Für diesen Bereich werden auch die fachspezifischen Kompetenzprofile erhoben, die als Orientierung für die Kompetenzentwicklung der Mitarbeiter dienen sollen.

In der vierten Phase erfolgt die **Kommunikation der Vision des Wandels**. Es werden alle relevanten Kommunikationskanäle genutzt, um die im dritten Schritt entwickelte Vision nachvollziehbar zu vermitteln. Eine ganzheitliche Präsentation der Ziele der Veränderung, bei der diese nicht nur einmalig vorgetragen, sondern mehrfach anschaulich dargestellt werden, soll bei allen Beschäftigten ein

---

[465] vgl. ebd., S. 62f.
[466] vgl. ebd., S. 63.

Verständnis für die nächsten Schritte sicherstellen. In Veränderungsprozessen sind Kommunikationsmaßnahmen besonders relevant: Sofern sie aufeinander abgestimmt und nicht nur faktenbasiert sind, sondern auch Emotionen hervorrufen, können sie entscheidend für den Erfolg von Transformationsprozessen sein.[467]

Bei der Etablierung des Karrierekonzeptes wird an dieser Stelle die zuvor entwickelte Vision transparent dargestellt. Hierbei wird auch darauf hingewiesen, dass die Umsetzung zunächst in einem Pilotbereich erfolgt, eine unternehmensweite Etablierung aber langfristig vorgesehen ist. Allen Mitarbeitern muss verdeutlicht werden, dass die bevorstehende Umsetzung auch für sie Veränderungen bedeutet. Zudem sollten sie dazu ermutigt werden, sich aktiv an der Einführung zu beteiligen und bei Bedarf Rückmeldung zu geben. Es muss deutlich gemacht werden, dass konstruktive Kritik erwünscht ist und dass hierdurch identifizierte Schwächen des Konzeptes vor der unternehmensweiten Etablierung beseitigt werden.

Ziel der fünften Phase ist die **Befähigung der Mitarbeiter**. Dabei sind die Identifizierung und Beseitigung von Barrieren, die entweder aus organisationalen (z.B. starre hierarchische Strukturen oder unflexible Systeme) oder individuellen Gegebenheiten (z.B. Angst vor Arbeitsplatzverlust) resultieren, Bestandteile dieser Phase. Darüber hinaus sollen Mitarbeiter in diesem Schritt lernen, wie sie den Wandel mitgestalten können.[468]

In dieser Phase erfolgt zunächst eine Etablierung des agilen Karrierekonzeptes in einem ausgewählten Fachbereich. Dabei wird den beteiligten Mitarbeiter vermittelt, wie Karrieremanagement in der Zukunft gestaltet wird und welche Rolle sie in dem Prozess haben werden. Gleichzeitig werden auftretende Widerstände und Hindernisse identifiziert und im ständigen Dialog mit den betroffenen Mitarbeitern ausgeräumt. Entscheidend in dieser Phase ist daneben auch die Feststellung von möglichen Risiken und Fehlern bei der Umsetzung, um das Konzept entsprechend adaptieren zu können. Darüber hinaus werden spezifische Entwicklungsmaßnahmen für die Führungskräfte durchgeführt, um diese für ihre neue Rolle zu qualifizieren. Anschließend soll das Karrierekonzept sukzessive im Gesamtunternehmen eingeführt werden. Hierzu werden einzelne Mitarbeiter zu Transformations-

---

[467] vgl. Kotter (1995), S. 63f.; Schmutte, Andre M.; Schuller, Susanne (2017): Change Management - Den unternehmerischen Wandel meistern. In: Niermann, Peter F.-J.; Schmutte, Andre M. (Hrsg.): Managemententscheidungen. Methoden, Handlungsempfehlungen, Best Practices. 2. Auflage. Wiesbaden: Springer Fachmedien. S. 83–96, S. 90.
[468] vgl. Kotter (1995), S. 64f.

coaches (siehe Kapitel 13, S. 191) ausgebildet, die bei der Umsetzung des Konzeptes im Unternehmen unterstützen sollen.

Die **schnelle Erzielung von Erfolgen** soll im sechsten Schritt dazu beitragen, dass beteiligte Mitarbeiter langfristig motiviert sind und auch bei umfangreichen Transformationsprozessen bei der Erreichung der gesetzten Ziele mitwirken. Hierbei kann es sich bei kurzfristigen Erfolgen auch um die Erreichung kleiner Teilziele handeln. Wichtig ist, dass Mitarbeiter positive Erfahrungen mit dem Veränderungsprozess verbinden und folglich Vertrauen in das Gesamtprojekt entwickeln. Es soll zudem verhindert werden, dass die Mitarbeiter, die mit Widerstand auf die Veränderung reagieren, zu großen Einfluss gewinnen.[469]

Mit dem agilen Karrierekonzept gehen vorrangig individuelle Erfolge einher, wenn Mitarbeiter die sich selbst gesetzten Ziele erreichen und ihre Employability durch die Weiterentwicklung der Kompetenzen stärken. Somit hat die schnelle Erzielung von Erfolgen vor allem Auswirkungen auf den Einzelnen und kann diesen motivieren, im Karriereprozess voranzugehen. Allerdings können die individuellen Fortschritte auch genutzt werden, um der übrigen Belegschaft die Vielfalt der Karrieremöglichkeiten transparent darzustellen. Hiermit kann erreicht werden, dass auch andere sich motiviert fühlen, entsprechende Entwicklungsmaßnahmen zu ergreifen. Jedoch muss berücksichtigt werden, dass die Veröffentlichung von individuellen Erfolgen andere auch entmutigen oder demotivieren kann. Folglich können schnelle Erfolge bei der Implementierung des Karrierekonzeptes zwar erzielt und honoriert werden, jedoch beschränkt sich dies weitestgehend auf individuelle Leistungen und Fortschritte.

In der siebten Phase werden **Erfolge konsolidiert und weitere Veränderungen eingeleitet.** Hierbei geht es unter anderem darum, die bisher erzielten Erfolge zu honorieren. Gleichzeitig wird aber auch darauf hingewirkt, dass weitere Veränderungen eingeleitet werden müssen, um die angestrebte Transformation zu verankern. Ein Rückbezug auf das eingangs erzeugte Dringlichkeitsgefühl, die entwickelte Vision sowie die daraus abgeleiteten Ziele kann Führungskräfte und Mitarbeiter an die Veränderungsnotwendigkeit erinnern und sie motivieren, weiterhin an der Erreichung der Ziele mitzuwirken.[470]

---

[469] vgl. ebd., S. 65f.; Schmutte, Schuller (2017), S. 90.

[470] vgl. Kotter (1995), S. 66f.; Schmutte, Schuller (2017), S. 90f.

Wie in der letzten Phase bereits erläutert, sind mit dem agilen Karrierekonzept individuelle Erfolge verbunden. Dennoch können diese reflektiert und konsolidiert werden, um darauf aufbauend notwendiges Optimierungspotenzial abzuleiten und neue Handlungsfelder für die Weiterentwicklung des Modells aufzudecken. Darüber hinaus können die Erfahrungen des Transformationsprozesses beim Aufbau eines Feedbacksystems und einer Fehlerkultur helfen. Die daraus gewonnenen Erkenntnisse können genutzt werden, um bei der langfristigen Etablierung von agiler Karriere das Konzept selbst kontinuierlich anzupassen, sodass es dem agilen Anspruch auch in dieser Hinsicht entspricht.

Der achte Schritt stellt die **Verankerung der neuen Ansätze in der Kultur** dar. Obwohl die angestrebten Veränderungen in dieser Phase zu einem Wandel der Unternehmenskultur geführt haben, muss dennoch an der Verankerung der neuen Ansätze gearbeitet werden. Wichtig hierbei ist, dass auch neue Mitarbeiter und nachfolgende Führungskräfte die Ziele der Veränderung kennen und kontinuierlich auf deren Realisierung hinwirken. Sollten nachfolgende Generationen die neuen Ansätze nicht kennen oder deren Zweck nicht verstehen, besteht die Gefahr, dass die bereits erreichten Veränderungen revidiert werden. Bei der dauerhaften Etablierung der Veränderungen hilft es zudem darzustellen, inwieweit die neuen Ansätze und Verhaltensweisen zu einer Leistungssteigerung beigetragen haben.[471]

In dieser Phase ist der Ablauf, der aus dem agilen Karrierekonzept resultiert, bereits mehrfach durchlaufen worden. Folglich liegen Erkenntnisse über erfolgreich absolvierte Karrierebausteine und Entwicklungsmaßnahmen vor, welche genutzt werden können, um die positiven Ergebnisse transparent darzustellen. Führungskräfte und Mitarbeiter werden dadurch bestärkt, die vorgesehenen Prozessschritte wiederholt zu durchlaufen und kontinuierlich an der Stärkung der eigenen Employability zu arbeiten. Auch Transformationscoaches tragen dazu bei, die neuen Ansätze wiederholt in ihren Bereichen darzulegen und die Relevanz von Employability aufzuzeigen. Hinsichtlich einer dem agilen Karrierekonzept gerecht werdenden Mitarbeiterstruktur müssen insbesondere die Positionen der Personalentwicklung mit geeigneten Personen besetzt werden. Diese Abteilung nimmt im gesamten Prozess von der unternehmensspezifischen Entwicklung des Konzeptes, über die Etablierung bis hin zur Verankerung eine entscheidende Rolle ein.

---

[471] vgl. Kotter (1995), S. 67.

Die beschriebene Vorgehensweise stellt einen idealtypischen Verlauf einer Transformation dar. Bei umfangreichen Veränderungen ist mit Widerständen zu rechnen, zudem können zwischenzeitlich auftretende Schwierigkeiten zu einer Anpassung oder Unterbrechung des geplanten Vorgehens führen. Wichtig ist, dass betroffene Mitarbeiter frühzeitig über die geplanten Veränderungen informiert werden und dass der Transformationsprozess von kontinuierlichen Kommunikationsmaßnahmen begleitet wird. Zudem ist zu berücksichtigen, dass insbesondere kulturelle Veränderungen einen hohen zeitlichen Aufwand darstellen. Entsprechend muss für die verschiedenen Phasen ausreichend Zeit eingeplant werden.

17 Überprüfung der Eignung des agilen Karrierekonzeptes in Bezug auf die Handlungsfelder

Das agile Karrierekonzept zielt darauf ab, die Diskrepanzen zwischen den externen Einflussfaktoren und den Erwartungen der Generation Y zu verringern. Die externen Faktoren können dabei kaum verändert werden, da sie branchenübergreifende, teilweise globale Entwicklungen darstellen, die den Rahmen für sich verändernde Arbeitswelten definieren. Dagegen kann auf die Einstellung der Jugendlichen insofern Einfluss genommen werden, als dass diese sich mit dem Eintritt ins Berufsleben zumindest teilweise den Bedingungen anpassen, da sie sonst den Anforderungen nicht gerecht werden können. Jedoch müssen sich Unternehmen auch mit den Bedürfnissen dieser zukünftigen Arbeitsgenerationen auseinandersetzen und diese in neuen Karrierekonzepten berücksichtigen.

In diesem Abschnitt wird überprüft, inwieweit das agile Karrierekonzept zur Verringerung der identifizierten Differenzen zwischen den Ergebnissen der PESTE-Analyse und denen der Shell Jugendstudie beitragen kann und an welcher Stelle es weiterhin inhaltliche Abweichungen gibt. Diese Überprüfung erfolgt durch den deskriptiven Abgleich der Handlungsfelder mit dem Ansatz des Konzeptes. Folglich wird von einer Darstellung des agilen Karrierekonzeptes im Netzdiagramm (wie in Kapitel 10) abgesehen. In Kapitel 17 werden weitere Grenzen aufgezeigt, die neben den in diesem Abschnitt erläuterten inhaltlichen Restriktionen bestehen. Abbildung 30 dient der Wiederholung der in Kapitel 9 herausgestellten Differenzen.

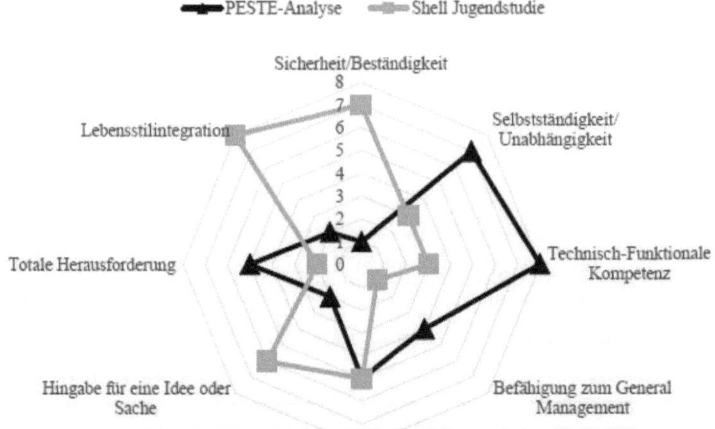

Abbildung 30: Zusammenführung der Einordnung der Karriereanker
(eigene Darstellung)

Das dem Karriereanker **Sicherheit/Beständigkeit** zugrunde liegende Bedürfnis der Generation Y nach einem sicheren Arbeitsplatz in einem beständigen Umfeld (7 Punkte) kann von der Umwelt nicht mehr bedient werden (1 Punkt). Das agile Karrierekonzept zielt darauf ab, dass durch eine kontinuierliche Kompetenzerweiterung die Employability der Jugendlichen gestärkt wird. Hierdurch kann zwar keine Arbeitsplatzsicherheit hergestellt werden, dafür werden jedoch erwerbstätige Personen dabei unterstützt, ihre Beschäftigungsfähigkeit zu sichern und in sich verändernden Arbeitswelten besser zurechtzukommen. Folglich wird die Arbeitsplatzsicherheit durch Beschäftigungsfähigkeit ersetzt.

Aus der Perspektive von Unternehmen kann das Konzept helfen, Arbeitsplätze mit geeigneten Mitarbeitern zu besetzen. Jedoch ist fraglich, ob die Forderung der Jugendlichen nach einem sicheren Arbeitsplatz erfüllt werden kann. Hier müssen die Vorteile des Konzeptes aufgezeigt und die Notwendigkeit der kontinuierlichen Qualifizierung deutlich gemacht werden, um die künftigen Erwerbstätigen auf die Arbeitsmarktsituation einzustellen und ihnen die Angst vor einem vermeintlich unsicheren Arbeitsplatz zu nehmen.

Aus der PESTE-Analyse lässt sich folgern, dass die Umwelt ein hohes Maß an **Selbstständigkeit/Unabhängigkeit** fordert und fördert (7 Punkte). Die Jugendlichen erwarten dies hingegen in einem geringeren Umfang (3 Punkte), vielmehr wünschen sie sich insbesondere für ihren Berufseinstieg ein gewisses Maß an Regeln. Das agile Karrierekonzept stellt einen Handlungsrahmen dar, der lediglich für die verschiedenen Bausteine spezifische Regeln vorsieht. Es ist vorgesehen, dass Individuen ihre Karrierewege innerhalb dieses Rahmens selbstständig entwickeln und steuern.

Der Berufseinstieg stellt für junge Menschen eine besondere Herausforderung dar, die sich der ebenso herausfordernden Jugendphase anschließt. Entsprechend ist es nicht überraschend, dass sie Regeln und Vorschriften bevorzugen, um sich im Arbeitsleben zurecht zu finden. Hier kann das agile Karrierekonzept überfordernd wirken, da insbesondere Berufsunerfahrene zunächst einen Überblick über die Vielfalt im Arbeitsleben benötigen, bevor sie aus den verschiedenen Karrierebausteinen wählen können. Onboarding Maßnahmen können den Berufseinstieg jedoch insofern unterstützen, als dass sie dem Berufseinsteiger Transparenz über das Unternehmen und sein Umfeld, relevante Netzwerke und Bezugsgruppen, das Karrierekonzept sowie benötigte Kompetenzen verschaffen. Im weiteren Karriereverlauf ist der Mitarbeiter fähiger, aus den verschiedenen Bausteinen zu wählen und seine Karriere selbstständig zu gestalten.

Im Hinblick auf den Karriereanker **Technisch-Funktionale Kompetenz** lässt sich eine mäßige Zustimmung der Jugendlichen zu den zugrundeliegenden Werteinstellungen erkennen (3 Punkte).[472] Im Gegensatz dazu wird die kontinuierliche Auseinandersetzung mit Fachgebieten aufgrund der sich verändernden Rahmenbedingungen immer notwendiger (8 Punkte). Eine stetige persönliche und fachliche Weiterentwicklung zur Stärkung der eigenen Employability ist Hauptbestandteil des agilen Karrierekonzeptes. Mitarbeiter können individuell entscheiden, welche Kompetenzen und Fähigkeiten sie im Verlauf ihrer Karriere entwickeln und vertiefen wollen. Unternehmen geben insofern Orientierung, als dass sie die benötigten Kompetenzen aufzeigen und die Belegschaft dazu motivieren, diese zu erwerben bzw. zu vertiefen.

Folglich entspricht das Konzept den Entwicklungen der Umwelt. Beschäftigte werden befähigt, auch veränderten Anforderungen gerecht zu werden, indem sie auf den erwarteten Kompetenzbedarf vorbereitet werden. Relevante Fach-

---

[472] Im Rahmen der Shell Jugendstudie wurde in diesem Zusammenhang kein spezifisches Meinungsbild abgefragt. Dennoch lassen die gegebenen Antworten den Schluss zu, dass die Merkmale des Karriereankers Technisch-Funktionale Kompetenz im Mittelfeld der Gesamtbewertung der Jugendlichen liegen.

kompetenzen können frühzeitig vermittelt werden, wodurch Unternehmen ihren Bedarf an Fachkräften decken können. Dahingegen werden die Jugendlichen damit konfrontiert, dass ihre Erwartungen kaum erfüllt werden. Vielmehr müssen sie sich auch nach vollendeter Berufsausbildung oder abgeschlossenem Studium mit der Weiterentwicklung ihrer Kompetenzen beschäftigen. Jedoch können die externen Entwicklungen hinsichtlich der Relevanz von Fachkompetenzen nicht verändert werden. Aus diesem Grund müssen Unternehmen sicherstellen, dass ihren Beschäftigten die Notwendigkeit der kontinuierlichen Weiterbildung bewusst ist und sie entsprechend dafür motivieren.

Während dem Karriereanker **Hingabe für eine Idee oder Sache** im Arbeitsumfeld wenig Wert beigemessen wird (2 Punkte), ist es den Jugendlichen wichtig, etwas Sinnstiftendes zu tun und Werte von zentraler Bedeutung zu verwirklichen (6 Punkte). Im Rahmen des agilen Karrierekonzeptes wird die flexible Gestaltung verschiedener Karrierephasen gefördert. Dabei kann sowohl die Erweiterung von Kompetenzen einen Karriereerfolg bedeuten wie auch eine ehrenamtliche Tätigkeit außerhalb der beruflichen Tätigkeit. Informell erworbenen Kompetenzen werden dabei gleichermaßen anerkannt wie formell erworbene. Das Konzept sieht zudem vor, dass Arbeitszeiten so gestaltet werden können, dass sie den individuellen Bedürfnissen entsprechen, solange die vorgesehenen Ergebnisse der Arbeit erfüllt werden können. Hierdurch können Mitarbeiter ihre Zeit außerhalb des Berufslebens auch mit der Verwirklichung idealistischer Werte verbringen.

Unternehmen ist es nicht immer möglich, die Verwirklichung von zentralen Werten in der eigenen Geschäftstätigkeit zu integrieren. Dennoch wird dies durch das agile Karrierekonzept stärker gefördert, indem Mitarbeitern die Möglichkeit geboten wird, ihre Arbeitszeit sowie ihre beruflichen Phasen flexibel zu gestalten. Durch die Anerkennung informell erworbener Kompetenzen wird gleichzeitig auch die entsprechende (ehrenamtliche) Tätigkeit wertgeschätzt, wodurch die Verwirklichung von Kernwerten indirekt gefördert wird. Folglich wird das Karrierekonzept den Erwartungen der Jugendlichen gerecht. Dennoch besteht für Unternehmen die Gefahr, dass Arbeitnehmer die Flexibilität ausnutzen und dadurch Arbeitsinhalte zulasten einer außerberuflichen Beschäftigung nicht erfüllt werden können. Vor diesem Hintergrund ist es notwendig, entsprechende Vereinbarungen zu treffen, die für beide Parteien Rechte und Pflichten enthalten.

Die Werteinstellungen, die dem Karriereanker **Lebensstilintegration** zugrunde liegen, werden von den Jugendlichen eindeutiger gefordert (8 Punkte), als sie derzeit ermöglicht werden (2 Punkte). Die zuletzt beschriebene Flexibilisierung von Karriereverläufen gestattet eine stärkere Integration des Berufes in den individuellen Lebensstil. Auf private Ereignisse, die ggf. unvorhersehbar eintreten, kann einfacher reagiert werden und die Vereinbarkeit von Beruf, Familie und Privatleben wird verbessert. Viele Unternehmen begegnen bereits dem Streben ihrer Mitarbeiter nach einer ausgeglichenen Work-Life-Balance und führen vermehrt flexible Arbeitsmodelle ein. Diese Entwicklung kann das agile Karrierekonzept unterstützen, indem nicht nur Arbeitszeiten sondern auch der gesamte Karriereverlauf flexibel ausgerichtet wird. Es kann folglich davon ausgegangen werden, dass die künftigen Erwerbsgenerationen den Karriereanker Lebensstilintegration vermehrt mit anderen Ankern kombinieren, um ihre Karriere zu gestalten. Entsprechend werden die mit dem Anker einhergehenden Ziele und Wertvorstellungen als Basis für das Karrierekonzept betrachtet.

18 Restriktionen des agilen Karrierekonzeptes

Bei der Implementierung des agilen Karrierekonzeptes sind einige Voraussetzungen zu erfüllen (siehe Kapitel 14), damit dieses in Unternehmen etabliert werden kann. Doch selbst wenn diese berücksichtigt werden, entstehen bei der Umsetzung des Konzeptes Grenzen bzw. kann dies nicht für alle Individuen und alle Unternehmen gleichermaßen erfolgreich ausfallen. Im Folgenden werden Restriktionen des Karrierekonzeptes aufgezeigt, die über die im letzten Abschnitt erläuterten inhaltlichen Abweichungen hinaus gehen.

Eine neue Karrierekultur in Unternehmen kann dort zwar die Gleichwertigkeit von individuellen Karriereverläufen betonen, eine gesellschaftliche Anerkennung wird dadurch jedoch nicht erreicht. Folglich besteht das Risiko, dass Individuen zwar im organisationalen Zusammenhang einen subjektiven Karriereerfolg empfinden, dieser aber in ihrem privaten Umfeld nicht wertgeschätzt wird. Solange die Führungslaufbahn aus gesellschaftlicher Sicht das anerkannteste Modell ist, können Individuen sich dazu veranlasst sehen, Karrierebausteine zu wählen, die nicht ihren Präferenzen entsprechen dafür aber der gesellschaftlichen Erwartung gerecht werden.

Das Aufbrechen von Unternehmenskulturen und die Verankerung von neuen Werten sind entscheidend für den Erfolg des agilen Karrierekonzeptes. Somit stellt der umfangreiche Prozess der Etablierung eines agilen Mindsets in Unternehmen ein Risiko für das Konzept dar. Wenn dieser nicht erfolgreich abgeschlossen wird oder scheitert, kann auch das Karrierekonzept nicht umgesetzt werden. Ein so tiefgreifender Wandel von Unternehmenskulturen ist zudem zeitintensiv. Demnach können davon abhängige Folgeprozesse erst zeitversetzt aufgenommen werden wodurch auch erfolgreiche Karriereverläufe im Sinne des agilen Karrierekonzeptes erst nach einer gewissen Zeit zu erwarten sind.

Das agile Karrierekonzept ist generell formuliert und enthält teilweise pauschale Darstellungen und generalistische Annahmen. Jedoch existieren unternehmens- und branchenspezifischen Besonderheiten, die das Konzept nicht berücksichtigen kann. Darüber hinaus sind einige Branchen und Unternehmen stärker von den in Kapitel 5 beschriebenen Veränderungen betroffen, als andere. Dadurch besteht nicht in allen Organisationen die Notwendigkeit, bisher bekannte Laufbahnmodelle zu ergänzen bzw. agile Werte und Verhaltensweisen einzuführen. In einigen Unternehmen betreffen die externen Entwicklungen darüber hinaus einzelne Fachbereiche kaum, sodass diese vom agilen Karrierekonzept weniger profitieren können. Weiterhin berücksichtig das Konzept nicht die Größe eines Unternehmens oder seine Struktur. Vor diesem Hintergrund muss kritisch geprüft werden, ob sich das Konzept für den spezifischen Unternehmenskontext eignet und inwiefern einzelne Elemente individuell adaptiert werden müssen.

Eine weitere Herausforderung für Unternehmen ist die Ausgestaltung eines geeigneten Vergütungsmodells. Dieses muss an die Gegebenheiten des Unternehmens angepasst werden, wobei existierende vertragliche Vereinbarungen (z.B. Arbeitsverträge oder Tarifverträge) in der Regel nicht aufgekündigt werden können. Vielmehr müssen diese bei der Entwicklung eines Vergütungsmodells inkludiert werden. Dabei muss berücksichtigt werden, dass bestehende Regelungen häufig nicht agilen Kriterien entsprechen und dass sie dadurch ein Risiko für das Konzept darstellen. Darüber hinaus ist ein stetig steigendes Einkommen, das auf einer steigenden Betriebszugehörigkeit, die mit zunehmenden Erfahrungen einher geht, für viele Menschen nach wie vor erstrebenswert. Da jedoch ein Modell mit automatischen Gehaltssteigerungen in dieser Form nicht vorgesehen ist, besteht hier eine weitere Grenze des Karrierekonzeptes.

Für die Durchführung des mit dem agilen Karrierekonzept einhergehenden Prozesses ist eine Transparenz über die individuellen Kompetenzen der Mitarbeiter sowie der im Unternehmen benötigten Fertigkeiten notwendig. Obwohl es verschiedene Instrumente zur Messung dieser Faktoren gibt, ist eine aussagekräftige Erhebung schwer möglich. Zudem sind entsprechende Untersuchungen zeitintensiv, sodass sie oft nicht vollständig durchgeführt werden. Darüber hinaus lassen datenschutzrechtliche Regelungen oder Mitbestimmungsgremien eine transparente Darstellung von Kompetenzen nicht oder nur in begrenztem Maße zu, sodass das Konzept dann eingeschränkt angewendet werden kann.

Weiterhin sieht das Karrierekonzepte eine hohe Flexibilität auf Seiten der Mitarbeiter und des Unternehmens vor. Jedoch kann diese nur bedingt gewährleistet werden, denn sowohl Unternehmen als auch Mitarbeiter benötigen ein gewisses Maß an Planungssicherheit (z.B. für die Personalplanung). Zudem geben arbeitsvertragliche Regelungen beispielsweise Kündigungsfristen vor, sodass Mitarbeiter nicht so flexibel, wie es das Konzept vorsieht, ihren Arbeitgeber wechseln können.

Entscheidend für den Erfolg des agilen Karrierekonzeptes ist zudem eine veränderte Führungsrolle. Es wird erwartet, dass Führungskräfte die Rolle eines Coaches sowie eines Personalentwicklers wahrnehmen. Sofern sie nicht von ihren üblichen Führungsaufgaben entbunden und ihre Mitarbeiter nicht die geforderte Selbstständigkeit entwickeln, ist fraglich, ob sie diese beiden neuen Rollen zusätzlich zu ihren bisherigen Tätigkeiten ausüben können. Zudem müssen sie auf ihre bisherigen Verantwortlichkeiten und Machtbefugnisse verzichten, was zu Widerständen und Konflikten bei Führungskräften führen kann.

Nach dem agilen Karrierekonzept sollen alle Mitarbeiter eines Unternehmens dazu befähigt werden, verschiedene Karrierebausteine zu absolvieren und sich kontinuierlich weiterzuentwickeln. Jedoch sind insbesondere qualifizierte Mitarbeiter besser in der Lage, ihre Employability durch stetige Weiterentwicklung zu stärken, als geringqualifizierte. Hier kann zwar eine offene und wertschätzende Unternehmenskultur, die alle Kompetenzen der Mitarbeiter anerkennt, die Motivation hinsichtlich der persönlichen Weiterentwicklung erhöhen. Dennoch ist davon auszugehen, dass einige Mitarbeiter den Anforderungen der Karrierebausteine nicht gerecht werden und aufgrund ausbleibenden Karriereerfolgs demotiviert werden. Weiterhin werden sich einige Mitarbeiter aufgrund der vielfältigen Möglichkeiten und der geforderten Selbstständigkeit überfordert fühlen. Wenn darüber hinaus der Hintergrund und das Ziel des Konzeptes nicht bekannt sind oder verstanden werden, kann es zudem zu Widerständen und Abwehrreaktionen kommen, wodurch der Erfolg des Konzeptes gefährdet wird. Zudem werden einige Mitarbeiter weder Interesse an einer Weiterentwicklung ihrer Kompetenzen noch an der Realisierung von subjektiven Karriereerfolgen haben. Eine solche Einstellung entspricht nicht dem Ansatz des Konzeptes und kann daher als Hindernis angesehen werden. Insbesondere, wenn die Mehrzahl der Mitarbeiter eines Unternehmens sich entsprechend verhält, kann agile Karriere nicht realisiert werden.

Für einige Menschen sind Statussymbole, das Erreichen einer bestimmten hierarchischen Position oder konkrete Titel Kriterien für den subjektiven Karriereerfolg. Solange alle Karrierebausteine, zu denen auch die traditionellen Laufbahnmodelle gehören, gleichwertig sind und entsprechende Karriereerfolge gewährleistet werden können, kann auch diese Zielgruppe innerhalb des agilen Karrierekonzeptes erfolgreich sein. Sollte jedoch entweder keine Führungslaufbahn angeboten oder die notwendige Gleichwertigkeit der Bausteine nicht sichergestellt werden können, besteht die Gefahr, dass einige Mitarbeiter sich von dem Konzept nicht angesprochen fühlen. Zudem kann aus einer unternehmensinternen Wertehierarchie eine Rangfolge der Karrierebausteine entstehen, wodurch diese zumindest dem Empfinden der Mitarbeiter nach nicht mehr gleichwertig sind. Eine solche Bewertung der Bausteine stellt eine weitere Restriktion des Karrierekonzeptes dar.

Die Entwicklung des Karrierekonzeptes fand unter Berücksichtigung der Ergebnisse der Shell Jugendstudie statt. Entsprechend sind die Erwartungen der Jugendlichen hinsichtlich ihres Berufslebens enthalten, nicht aber die Ansprüche der älteren Generationen. Auch wenn nicht sicher ist, ob deren Bedürfnisse durch das Konzept abgebildet werden können, kann davon ausgegangen werden, dass einzelne Karrierebausteine auch dieser Generation gerecht werden (vgl. Karrierebaustein Mentoring, Kapitel 13, S. 192). Die Fokussierung der Mitarbeiter als Kunden des Konzeptes sowie die Relevanz, die der Kompetenzentwicklung beigemessen wird, kann zu einer Akzeptanz des Konzeptes auch bei älteren Mitarbeitern führen. Dennoch bedarf es einer zusätzlichen Untersuchung, um zu verifizieren, inwieweit die Ziele des agilen Karrierekonzeptes den Anforderungen der älteren Generationen gerecht werden.

Die Zuordnung der Erwartungen der Jugendlichen zu den Karriereankern birgt weitere Grenzen für das Konzept. Nach Edgar Schein entwickelt sich der prägende Karriereanker erst nach einer zehnjährigen Berufstätigkeit. Kaum ein Jugendlicher im Alter zwischen 12 und 25 Jahren kann eine entsprechend lange Berufstätigkeit aufweisen, sodass die Karriereanker nur den aktuellen Stand der Vorstellungen der Jugend abbilden. Es muss davon ausgegangen werden, dass sich bestimmte Werteinstellungen erst zu einem späteren Zeitpunkt herausbilden und dass sich dadurch die Gesamtbewertung der Karriereanker verschiebt. Hierdurch können Aspekte des agilen Karrierekonzeptes an Bedeutung verlieren und andere Kriterien, die bisher nicht berücksichtigt wurden, relevant werden.

Zuletzt stellen die Verwendung der Shell Jugendstudie 2015 sowie die auf Annahmen und persönlichen Erfahrungen basierende Erarbeitung des Karrierekonzeptes weitere Grenzen dar. Die Fokussierung der Ergebnisse einer einzelnen Studie kann eine einseitige Betrachtung der Erwartungen der Generation Y an das Berufsleben bedeuten. Andere Studien, die zu einem anderen Zeitpunkt bzw. mit einer anderen Gruppe Jugendlicher durchgeführt wurden, können zu anderen Ergebnissen kommen. Folglich ist das Konzept geeignet für die Kohorte der spezifischen Befragung, eine übergreifende Gültigkeit ist damit jedoch nicht gewährleistet. Weiterhin wurden die Elemente des agilen Karrierekonzeptes weitestgehend auf Basis von Annahmen der Autoren entwickelt. Eine empirische Erhebung oder eine praxisorientierte Eignungsprüfung haben nicht sattgefunden. Es ist nicht auszuschließen, dass in dieser Arbeit dargestellte Zusammenhänge und Schlussfolgerungen in der Praxis nicht zutreffen.

19 Fazit und Ausblick

VUCA-Welt, Industrie 4.0, Arbeit 4.0 – diese Begriffe stehen stellvertretend für die tiefgreifenden Veränderungen, die Gesellschaft, Wirtschaft und Politik prägen. Entwicklungen wie die digitale Transformation, der demografische Wandel, die Globalisierung und die Individualisierung zwingen Unternehmen und deren Beschäftigte dazu, Modelle, Konzepte und Vorgehensweisen kontinuierlich neu auszurichten. Als Reaktion auf die veränderten Rahmenbedingungen und mit dem Ziel, der hohen Veränderungsgeschwindigkeit gerecht zu werden, verschlanken Unternehmen zunehmend ihre Strukturen und durchlaufen agile Transformationsprozesse. Gleichzeitig müssen Unternehmen auch die Erwartungen der künftigen Erwerbstätigen berücksichtigen, um sich im *War for Talents* als attraktiver Arbeitgeber zu präsentieren und den Bedarf an Fachkräften trotz Fachkräftemangel decken zu können.

Dabei ist jungen Menschen ein sicherer Arbeitsplatz besonders wichtig. Daneben streben sie nach der Verwirklichung eigener Ideen, einer sinnstiftenden Tätigkeit und einem ausgeglichenen Verhältnis von Beruf und Freizeit. Um diese Wünsche zu verwirklichen, legen sie großen Wert auf eine individuelle Ausgestaltung ihrer Karriere, die mit dem Eintritt in das Berufsleben beginnt. An dieser Stelle besteht für Unternehmen die Möglichkeit, Karrierekonzepte zu etablieren, die sowohl unternehmerische Belange wie auch individuelle Bedürfnisse berücksichtigen, um so Karriereverläufe im Sinne des Unternehmens mitzugestalten.

Die Notwendigkeit, auf die sich verändernden Arbeitswelten zu reagieren und neue Laufbahnkonzepte zu etablieren, wurde von Unternehmen jedoch bisher kaum wahrgenommen. Vielmehr überlassen sie die Karrieresteuerung ihren Mitarbeitern, die auf die positive Arbeitsmarktentwicklung reagieren und selbst die Verantwortung für ihren Karriereerfolg übernehmen. Durch selbstgesteuerte berufliche und fachliche Weiterentwicklung schaffen sie die Basis für berufliche Chancen und stärken so ihre Employability. Dabei dienen organisationale Laufbahnmodelle als Orientierung für die eigene Karrieregestaltung und zeigen auf, welcher Kompetenzen und Fähigkeiten es bedarf.

Attraktive Laufbahnmodelle leisten einen Beitrag zur Personalentwicklung sowie zur Mitarbeiterbindung. Folglich sollten Unternehmen zur Sicherung ihres Fachkräftebedarfs reagieren und Aspekte der flexiblen Karrieregestaltung in die eigene Laufbahnkonzeptionierung übernehmen bzw. diese als Ergänzung bestehender Personalprozesse etablieren. Neue Laufbahnkonzepte sollten den Bedürfnissen der Mitarbeiter gerecht werden und berufliche Veränderungen unabhängig von der

Karriererichtung berücksichtigen und fördern. Ein vermeintlicher Abstieg in der Karriereleiter kann dabei ebenso gewinnbringend gestaltet werden, wie ein klassischer Aufstieg im Rahmen einer Führungslaufbahn. Die Integration agiler Aspekte in das organisationale Karrieremanagement kann individuelle Karrierewege mit organisationalen Laufbahnmodellen vereinen.

In dieser Arbeit wurde anhand der Forschungsfrage ***Wie kann Karriere gestaltet werden, um die Employability der Generation Y in sich verändernden Arbeitswelten zu stärken?*** ein Karrierekonzept entwickelt, das die Bedürfnisse der Jugendlichen berücksichtigt, dabei jedoch auch den Entwicklungen der Arbeitswelten gerecht wird. Die künftigen Erwerbstätigen können mithilfe der verschiedenen Bausteine des Karrierekonzeptes kontinuierlich an ihrer Weiterentwicklung arbeiten und so den Anforderungen der sich wandelnden Arbeitswelten gerecht werden. Ihr Streben nach Flexibilität wird in dem Konzept dabei ebenso berücksichtigt, wie der Wunsch nach Selbstverwirklichung und dem Einbringen eigener Ideen. Dennoch können ihre Erwartungshaltungen nicht vollständig erfüllt werden, da die externen Entwicklungen limitierend auf einzelne Aspekte wirken. So wird es Unternehmen in der VUCA-Welt nur noch schwer möglich sein, Arbeitsplatzsicherheit zu versprechen. In diesem Zusammenhang bietet das agile Karrierekonzept der Generation Y die Perspektive, durch verschiedene Handlungsoptionen ihre Employability zu stärken und die gewünschte Arbeitsplatzsicherheit durch Beschäftigungsfähigkeit zu ersetzen.

Es ist vorgesehen, dass das neue Karrierekonzept auch insofern agil ist, als dass es stetig an neue Rahmenbedingungen und Bedürfnisse angepasst werden kann. Entsprechend müssen die Elemente des Konzeptes durch einen kontinuierlichen Dialog mit den verschiedenen Akteuren im Unternehmen, die Auseinandersetzung mit den Bedürfnissen unterschiedlicher Erwerbsgenerationen sowie die Berücksichtigung externer Entwicklungen regelmäßig adaptiert werden. Zudem ist für den Erfolg des Konzeptes eine Verinnerlichung agiler Werte essenziel. Dies betrifft nicht nur das Unternehmen, welches das Konzept einführt. Vielmehr setzt die Anerkennung subjektiver Karriereerfolge auch eine Fortführung der Veränderung der Wertehierarchie in der Gesellschaft voraus. Ein solcher Wandel kommt einer Transformation gleich, die aufgrund der stetigen Umweltveränderungen zu keiner Zeit vollständig abgeschlossen sein kann. Denn *„Nichts ist so beständig, wie der Wandel."* *(Heraklit von Ephesos)*

Literaturverzeichnis

Arntz, Melanie; Gregory, Terry; Lehmer, Florian; Matthes, Britta; Zierahn, Ulrich
(2016): Arbeitswelt 4.0 - Stand der Digitalisierung in Deutschland: Dienstleister haben die Nase vorn. IAB-Kurzbericht, No. 22/2016. Nürnberg:
Institut für Arbeitsmarkt- und Berufsforschung (IAB). Online verfügbar
unter http://hdl.handle.net/10419/158498. Letzter Zugriff am
04.06.2019.

Arthur, Michael B. (1994): The boundaryless career: A new perspective for organizational inquiry. In: *Journal of Organizational Behavior* 15 (4). S. 295–
306. Online verfügbar unter https://doi.org/10.1002/job.4030150402.
Letzter Zugriff am 25.04.2019.

Arthur, Michael B.; Rousseau, Denise M. (1996): The Boundaryless Career. A
New Employment Principle for a New Organizational Era. New York: Oxford University Press.

Bauer, Wilhelm (2005): Zukunft der Arbeit - Moderne Arbeitswelt. Hrsg. von
Fraunhofer-Institut für Arbeitswirtschaft und Organisation IAO. Stuttgart.

Beck, Kent; Beedle, Mike; van Bennekum, Arie; Cockburn, Alistair; Cunningham,
Ward; Fowler, Martin et al. (2001): Manifest für Agile Softwareentwicklung. Online verfügbar unter http://agilemanifesto.org/iso/de/mani-
festo.html. Letzter Zugriff am 05.05.2019.

Becker, Manfred (2013): Personalentwicklung. Bildung, Förderung und Organisationsentwicklung in Theorie und Praxis. 6. überarbeitete und aktualisierte Auflage. Stuttgart: Schäffer-Poeschel Verlag.

Bendel, Oliver (2019): Agilität. Hrsg. von Gabler Wirtschaftslexikon. Online verfügbar unter https://wirtschaftslexikon.gabler.de/definition/agilitaet-
99882/version-368852. Letzter Zugriff am 03.05.2019.

Blessin, Bernd (2017): Alternative Karrierewege - die Laufbahnprogramme der
VPV Versicherungen. In: Rump, Jutta; Eilers, Silke (Hrsg.): Auf dem Weg
zur Arbeit 4.0. Innovationen in HR. Berlin: Springer-Verlag. S. 145–158.

Börsch-Supan, Axel (2009): Gesamtwirtschaftliche Folgen des demografischen
Wandels. In: Börsch-Supan, Axel; Erlinghagen, Marcel; Hank, Karsten;
Wagner, Gert G. (Hrsg.): Produktivität in alternden Gesellschaften. Halle
(Saale): Deutsche Akademie der Naturforscher Leopoldina. S. 21–41.

Bös, Nadine (2019): Neue Aufregung um die Stechuhr. Online verfügbar unter https://www.faz.net/aktuell/beruf-chance/beruf/urteil-zur-erfassung-der-arbeitszeit-probleme-mit-der-stechuhr-16190006.html. Letzter Zugriff am 25.05.2019.

Bouncken, Ricarda B.; Reuschl, Andreas J. (2018): Coworking-spaces: how a phenomenon of the sharing economy builds a novel trend for the workplace and for entrepreneurship. In: *Review of Managerial Science* 12 (1). S. 317–334. Online verfügbar unter https://doi.org/10.1007/s11846-016-0215-y. Letzter Zugriff am 24.06.2019.

Bratscher, Thomas; Nissen, Regina (2018): Psychologischer Vertrag. Hrsg. von Gabler Wirtschaftslexikon. Online verfügbar unter https://wirtschaftslexikon.gabler.de/definition/psychologischer-vertrag-43642/version-266970. Letzter Zugriff am 15.05.2019.

Brussig, Martin (2015): Demografischer Wandel, Alterung und Arbeitsmarkt in Deutschland. In: *Kölner Zeitschrift für Soziologie und Sozialpsychologie* 67 (1). S. 295–324. Online verfügbar unter https://doi.org/10.1007/s11577-015-0313-x. Letzter Zugriff am 18.06.2019.

Bundesministerium für Wirtschaft und Energie (o.J.): Was ist Industrie 4.0? Online verfügbar unter https://www.plattform-i40.de/PI40/Navigation/DE/Industrie40/WasIndustrie40/was-ist-industrie-40.html. Letzter Zugriff am 26.07.2019.

Bund-Verlag (2019): Pflicht zur Arbeitszeiterfassung kommt europaweit. Online verfügbar unter https://www.bund-verlag.de/betriebsrat/aktuelles~Pflicht-zur-Arbeitszeiterfassung-kommt-europaweit~. Letzter Zugriff am 20.05.2019.

Crolly, Hannelore (2019): Konjunkturabschwung. Und plötzlich ist Deutschland das Problem. Online verfügbar unter https://amp.welt.de/wirtschaft/article193123621/EU-Konjunkturprognose-Deutschland-ist-ploetzlich-das-Problem.html. Letzter Zugriff am 18.06.2019.

Defillippi, Robert J.; Arthur, Michael B. (1994): The Boundaryless Career: A Competency-Based Perspective. In: *Journal of Organizational Behavior* 15 (4). S. 307–324. Online verfügbar unter http://www.jstor.org/stable/2488429. Letzter Zugriff am 24.04.2019.

Dengler, Katharina; Mattheis, Britta (2019): Digitalisierung in Deutschland: Substituierbarkeitspotenziale von Berufen und die möglichen Folgen für die Beschäftigung. In: Dobischat, Ralf; Käpplinger, Bernd; Molzberger, Gabriele; Münk, Dieter (Hrsg.): Bildung 2.1 für Arbeit 4.0? Wiesbaden: Springer Fachmedien. S. 49–62.

Destatis (o. J.a): Bevölkerung nach Altersgruppen (ab 1950). Online verfügbar unter https://www.destatis.de/DE/Themen/Gesellschaft-Umwelt/Bevoelkerung/Bevoelkerungsstand/Tabellen/liste-altersgruppen.html#fussnote-2-249808. Letzter Zugriff am 31.05.2019.

Destatis (o. J.b): Mitten im demografischen Wandel. Online verfügbar unter https://www.destatis.de/DE/Themen/Querschnitt/Demografischer-Wandel/demografie-mitten-im-wandel.html. Letzter Zugriff am 31.05.2019.

Destatis (o. J.c): Bevölkerungsvorausberechnung. Online verfügbar unter https://www.destatis.de/DE/Themen/Gesellschaft-Umwelt/Bevoelkerung/Bevoelkerungsvorausberechnung/_inhalt.html. Letzter Zugriff am 31.05.2019.

Diekmann, Florian (2019): Jobmaschine Deutschland - aber nicht mehr lange. Hrsg. von Spiegel Online. Online verfügbar unter https://www.spiegel.de/wirtschaft/soziales/deutscher-arbeitsmarkt-das-jobwunder-endet-hurra-a-1266701.html. Letzter Zugriff am 20.05.2019.

Drupp, Michael (2018): Gesundheitsförderung in der Arbeitswelt. Trends, Rahmenbedingungen und Beispiele guter Praxis unter besonderer Berücksichtigung der Unterstützungsmöglichkeiten durch die GKV. In: Ternès, Anabel; Wilke, Clarissa-Diana (Hrsg.): Agenda HR - Digitalisierung, Arbeit 4.0, New Leadership. Was Personalverantwortliche und Management jetzt nicht verpassen sollten. Wiesbaden: Springer Fachmedien. S. 67–85.

Eichhorst, Werner (2011): Arbeitswelt und Lebenswelt im Globalisierungszeitalter. In: Mayer, Tilman; Meyer, Robert; Miliopoulos, Lazaros; Ohly, H. Peter; Weede, Erich (Hrsg.): Globalisierung im Fokus von Politik, Wirtschaft, Gesellschaft. Eine Bestandsaufnahme. 1. Auflage. Wiesbaden: VS Verlag für Sozialwissenschaften. S. 225–236.

Eichhorst, Werner; Hinte, Holger; Rinne, Ulf; Tobsch, Verena (2016): Digitalisierung und Arbeitsmarkt: Aktuelle Entwicklungen und sozialpolitische Herausforderungen. Bonn: Forschungsinstitut zur Zukunft der Arbeit (IZA) (85). Online verfügbar unter http://hdl.handle.net/10419/156173. Letzter Zugriff am 20.06.2019.

Elprana, Gwen; Felfe, Jörg (2019): Die Rolle der Führungsmotivation für erfolgreiche Führungskarrieren. In: Kauffeld, Simone; Spurk, Daniel (Hrsg.): Handbuch Karriere und Laufbahnmanagement. Berlin, Heidelberg: Springer-Verlag. S. 407–423.

Epping, Thomas (2011): Kanban für die Softwareentwicklung. Berlin, Heidelberg: Springer-Verlag.

Europäische Kommission (2001): Grünbuch: Europäische Rahmenbedingungen für die soziale Verantwortung von Unternehmen. KOM(2001).

Europäische Kommission (2011): Mitteilung der Kommission an das Europäische Parlament, den Rat, den Europäischen Wirtschafts- und Sozialausschuss und den Ausschuss der Regionen. Eine neue EU-Strategie für die soziale Verantwortung der Unternehmen (CSR). KOM(2011).

Europäisches Parlament (o. J.): Die Grundrechtecharta. Online verfügbar unter http://www.europarl.europa.eu/germany/de/europa-und-europawahlen/grundrechtecharta. Letzter Zugriff am 10.07.2019.

Fischer, Heinz (2006): Wenn nicht ich, wer dann? Employability ist unerlässlich in veränderten Arbeitswelten. In: Rump, Jutta (Hrsg.): Employability Management. Grundlagen, Konzepte, Perspektiven. 1. Auflage. Wiesbaden: Betriebswirtschaftlicher Verlag Dr. Th. Gabler. S. 85–92.

Fleck, Rosemarie; Brüschke, Gitta; Brocke, Pia Simone (2017): Modul Mentoring. Die One-to-one Mentoring-Beziehung. In: Petersen, Renate; Budde, Mechthild; Brocke, Pia Simone; Doebert, Gitta; Wollert-Rudack, Helga; Wolf, Henrike (Hrsg.): Praxishandbuch Mentoring in der Wissenschaft. Wiesbaden: Springer Fachmedien. S. 73–90.

Fleisher, Craig S.; Bensoussan, Babette E. (2015): Business and Competitive Analysis. Effective Application of New and Classic Methods. 2. Auflage. New Jersey: Pearson Education, Inc.

Fritz, Joshua (2019): Europas Wirtschaft wird von vielen Seiten bedroht, warnt ein Ökonom. Hrsg. von Business Insider Deutschland. Online verfügbar unter https://www.businessinsider.de/europas-wirtschaft-wird-von-vielen-seiten-bedroht-warnt-ein-oekonom-2019-6. Letzter Zugriff am 18.06.2019.

Fuchs, Johann (2013): Demografie und Fachkräftemangel. In: *Bundesgesundheitsblatt - Gesundheitsforschung - Gesundheitsschutz* 56 (3). S. 399–405.

Fuchs, Jürgen (1998): Die neue Art Karriere im schlanken Unternehmen. In: *Harvard Business Manager* (4). S. 83–92.

Funken, Christiane; Stoll, Alexander; Hörlin, Sinje (2011): Die Projektdarsteller. Karriere als Inszenierung: Paradoxien und Geschlechterfallen in der Wissensökonomie. 1. Auflage. Wiesbaden: VS Verlag für Sozialwissenschaften.

Gade, Christian; Böhm, Annemarie (2016): Der wirtschaftliche Wandel und seine Auswirkungen auf die Arbeitswelt. In: Klaus, Hans; Schneider, Hans J. (Hrsg.): Personalperspektiven. Human Resource Management und Führung im ständigen Wandel. 12. Auflage. Wiesbaden: Springer Fachmedien. S. 87–113.

Gläser, Waltraud (2019): Woher kommt der Begriff „VUCA"? Online verfügbar unter https://www.vuca-welt.de/woher-kommt-vuca-2/. Letzter Zugriff am 28.06.2019.

Goll, Joachim; Hommel, Daniel (2015): Mit Scrum zum gewünschten System. Wiesbaden: Springer Fachmedien.

Graf, Nele; Edelkraut, Frank (2017): Mentoring. Das Praxishandbuch für Personalverantwortliche und Unternehmer. 2. aktualisierte und erweiterte Auflage. Wiesbaden.

Groll, Tina (2017): Nur ein Chef, ganz oben. Hrsg. von Zeit Online. Online verfügbar unter https://www.zeit.de/karriere/2017-03/flache-hierarchien-unternehmen-mitarbeiter-studie. Letzter Zugriff am 19.06.2019.

Gubler, Martin (2019): Neue Laufbahnmodelle in Theorie und Praxis: Eine kritische Würdigung. In: Kauffeld, Simone; Spurk, Daniel (Hrsg.): Handbuch Karriere und Laufbahnmanagement. Berlin, Heidelberg: Springer-Verlag. S. 937–962.

Guldner, Jan (2016): Die Mär von flachen Hierarchien. Hrsg. von Wirtschafts-
Woche. Online verfügbar unter https://www.wiwo.de/erfolg/manage-
ment/unternehmensstruktur-die-maer-von-flachen-hierar-
chien/14452148-all.html. Letzter Zugriff am 19.06.2019.

Gunz, Hugh; Mayrhofer, Wolfgang (2011): Re-conceptualizing career success: a
contextual approach. In: *Zeitschrift für ArbeitsmarktForschung* 43 (3). S.
251–260. Online verfügbar unter https://doi.org/10.1007/s12651-010-
0049-z. Letzter Zugriff am 25.04.2019.

Haese, Michael (2015): Aktueller Begriff: Sharing Economy. Online verfügbar
unter https://www.bundestag.de/re-
source/blob/377486/21fc4300787540e3881dbc65797b2cde/sharing-
economy-data.pdf. Letzter Zugriff am 27.05.2019.

Hall, Douglas T. (2002): Careers in and out of organizations. Thousand Oaks:
Sage Publications.

Hammermann, Andrea; Stettes, Oliver (2015): Beschäftigungseffekte der Digitalisierung: Erste Eindrücke aus dem IW-Personalpanel. In: *IW-Trends -
Vierteljahresschrift zur empirischen Wirtschaftsforschung* 42 (3). S. 77–94.
Online verfügbar unter http://hdl.handle.net/10419/157138. Letzter Zugriff am 04.06.2019.

Hanser, Eckhart (2010): Agile Prozesse: Von XP über Scrum bis MAP. 1. Auflage.
Berlin, Heidelberg: Springer-Verlag.

Hesse, Gero (2014): Auf dem Weg zum Enterprise 2.0: Digitalisierung, Demografie und Wertewandel als Treiber für Change-Management und Kulturwandel. In: Dannhäuser, Ralph (Hrsg.): Praxishandbuch Social Media Recruiting. Experten Know-How, Praxistipps, Rechtshinweise. Wiesbaden:
Springer Fachmedien. S. 375–399.

Hillebrecht, Steffen W. (2018): Sabbaticals für die Personalentwicklung. Arbeitshilfen für Arbeitnehmer und Personalabteilung. Wiesbaden: Springer
Fachmedien.

Hirschi, Andreas (2019): Karriere- und Talentmanagement in Unternehmen. In:
Kauffeld, Simone; Spurk, Daniel (Hrsg.): Handbuch Karriere und Laufbahnmanagement. Berlin, Heidelberg: Springer-Verlag. S. 543–560.

Hofert, Svenja (2018): Das Agile Mindset. Mitarbeiter Entwickeln, Zukunft der
Arbeit Gestalten. Wiesbaden: Springer Fachmedien.

Holtbrügge, Dirk (2018): Personalmanagement. 7. überarbeitete und erweiterte Auflage. Berlin: Springer-Verlag.

Hurrelmann, Klaus (1995): Einführung in die Sozialisationstheorie. Über den Zusammenhang von Sozialstruktur und Persönlichkeit. 5. überarbeitete und ergänzte Auflage. Weinheim, Basel: Beltz Verlag.

Hurrelmann, Klaus; Quenzel, Gudrun (2016): Lebensphase Jugend. Eine Einführung in die sozialwissenschaftliche Jugendforschung. 13. überarbeitete Auflage. Weinheim, Basel: Beltz Verlag.

Hyll, Melanie (2014): Karriereformen im Wandel. Herausforderungen für Individuen und Organisationen. München, Mering: Rainer Hampp Verlag.

ifo Institut (2019a): Industrie erwartet Anstieg der Kurzarbeit. Online verfügbar unter https://www.ifo.de/node/43474. Letzter Zugriff am 06.07.2019.

ifo Institut (2019b): ifo Beschäftigungsbarometer sinkt. Online verfügbar unter https://www.ifo.de/node/43373. Letzter Zugriff am 28.06.2019.

Institut der deutschen Wirtschaft (IW) (o. J.): Erwerbstätige in Prozent der Bevölkerung. Hrsg. von Institut der deutschen Wirtschaft (IW). Online verfügbar unter https://www.deutschlandinzahlen.de/tab/bundeslaender/arbeitsmarkt/erwerbstaetigkeit/erwerbstaetige-in-prozent-der-bevoelkerung. Letzter Zugriff am 31.05.2019.

Institut für Arbeitsmarkt- und Berufsforschung (IAB) (2019): IAB-Arbeitsmarktbarometer: Arbeitsmarkt bleibt stabil. Online verfügbar unter https://www.iab.de/de/daten/arbeitsmarktbarometer.aspx. Letzter Zugriff am 25.05.2019.

Kahlert, Heike (2013): Der Karriereanker als Diagnoseinstrument im Coaching: Konzeptionen, Modifikationen und Anwendung. In: Möller, Heidi; Kotte, Silja (Hrsg.): Diagnostik im Coaching. Grundlagen, Analyseebenen, Praxisbeispiele. Berlin, Heidelberg: Springer-Verlag. S. 101–114.

Karlshaus, Anja; Kaehler, Boris (2017): Führen in Teilzeit – Zum Stand der Dinge in Theorie und Praxis. In: Karlshaus, Anja; Kaehler, Boris (Hrsg.): Teilzeitführung. Rahmenbedingungen und Gestaltungsmöglichkeiten in Organisationen. Wiesbaden: Springer Fachmedien. S. 3–30.

Kastelle, Tim (2013): Macht jedem zum Chef! Online verfügbar unter https://www.harvardbusinessmanager.de/blogs/management-flache-strukturen-sind-ratsam-a-937567-2.html. Letzter Zugriff am 19.06.2019.

Katterbach, Silke; Stöver, Kerstin (2019): Effektiver und besser Führen in Teilzeit. Hintergründe und zeitgemäße Maßnahmen für ein flexibles Führungsmodell. Wiesbaden: Springer Fachmedien.

Kels, Peter; Clerc, Isabelle; Artho, Simone (2015): Karrieremanagement in wissensbasierten Unternehmen: Innovative Ansätze zur Karriereentwicklung und Personalbindung. Wiesbaden: Springer Fachmedien.

King, Vera (2010): Adoleszenz und Ablösung im Generationenverhältnis. Theoretische Perspektiven und zeitdiagnostische Anmerkungen. In: *Diskurs Kindheits- und Jugendforschung* (1). S. 9–20.

Klaffke, Martin (2014): Millennials und Generation Z – Charakteristika der nachrückenden Arbeitnehmer-Generationen. In: Klaffke, Martin (Hrsg.): Generationen Management. Konzepte, Instrumente, Good-Practice Ansätze. Wiesbaden: Springer Fachmedien. S. 57–82.

Klinger, Christin; Stracke, Stefan; Müller, Christoph; Nerdinger, Friedemann W. (2016): Innovativ und leistungsfähig mit alternden Belegschaften. In: Nerdinger, Friedemann W.; Wilke, Peter; Stracke, Stefan; Drews, Ulrike (Hrsg.): Innovation und Personalarbeit im demografischen Wandel. Ein Handbuch für Unternehmen. 1. Auflage. Wiesbaden: Springer Fachmedien. S. 27–37.

Knuth, Claudia (2019): Arbeitszeiterfassung: EuGH schafft neue Pflicht für Unternehmen. Hrsg. von Haufe Verlag. Online verfügbar unter https://www.haufe.de/personal/arbeitsrecht/pflicht-zur-umfassenden-arbeitszeiterfassung_76_484268.html. Letzter Zugriff am 28.06.2019.

Kohlert, Christine (2016): Büro-Flächen-Gestaltung - Trends und Ansätze. In: Klaffke, Martin (Hrsg.): Arbeitsplatz der Zukunft. Gestaltungsansätze und Good-Practice-Beispiele. Wiesbaden: Springer Fachmedien. S. 119–139.

Kotter, John P. (1995): Leading change: Why Transformation Efforts Fail. In: *Harvard Business Review* 73 (2). S. 59–67.

Krabel, Stefan (2016): Arbeitsmarkt und Digitalisierung - Wie man benötigte digitale Fähigkeiten am Arbeitsmarkt messen kann. In: Wittpahl, Volker (Hrsg.): Digitalisierung. Bildung, Technik, Innovation. Berlin, Heidelberg: Springer-Verlag. S. 99–107.

Kraus, Katrin (2007): Vom Beruf zur Employability? Zur Theorie einer Pädagogik des Erwerbs. 1. Auflage, unveränderter Nachdruck. Wiesbaden: VS Verlag für Sozialwissenschaften.

Kronawitter, Ernst (2013): Führen ohne Druck. Erfolgreiches Bankgeschäft ohne Zielvorgaben und vertriebsabhängige Vergütungen. Wiesbaden: Springer Fachmedien.

Kusay-Merkle, Ursula (2018): Agiles Projektmanagement im Berufsalltag. Für mittlere und kleine Projekte. Berlin: Springer-Verlag.

Ladwig, Désirée H.; Domsch, Michel E. (2011): Fachlaufbahnen - Zukunftsweisende Laufbahnkonzepte für Wissensgesellschaften und Netzwerkorganisationen. In: Domsch, Michel E.; Ladwig, Désirée H. (Hrsg.): Fachlaufbahnen. Alternative Karrierewege für Spezialisten schaffen. Köln: Wolters Kluwer. S. 15–29.

Lämmel, Uwe; Cleve, Jürgen (2012): Künstliche Intelligenz. 4. aktualisierte Auflage. München: Carl Hanser Verlag.

Lang, Karl; Rattay, Günter (2005): Leben in Projekten. Projektorientierte Karriere- und Laufbahnmodelle. Wien: Linde Verlag.

Latzke, Markus; Schneidhofer, Thomas M.; Mayrhofer, Wolfgang; Pernkopf, Katharina (2019): Karriereforschung: Konzeptioneller Rahmen, zentrale Diskurse und neue Forschungsfelder. In: Kauffeld, Simone; Spurk, Daniel (Hrsg.): Handbuch Karriere und Laufbahnmanagement. Berlin, Heidelberg: Springer-Verlag. S. 3–36.

Liebhart, Ursula; Stein, Daniela (2016): Professionelles Mentoring in der betrieblichen Praxis. Entscheidungsgrundlagen und Erfolgsfaktoren. 1. Auflage. Freiburg: Haufe Verlag.

Lindner-Lohmann, Doris; Lohmann, Florian; Schirmer, Uwe (2016): Personalmanagement. 3. akualisierte Auflage. Berlin, Heidelberg: Springer-Verlag.

Luber, Stefan; Litzel, Nico (2017): Was ist Digital Transformation? Hrsg. von Big Data Insider. Online verfügbar unter https://www.bigdata-insider.de/was-ist-digital-transformation-a-626446/. Letzter Zugriff am 03.06.2019.

Luber, Stefan; Litzel, Nico (2019): Was ist Digitalisierung? Hrsg. von Big Data Insider. Online verfügbar unter https://www.bigdata-insider.de/was-ist-digitalisierung-a-626489/. Letzter Zugriff am 03.06.2019.

manager magazin (2019a): Trübe Konjunkturaussichten in Deutschland. Wirtschaftsforscher erwarten nur noch weniger als 1 Prozent Wachstum. Online verfügbar unter https://www.manager-magazin.de/politik/deutschland/deutschland-bruttoinlandsprodukt-wird-2019-um-weniger-als-1-prozent-steigen-a-1272280.html. Letzter Zugriff am 18.06.2019.

manager magazin (2019b): Deutsche Industrie erwartet Anstieg der Kurzarbeit. Online verfügbar unter https://www.manager-magazin.de/politik/konjunktur/kurzarbeit-in-der-deutschen-industrie-abkuehlung-der-konjunktur-a-1275802.html. Letzter Zugriff am 06.07.2019.

Maximini, Dominik (2018): Scrum - Einführung in der Unternehmenspraxis: Von starren Strukturen zu agilen Kulturen. Berlin, Heidelberg: Springer-Verlag.

Mayrhofer, Wolfgang; Meyer, Michael; Steyrer, Johannes; Iellatchitch, Alexander; Schiffinger, Michael; Strunk, Guido et al. (2002): Einmal gut, immer gut? Einflussfaktoren auf Karrieren in ‚neuen' Karrierefeldern. In: *German Journal of Human Resource Management* 16 (3). S. 392–414. Online verfügbar unter https://journals.sagepub.com/doi/abs/10.1177/239700220201600306. Letzter Zugriff am 30.04.2019.

Meissner, Ellen; Chang-Gusko, Yong-Seun (2019): Arbeitsplatz der Zukunft - vom Eckbüro zum Digital Village. In: Hermeier, Burghard; Heupel, Thomas; Fichtner-Rosada, Sabine (Hrsg.): Arbeitswelten der Zukunft. Wie die Digitalisierung unsere Arbeitsplätze und Arbeitsweisen verändert. Wiesbaden: Springer Fachmedien. S. 163–180.

Mense-Petermann, Ursula (2014): Von der Kaminkarriere zur boundaryless und protean career? Zum Verhältnis von organisationaler und individueller Karrieresteuerung am Beispiel von Auslandseinsätzen. In: *Arbeit - Zeitschrift für Arbeitsforschung* (1). S. 5–21.

Moskaliuk, Johannes (2019): Beratung für gelingende Leadership 4.0. Praxis-Tools und Hintergrundwissen für Führungskräfte. Wiesbaden: Springer Fachmedien.

Müller-Stewens, Günter (2016): Strategisches Management. Wie strategische Initiativen zum Wandel führen. 5. überarbeitete Auflage. Stuttgart: Schäffer-Poeschel Verlag.

Oenning, Lisa (2017): Mit flachen Hierarchien zu glücklichen Mitarbeitern. Hrsg. von WirtschaftsWoche. Online verfügbar unter https://www.wiwo.de/studie-zu-unternehmensstrukturen-mit-flachen-hierarchien-zu-gluecklichen-mitarbeitern/19552992.html. Letzter Zugriff am 19.06.2019.

Opaschowski, Horst W. (2013): Deutschland 2030. Wie wir in Zukunft leben. 1. Auflage. Gütersloh: Gütersloher Verlagshaus.

Pack, Jochen (2000): Zukunftsreport demographischer Wandel. Innovationsfähigkeit in einer alternden Gesellschaft. Unter Mitarbeit von Hartmut Buck, Ernst Kistler, Hans Gerhard Mendius, Martina Morschhäuser und Heimfrid Wolff. Bonn: Bundesministerium für Bildung und Forschung.

Parment, Anders (2013): Die Generation Y: Mitarbeiter der Zukunft motivieren. Wiesbaden: Springer Fachmedien.

Pearl, Nadine; Schabel, Alexander (2019): Sabbaticals erfolgreich planen und für sich nutzen. Hrsg. von Sabbatic. Online verfügbar unter https://www.sabbatic.com/wp-content/uploads/2019/03/Sabbaticals-erfolgreich-planen-und-f%C3%BCr-sich-nutzen-Sabbatic_190317.pdf. Letzter Zugriff am 15.07.2019.

Person, Ron (2013): Balanced Scorecards and Operational Dashboards with Microsoft Excel. 2. Auflage. Indianapolis, Indiana: John Wiley & Sons, Ltd.

Peters, Sibylle (2004): Mentoring - Aussichten und Zukunft: eine Zusammenfassung. In: Peters, Sibylle; Schmicker, Sonja; Weinert, Sybille (Hrsg.): Flankierende Personalentwicklung durch Mentoring. München, Mering: Rainer Hampp Verlag. S. 125–131.

Preedy, Kara (2017): Arbeitsrechtliche Rahmenbedingungen der Teilzeitführung. In: Karlshaus, Anja; Kaehler, Boris (Hrsg.): Teilzeitführung. Rahmenbedingungen und Gestaltungsmöglichkeiten in Organisationen. Wiesbaden: Springer Fachmedien. S. 57–68.

Prodoehl, Hans Gerd (2019): Das agile Unternehmen. In: Olbert, Sebastian; Prodoehl, Hans Gerd (Hrsg.): Überlebenselixier Agilität. Wie Agilitäts-Management die Wettbewerbsfähigkeit von Unternehmen sichert. Wiesbaden: Springer Fachmedien. S. 11–60.

Rahn, Maximilian (2018): Agiles Personalmanagement. Die Gestaltung von klassischen Personalinstrumenten in agilen Organisationen. Wiesbaden: Springer Fachmedien.

Romahn, Anne (2017): Mentoring – traditionsreicher Begriff und bewährtes Konzept. In: Petersen, Renate; Budde, Mechthild; Brocke, Pia Simone; Doebert, Gitta; Wollert-Rudack, Helga; Wolf, Henrike (Hrsg.): Praxishandbuch Mentoring in der Wissenschaft. Wiesbaden: Springer Fachmedien. S. 7–16.

Rump, Jutta (2018): Organisation im Spannungsfeld von Agilität und Flexibilität. Hrsg. von Institut für Beschäftigung und Employability. Online verfügbar unter http://www.ibe-ludwigshafen.de/download/arbeitsschwerpunkte-downloads/trends-der-arbeitswelt-downloads/Organisation-im-Spannungsfeld-Agilitaet-Flexibilitaet_web.pdf. Letzter Zugriff am 26.04.2019.

Rump, Jutta; Eilers, Silke (2006): Managing Employability. In: Rump, Jutta (Hrsg.): Employability Management. Grundlagen, Konzepte, Perspektiven. 1. Auflage. Wiesbaden: Betriebswirtschaftlicher Verlag Dr. Th. Gabler. S. 13–75.

Rump, Jutta; Eilers, Silke (2017a): Arbeit 4.0 - Leben und Arbeiten unter neuen Vorzeichen. In: Rump, Jutta; Eilers, Silke (Hrsg.): Auf dem Weg zur Arbeit 4.0. Innovationen in HR. Berlin: Springer-Verlag. S. 3–77.

Rump, Jutta; Eilers, Silke (2017b): Das Konzept des Employability Management. In: Rump, Jutta; Eilers, Silke (Hrsg.): Auf dem Weg zur Arbeit 4.0. Innovationen in HR. Berlin: Springer-Verlag. S. 87–126.

Rump, Jutta; Wilms, Gaby; Eilers, Silke (2014): Die Lebensphasenorientierte Personalpolitik. Grundlagen und Gestaltungstipps aus der Praxis für die Praxis. In: Rump, Jutta; Eilers, Silke (Hrsg.): Lebensphasenorientierte Personalpolitik. Strategien, Konzepte und Praxisbeispiele Zur Fachkräftesicherung. Berlin, Heidelberg: Springer-Verlag. S. 3–70.

Ruthus, Julia (2014): Employer of Choice der Generation Y. Herausforderungen und Erfolgsfaktoren zur Steigerung der Arbeitgeberattraktivität. Wiesbaden: Springer Fachmedien.

Sauter, Werner; Staudt, Anne-Kathrin (2016): Kompetenzmessung in der Praxis. Mitarbeiterpotenziale erfassen und analysieren. Wiesbaden: Springer Fachmedien.

Schein, Edgar H. (1971): The Individual, the Organization, and the Career: A Conceptual Scheme. In: *The Journal of Applied Behavioral Science* 7 (4). S. 401–426.

Schein, Edgar H. (1974): Career Anchors and Career Paths: A Panel Study of Management School Graduates. Hrsg. von Massachusetts Institute of Technology (MIT), Sloan School of Management. Online verfügbar unter https://dspace.mit.edu/bitstream/handle/1721.1/1878/SWP-0707-02815445.pdf. Letzter Zugriff am 22.05.2019.

Schein, Edgar H. (1990): Career anchors and job/role planning: the links between career pathing and career development. Hrsg. von Massachusetts Institute of Technology (MIT), Sloan School of Management. Online verfügbar unter https://core.ac.uk/download/pdf/4379974.pdf. Letzter Zugriff am 22.05.2019.

Schein, Edgar H. (1996): Career anchors revisited: Implications for career development in the 21st century. In: *Academy of Management Executive* 10 (4). S. 80–88. Online verfügbar unter http://search.ebscohost.com/login.aspx?direct=true&db=buh&AN=3145321&site=ehost-live. Letzter Zugriff am 22.05.2019.

Schein, Edgar H. (1998): Karriereanker. Die verborgenen Muster Ihrer beruflichen Entwicklung. 5. Auflage. Darmstadt, München: Beratungssozietät Lanzenberger Dr. Looss Stadelmann.

Schemmann, Michael (2004): Bedeutung und Funktion des Konzepts „Beschäftigungsfähigkeit" in bildungspolitischen Dokumenten der Europäischen Union. Online verfügbar unter https://www.die-bonn.de/doks/schemmann0401.pdf. Letzter Zugriff am 26.04.2019.

Schimank, Uwe (2012): Individualisierung der Lebensführung. Hrsg. von Bundeszentrale für politische Bildung (bpb). Online verfügbar unter http://www.bpb.de/politik/grundfragen/deutsche-verhaeltnisse-eine-sozialkunde/137995/individualisierung-der-lebensfuehrung?p=all. Letzter Zugriff am 06.06.2019.

Schmid, Josef (2010): Wer soll in Zukunft arbeiten? Zum Strukturwandel der Arbeitswelt. Hrsg. von Bundeszentrale für politische Bildung (bpb). Online verfügbar unter http://www.bpb.de/apuz/32343/wer-soll-in-zukunft-arbeiten-zum-strukturwandel-der-arbeitswelt?p=all. Letzter Zugriff am 02.05.2019.

Schmutte, Andre M.; Schuller, Susanne (2017): Change Management - Den unternehmerischen Wandel meistern. In: Niermann, Peter F.-J.; Schmutte, Andre M. (Hrsg.): Managemententscheidungen. Methoden, Handlungsempfehlungen, Best Practices. 2. Auflage. Wiesbaden: Springer Fachmedien. S. 83–96.

Schreiber, Marc; Nüssli, Natalie (2015): Handbuch Fragebogen zur Erfassung der Karriereorientierung (KO-R). Hrsg. von Institut für Angewandte Psychologie. Online verfügbar unter https://www.laufbahndiagnostik.ch/assets/de/Handbuch_Fragebogen_Karriereorientierungen_KO-R-43db8c4da055fad448329c8f96105f0c22232b2b978f89f687bced2a68bb7e65.pdf. Letzter Zugriff am 24.05.2019.

Schwaber, Ken; Sutherland, Jeff (2017): Der Scrum Guide. Der gültige Leitfaden für Scrum: Die Spielregeln. Online verfügbar unter https://www.scrumguides.org/docs/scrumguide/v2017/2017-Scrum-Guide-German.pdf. Letzter Zugriff am 28.04.2019.

Shell Deutschland Holding GmbH; TNS Infratest Sozialforschung (2015): Jugend 2015. Eine pragmatische Generation im Aufbruch. Unter Mitarbeit von Mathias Albert, Klaus Hurrelmann und Gudrun Quenzel. Originalausgabe. Frankfurt am Main: Fischer Taschenbuch.

Sohr, Tatjana (2005): Wenn die Karriereleiter wegbricht: Fairness und der Abbau von Hierarchieebenen. In: *Zeitschrift für ArbeitsmarktForschung* 38 (1). S. 68–86.

Spiegel Online (2019): EU-Firmen in China leiden unter Handelskonflikt mit den USA. Online verfügbar unter https://www.spiegel.de/wirtschaft/unternehmen/handelsstreit-zwischen-usa-und-china-auch-eu-firmen-leiden-a-1268302.html. Letzter Zugriff am 20.05.2019.

StepStone Deutschland GmbH; Kienbaum Consultants International GmbH (2017): Organigramm Deutscher Unternehmen. In welchen Strukturen Fachkräfte künftig arbeiten wollen. Online verfügbar unter https://www.stepstone.de/ueber-stepstone/wp-content/uploads/2017/06/WP_StepStone_Kienbaum_Organigramm_deutscher_Unternehmen.pdf. Letzter Zugriff am 19.06.2019.

Steuernagel, Axel (2017): Strategische Unternehmenssteuerung im digitalen Zeitalter. Theorien, Methoden und Anwendungsbeispiele. Wiesbaden: Springer Fachmedien.

Stock-Homburg, Ruth (2013a): Strategisches Personalmanagement. In: Stock-Homburg, Ruth (Hrsg.): Handbuch Strategisches Personalmanagement. 2. überarbeitete und erweiterte Auflage. Wiesbaden: Springer Fachmedien. S. 3–8.

Stock-Homburg, Ruth (2013b): Personalmanagement. Theorien - Konzepte - Instrumente. 3. überarbeitete und erweiterte Auflage. Wiesbaden: Springer Fachmedien.

Stock-Homburg, Ruth (2013c): Zukunft der Arbeitswelt 2030 als Herausforderung des Personalmanagements. In: Stock-Homburg, Ruth (Hrsg.): Handbuch Strategisches Personalmanagement. 2. überarbeitete und erweiterte Auflage. Wiesbaden: Springer Fachmedien. S. 603–630.

Stracke, Stefan; Schöneberg, Katharina (2016): Die demografische Entwicklung: Trends und folgen für die Unternehmen. In: Nerdinger, Friedemann W.; Wilke, Peter; Stracke, Stefan; Drews, Ulrike (Hrsg.): Innovation und Personalarbeit im demografischen Wandel. Ein Handbuch für Unternehmen. 1. Auflage. Wiesbaden: Springer Fachmedien. S. 11–25.

Super, Donald E. (1980): A life-span, life-space approach to career development. In: *Journal of Vocational Behavior* 16 (3). S. 282–298.

Ternès, Anabel (2018): Digitale Transformation - HR vor enormen Herausforderungen. In: Ternès, Anabel; Wilke, Clarissa-Diana (Hrsg.): Agenda HR - Digitalisierung, Arbeit 4.0, New Leadership. Was Personalverantwortliche und Management jetzt nicht verpassen sollten. Wiesbaden: Springer Fachmedien. S. 3–12.

Trost, Armin (2018): Neue Personalstrategien zwischen Stabilität und Agilität. Berlin: Springer-Verlag.

Umweltbundesamt Deutschland (2019): Umweltbewusstsein und Umweltverhalten. Online verfügbar unter https://www.umweltbundesamt.de/daten/private-haushalte-konsum/umweltbewusstsein-umweltverhalten#textpart-1. Letzter Zugriff am 18.06.2019.

Walter, Torsten (2019): EuGH-Arbeitszeiturteil – Hintergrund und Folgen. Hrsg. von Bund-Verlag. Online verfügbar unter https://www.bund-verlag.de/personalrat/aktuellespr~EuGH-Arbeitszeiturteil-–-Hintergrund-und-Folgen~#. Letzter Zugriff am 20.05.2019.

Weber, Enzo; Helmrich, Robert; Wolter, Marc Ingo; Zika, Gerd (2019): Wirtschaft 4.0 und die Folgen für Arbeitsmarkt und Bildung. In: Dobischat, Ralf; Käpplinger, Bernd; Molzberger, Gabriele; Münk, Dieter (Hrsg.): Bildung 2.1 für Arbeit 4.0? Wiesbaden: Springer Fachmedien. S. 63–83.

Wegerich, Christine (2015): Strategische Personalentwicklung in der Praxis. Instrumente, Erfolgsmodelle, Checklisten, Praxisbeispiele. 3. aktualisierte und erweiterte Auflage. Berlin, Heidelberg: Springer-Verlag.

Weilbacher, Jan C. (2017): „Die agile Organisation ist kalter Kaffee". Online verfügbar unter https://www.humanresourcesmanager.de/news/die-agile-organisation-ist-kalter-kaffee.html. Letzter Zugriff am 03.05.2019.

Weinand, Gesa (2019): Agile Karrieregestaltung. Ein Workbook für die Karriere 4.0. 1. Auflage. Freiburg: Haufe-Lexware.

Weinert, Franz E. (2014): Vergleichende Leistungsmessung in Schulen - Eine umstrittene Selbstverständlichkeit. In: Weinert, Franz E. (Hrsg.): Leistungsmessungen in Schulen. 3. Auflage. Weinheim, Basel: Beltz Verlag. S. 17–31.

Weissmann, Arnold; Wegerer, Stephan (2019): Unternehmen 4.0: Wie Digitalisierung Unternehmen & Management verändert. In: Erner, Michael (Hrsg.): Management 4.0 - Unternehmensführung im digitalen Zeitalter. Berlin: Springer-Verlag. 43-76.

Welge, Martin K.; Al-Laham, Andreas; Eulerich, Marc (2017): Strategisches Management. Grundlagen - Prozess - Implementierung. 7. überarbeitete und aktualisierte Auflage. Wiesbaden: Springer Fachmedien.

Werther, Simon; Bruckner, Laura (Hrsg.) (2018): Arbeit 4.0 aktiv gestalten. Die Zukunft der Arbeit zwischen Agilität, People Analytics und Digitalisierung. Berlin: Springer-Verlag.

Wien, Andreas; Franzke, Normen (2013): Systematische Personalentwicklung. 18 Strategien zur Implementierung eines erfolgreichen Personalentwicklungskonzepts. Wiesbaden: Springer Fachmedien.

Wilke, Christina (2019): Auswirkungen des demografischen Wandels auf den Arbeitsmarkt. In: Hermeier, Burghard; Heupel, Thomas; Fichtner-Rosada, Sabine (Hrsg.): Arbeitswelten der Zukunft. Wie die Digitalisierung unsere Arbeitsplätze und Arbeitsweisen verändert. Wiesbaden: Springer Fachmedien. S. 37–48.

Wirtschaftsforum (2018): Umweltschutz und Wirtschaft – auf dem Weg zur Green Economy. Online verfügbar unter https://www.wirtschaftsforum.de/news/umweltschutz-und-wirtschaft-auf-dem-weg-zur-green-economy/. Letzter Zugriff am 18.06.2019.

Wolter, Ute (2019): Mitarbeiter lernbereit, doch vielen fehlt die Orientierung. Online verfügbar unter https://www.personalwirtschaft.de/personalentwicklung/weiterbildung/artikel/die-mehrheit-der-fach-und-fuehrungskraefte-ist-hinsichtlich-der-digitalisierung-weiterbildungsbereit.html. Letzter Zugriff am 20.05.2019.

Zeit Online (2019): Brexit treibt Firmen nach Deutschland. Online verfügbar unter https://www.zeit.de/amp/wirtschaft/2019-05/aussenhandel-brexit-firmen-ansiedlung-deutschland-rekord. Letzter Zugriff am 20.05.2019.

Ziegler, Albert (2009): Mentoring: Konzeptuelle Grundlagen und Wirksamkeitsanalyse. In: Stöger, Heidrun; Ziegler, Albert; Schimke, Diana (Hrsg.): Mentoring: Theoretische Hintergründe, empirische Befunde und praktische
Anwendungen. 1. Auflage. Lengerich: Pabst Science Publishers. S. 7–29.

Zukunftsinstitut (o. J.a): Das Leadership-Credo 2017: "Zum Sprengmeister seiner Glaubenssätze werden". Online verfügbar unter https://www.zu-
kunftsinstitut.de/artikel/leadership/das-leadership-credo-2017/. Letzter
Zugriff am 19.06.2019.

Zukunftsinstitut (o. J.b): Megatrend Neo-Ökologie. Online verfügbar unter
https://www.zukunftsinstitut.de/artikel/mtglossar/neo-oekologie-
glossar/. Letzter Zugriff am 25.05.2019.

Zukunftsinstitut (2012): Die Individualisierung der Welt. Online verfügbar unter https://www.zukunftsinstitut.de/artikel/die-individualisierung-der-
welt/. Letzter Zugriff am 06.06.2019.

Zukunftsinstitut (2018): Megatrends. Online verfügbar unter https://www.zu-
kunftsinstitut.de/dossier/megatrends/. Letzter Zugriff am 29.05.2019.